高职高专现代服务业系列教材·会计系列

基础会计

【第六版】

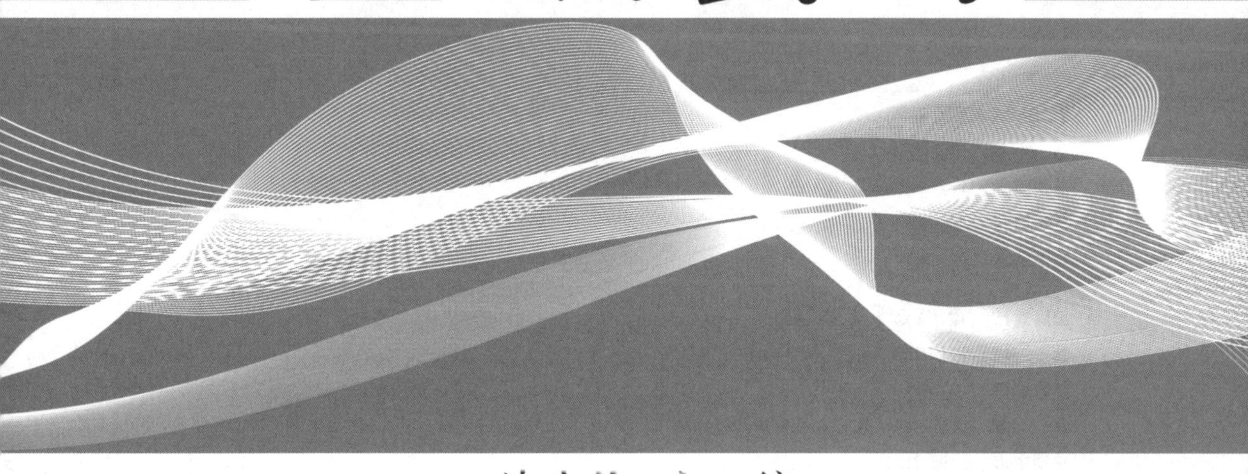

沈永希 主 编

潘琼珍 副主编

厦门大学出版社 XIAMEN UNIVERSITY PRESS | 国家一级出版社 全国百佳图书出版单位

图书在版编目(CIP)数据

基础会计/沈永希主编.—6版.—厦门:厦门大学出版社,2022.1
高职高专现代服务业系列教材.会计系列
ISBN 978-7-5615-8498-9

Ⅰ.①基…　Ⅱ.①沈…　Ⅲ.①会计学—高等职业教育—教材　Ⅳ.①F230

中国版本图书馆CIP数据核字(2021)第276105号

出 版 人　郑文礼
总 策 划　宋文艳
责任编辑　许红兵　施建岚
美术编辑　张雨秋
技术编辑　朱　楷

出版发行　厦门大学出版社
社　　址　厦门市软件园二期望海路39号
邮政编码　361008
总　　机　0592-2181111　0592-2181406(传真)
营销中心　0592-2184458　0592-2181365
网　　址　http://www.xmupress.com
邮　　箱　xmup@xmupress.com
印　　刷　厦门市金凯龙印刷有限公司

开本　787 mm×1 092 mm　1/16
印张　17
字数　400千字
印数　1～3 800册
版次　2022年1月第6版
印次　2022年1月第1次印刷
定价　48.00元

本书如有印装质量问题请直接寄承印厂调换

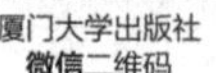
厦门大学出版社
微信二维码

厦门大学出版社
微博二维码

高职高专现代服务业系列教材编委会

第六版前言

财政部于2006年2月15日发布了包括1项基本准则、38项具体准则和应用指南的企业会计准则，标志着我国与国际惯例趋同的企业会计准则体系正式建立。2012年07月24日，财政部发布《营业税改征增值税试点有关企业会计处理规定》，主要目的是配合营业税改征增值税试点工作的顺利进行。2016年3月24日，财政部、国家税务总局向社会公布了《营业税改征增值税试点实施办法》、《营业税改征增值税试点有关事项的规定》、《营业税改征增值税试点过渡政策的规定》和《跨境应税行为适用增值税零税率和免税政策的规定》，至此，营改增全面推开所有的实施细则及配套文件。2016年5月1日起，营业税改征增值税试点全面推开，2019年4月1日起，执行13%的增值税新税率。

我国会计领域的一系列重大改革，使会计理论与实务涉及的会计目标、会计原则、会计政策及会计处理方法等许多内容发生了重大变化。为此，会计教育也必须随之变化。本教材第五版，正是根据新近颁布执行的上述一系列会计准则和法规进行改版修订的。本教材根据高职院校"职业教育"的特点，根据最新财政部颁布的《企业会计准则》和其他会计法规的要求，以制造业的基本经济业务和主要经济业务为背景，在借鉴国内外基础会计经典教材优点的基础上，由长期从事会计教学与研究的教师编写而成。

本教材从理论够用、适度出发，主要阐述会计的基本理论、基本方法和基本操作技能。由于确认、计量、记录和报告是会计工作的根本，因而本教材在概括阐述会计基本理论和会计工作组织的基础上，主要阐述了会计核算的基本原理和操作技能，重点是借贷记账法的原理和实务以及账务处理程序。这两部分的内容编写得非常详细，便于自学者自学考试。

在编写模式上，本教材在每章的前面编写了学习目标、技能要求，每章的后面编写了小知识、本章小结等内容，并附有形式多样的思考练习题，全书内容通俗易懂，既方便教师组织教学，也方便学生自学。

本教材可作为普通高校、高职高专、成人教育等会计学专业本、专科学生教材使用，也可作为各行各业会计人员的培训教材和自学参考用书，对会计实务工作者也有参考价值。

本教材的编者均为具有教师资格，又具有会计师资格的“双师型”人员，他们既有较强的理论知识，又具有丰富的企业从业经历，特别注重对学生实践动手能力、操作技能的培养。

本教材由泉州经贸职业技术学院沈永希教授任主编，潘琼珍副教授任副主编。全书分为十章，各章具体编写分工为：沈永希编写第一、三、四、五、七、八、十章，潘琼珍编写第二、六章，吴秋红编写第九章，全书由沈永希总纂定稿。在撰写过程中，我们参考、借鉴、吸收了国内外会计理论研究和教学的优秀成果，在此谨向相关作者深表感谢。

本教材的编写得到了厦门大学硕导张阿芬教授和其他同事的大力支持和帮助，泉州经贸学院马冬菊、黄燕梅、陈小凤、杨荫碰等做了大量的校对工作，在此特表示衷心的感谢。

本教材进行了多次修订，每次修订均吸收最新的会计核算方法和税法政策内容。本次修订，根据新收入准则对会计科目、会计报表格式进行修改。

由于编者水平所限，本教材虽经认真审阅，但疏漏之处在所难免。诚望广大读者及学界同仁批评指正。

编者

2021年12月

目 录

第1章 会计概要

学习目标：

1.了解会计产生的原因与发展过程。

2.理解会计的概念、对象、职能和基础。

3.掌握会计基本假设和会计信息质量要求。

技能要求：

1.学会判断一个组织是否为会计主体。

2.学会判断企业中哪些事项是会计的对象。

3.学会判断企业会计信息是否符合质量要求。

第一节　会计的概念及其特征

一、会计的概念

(一)会计的产生和发展

会计是在社会生产实践中随着人们对经济活动进行管理的客观需要而产生和发展的。会计诞生在何时、发源于何地，至今尚很难确切地加以指明。但是，会计作为一种经济管理活动，其产生同社会生产实践密切相关，这是会计专家学者大都认可的。

早在原始社会，当猎物、谷物等有了剩余时，人们要算计着食用或进行交换，这样就需要进行简单的记录和计算。但由于当时文字还没有出现，人们只好"绘图记事"，后来发展了"结绳记事"、"刻木记数"等方法。这些原始的简单记录，被认为就是会计的萌芽，它适应于当时生产力水平十分低下的情况；它只是生产职能的一个附带工作，同其他生产活动混合在一起的，是在生产时间之外附带地进行的，并没有专职人员来从事此项工作。后来，随着生产的发展，劳动消耗和劳动成果的种类不断增多，出现了大量的剩余产品，会计逐渐"从生产职能中分离出来，成为特殊的、专门委托的当事人的独立的职能"。据马克思的考证，在原始的规模小的印度公社已经有了一个记账员，登记农业项目，并记录与之有关的一切事项。

古代会计经历了漫长的发展过程。在我国，远在奴隶社会的西周时期，就设立了专司朝廷钱粮收支的官吏——"司会"，进行"月计岁会"，把每月零星计算称为"计"，把年终总合计算称为"会"；在封建社会的宋朝初期，出现了"四柱清册"，反映钱粮的"旧管"、"新收"、"开除"、"实在"，相当于现代会计的"期初结存"、"本期收入"、"本期支出"和"期末结存”;在明朝时期,随着商品经济的发展,开始用货币计量各种收入和支出;在清朝时期又出现了龙门账,将账目划分为进、缴、存、该,年终通过进与缴对比,存与该对比,确定盈亏,称为“合龙门”。在西方,古代会计的产生和发展也经历了漫长的过程,值得特别重视的是,在13世纪意大利的银行账簿中,已分别以“借主”、“贷主”登记债权和债务,为近代会计的借贷记账法奠定了基础。

早期的会计是比较简单的,只是对财物的收支进行计算和记录。随着社会生产的日益发展和生产规模的日益社会化,生产、分配、交换、消费活动愈来愈复杂,会计经历了一个由简单到复杂,由低级到高级的漫长的发展过程。它从简单的计算、记录财物收支,逐渐发展成为用货币单位来综合反映和监督经济活动过程,直至发展到参与企业预测、决策、控制、考核等各个方面。会计的技术和方法,经过长期的实践,以及吸收先进的科学技术成果,也逐渐发展和完善起来。

会计的发展过程主要分为以下三个阶段:

1.古代会计

在这段时间里,由于生产力水平比较低,商品经济尚不发达,货币关系还未全面展开,因而,会计的发展也很缓慢。起先,会计是生产职能的附属工作。后来,随着生产力的发展,出现了剩余产品,这就为组织生产、管理产品和进行产品分配提供了物质条件;同时,生产开始了社会化,直接的生产过程已经采取共同劳动的协作形式,不再是个体劳动。当这两个条件具备时,会计就作为一项单独的管理职能由脱离生产的人来担任。尽管如此,但那时的会计仍然很不成熟。严格说来,这一阶段的会计所包含的范围比较广,包括了统计、业务技术核算等其他经济核算在内。会计独有的专门方法还远远没有形成,会计还不是一门独立的学科。

2.近代会计

近代会计是从运用复式簿记开始的。复式记账法在理论上的总结及推广促进了会计由古代阶段迈向近代阶段。近代会计同商品经济的发展有着不可分割的联系。同古代会计比较,近代会计的主要特点是:一方面,商品经济在一些国家发展的结果,使会计有可能充分地应用货币形式,作为计量、记录与报告的手段;另一方面,会计的记录采取了复式记账,形成了一个严密的账户体系。这两个方面是相互联系的:不应用货币形式,复式记账就不可能;只有应用货币形式,才能产生会计上的综合与平衡概念。

会计之所以能从古代会计阶段跃进到近代会计阶段,主要原因有两个:

一是复式簿记方法的推广。中世纪地中海沿岸的一些城市成为世界贸易的中心,其中,意大利的佛罗伦萨、热那亚、威尼斯等地的商业和金融业特别繁荣。日益发展的商业和金融业要求不断改进和提高已经流行于这三个城市的复式记账方法。复式记账技术首先来自银行的存款转账业务。为适应实际需要,1494年,意大利数学家卢卡·帕乔利(Luca Pacioli)出版了他的《算术、几何、比与比例概要》一书,系统地介绍了威尼斯的复式记账法,并给予理论上的阐述。此书可以认为是关于会计理论和方法的最早的著作。由于这本书的出版,复式簿记方法才在欧洲和全世界得到推广,开始了近代会计的历史。实践也证明,只有复式簿记而不是以前的单式簿记,才能对经济活动进行科学、全面的记录;也只有复式簿记,才使会计与统计相区别,并带动了其他会计方法的发展,使会计成为一门科学。正因为如此,复式簿记技术从它问世起,就受到人们的重视,被认为是一个划时代的发明和创造。举世闻名的德国诗人歌德对复式簿记曾有过这样的颂扬:"它是人类智慧的一种绝妙创造,以致使每一个精明的商人在他的经济事业中都必须应用它。"所以,复式簿记在理论上的总结被认为是近代会计发展史上的第一个里程碑。

二是职业会计师的出现和发展。从 15 世纪到 19 世纪,会计的理论与方法的发展仍然是比较缓慢的。直到 19 世纪,英国进行了产业革命,成为当时工业最发达、生产力水平最高的国家。在英国,由于生产力的迅速提高,产生了适应大生产需要的新的企业组织形式——股份公司,进而对会计提出了新的要求,引起了会计内容的变化。会计服务的对象扩大了,过去只服务于单个企业,现在通过职业会计师的活动发展为服务于所有企业,这使会计成为一种社会活动。会计的内容也相应地有所发展,过去,会计主要是记账和算账,现在还要编制和审查财务报表,而为满足编制财务报表的需要,还要求研究资产的估价方法和有关理论等。此外,在记账和算账的基础上,还要求查账。而且企业的会计需要接受外界的监督,企业的账目只有通过外界,特别是注册会计师的监督,才能取信于人,因为注册会计师是以超然的立场出现的。所以,1854 年世界上第一个会计师协会——英国的爱丁堡会计师公会的成立,被认为是近代会计发展史上的第二个里程碑。

第一次世界大战以后,美国取代了英国的地位,无论是生产还是科学技术的发展,都处于遥遥领先的地位。因此,会计学的发展中心,也从英国转移到美国。在 20 世纪 20 年代和 30 年代,美国对标准成本会计的研究有了突飞猛进的发展。到这一时期,会计方法已经比较完善,会计科学也已经比较成熟。

3.现代会计

现代会计是指 20 世纪 50 年代以后,当代资本主义会计的新制度。一方面,股份公司这一经济组织形式得到了广泛而迅速的发展。股份公司是以资本的所有权和经营管理权相分离为特征的,为保护那些不参与企业管理的所有者的利益,实践中在传统会计的基础上,逐渐形成了以对外提供信息为主,接受"公认会计原则"约束的会计,即:财务会计。另一方面,商品经济有了突破性的发展,企业面临着更为激烈的市场竞争和瞬息万变的外部市场环境。为了在这种多变的市场环境中得以生存并不断地发展壮大,要求企业建立科学的管理体制与方法,以便具有灵活反应的适应能力和预见能力。为此,管理当局对会计信息提出了新的要求。基于管理当局的这一需要,管理会计逐渐地同传统会计相分离,并形成一个与财务会计相对独立的领域。现代管理会计的出现,是近代会计发展为现代会计的重要标志。

财务会计是在市场经济条件下,建立在企业或其他主体范围内的,旨在向企业或其他主体的外部提供以财务信息为主的一个经济信息系统。因此,它主要是通过定期编制和提供财务报表,向与企业有经济利害关系的外界各集团或个人提供信息服务。例如,股票持有者关心的是投资的安全程度和盈利的分配,因而,他们需要通过财务报表来了解企业的财务状况和经营成果,以便对其所掌握的股份进行分析和评价;一些潜在的投资人、企业的长期和短期债权人、政府有关部门等也都从不同的角度要求企业提供财务报告,以便他们作出正确决策。所以,企业的财务状况和经营成果成为各有关方面共同关心的对象。财务会计正是从他们的利益出发,来集中地研究企业会计中的有关问题,并着重通过各种财务报表来满足有关方面的需要。这种以提供财务报表为中心的会计被称为财务会计。

管理会计不同于以上所说的财务会计，主要表现在：它主要不是为满足企业外部有关方面的需要，而是适应企业内部管理的需要，为企业管理部门正确地进行管理决策和有效经营提供有用的资料。如果说，财务会计是以提供财务信息为中心的会计，那么，管理会计就是以经营管理为中心的会计。财务会计所要描述的是已经发生的事实，不强调将来；而管理会计不仅重视过去和现在，而且还着眼于将来，即还要预测将来可能发生的经济活动及其效果。因此，管理会计既要利用财务会计的资料，又要利用其他一切可能利用的资料，以便完成经营管理的任务。

管理会计的创立和日趋成熟，大大地丰富了会计的内容，使会计进入了其发展历程中的高级阶段。许多会计学家基于会计所出现的这种新变化，对会计的概念作了新的解释。如 1982 年，英国成本与管理会计师协会提出了一种新的会计观点，把包括财务会计在内的会计的所有组成部分(除了审计)，都视为管理会计。他们的定义是："(会计是)对各种行动的备选方案所将引起的未来活动，用货币形式所作的预测。对实际业务事项，用货币形式进行分类和记录，并对这些业务事项的结果加以表达和说明，从而对一段时间的业绩或某一确定日期的财务状况作出评价。"

会计的发展史表明：它的产生与发展同人们管理经济、讲求经济效益紧密地联系着，生产力水平的不断发展、管理水平的提高以及人类对经济效益的追求，相应地会对会计提出新的要求，这是会计发展的原动力。会计的发展已经走过了一条从简单到复杂、从低级到高级、从不完善到完善的道路，但只要生产和管理在发展，会计的水平也会有新的发展，不可能永远停留在现有的水平上，这是可以预见得到的。

会计对生产过程的控制与总结的许多方法总是依存于生产的技术和组织，并受到生产的技术和组织的制约，因而，会计具有很大的技术性，这一属性决定了会计在各国间具有相当程度的共同性。目前学者们普遍关注的国际会计的研究，就是基于会计的这一属性出发的。但是，还应该看到，生产总是在一定的社会经济环境下进行的，社会经济环境的变化，如生产关系、经济体制、上层建筑、意识形态等的变化，将对会计产生程度不一的影响，会计同社会经济环境相互依存、相互制约、相辅相成，从这一方面看，会计又具有一定的社会属性，各国之间的会计有着不同的差异，这也是容易理解的。

(二)会计是一种管理活动

从会计产生发展的过程可以看出，会计是经济管理客观需要的产物。管理是为达到某一预期目的或目标，有意识进行的一种社会活动，是任何社会一切有组织的活动所必不可少的要素。然而人类的生产劳动需要群体活动和共同劳动，他们既有分工又有协作，进而有赖于管理。纵观一切社会形态的经济管理实践，人们最为关注的问题是，在进行生产活动时，如何以尽可能少的劳动耗费，取得尽可能多的劳动成果，即不断提高经济效益。会计采用一定的方法对劳动耗费和劳动成果进行记录、计算，提供反映生产过程及其结果的数据资料，在此基础上加以比较和分析，从而实现对经济活动的管理、控制和监督。适应经济管理要求的不断提高，会计的作用、目标、内容、方法等不断丰富、变化和完善，现代会计已经发展为包括参与事前的经营预测、决策，对经济活动进行事中控制、监督，以及开展事后分析、评价等在内的一项重要管理活动。

（三）会计是一个经济信息系统

人类已经迈入了信息经济时代，信息已经渗透到了社会、经济的方方面面，其作用日益重要。信息反映了事物演变的历史和现状，隐含着事物的发展趋势。充分利用信息，运用科学方法，可以把事物的不确定性尽可能地减小，对其未来发展的趋势和可能性作出预计、推断和设想。信息的这种功能广泛作用于现代经济管理与决策活动的各个环节，并优化经济管理与决策行为，实现预期目标。会计能够满足经济管理与决策者的需求，提供那些确定经济效益以及经济管理、经济决策所需的重要信息。会计围绕信息需求者的需要，将大量不同性质的经济活动中的交易或事项进行收集，再经过确认、计量、分类、汇总、记录等各种专门方法的加工、处理，形成一套相互联系的指标体系，以会计报表为主要形式对其进行报告或披露。政府有关部门、投资者、债权人、企业管理者以及其他信息需求者，可以利用会计提供的信息，并结合其他信息进行管理和经济决策。可见，会计是以提供会计信息为主的经济信息系统，是管理信息系统中非常重要的子系统。

（四）会计的定义

综上所述，会计的定义可以归纳为：会计是以货币为主要计量单位，采用专门的方法和程序对特定主体的经济活动进行核算和监督，以提供会计信息和提高经济效益的一种经济管理活动。

二、会计的特征

会计是提供会计信息和提高经济效益的一种管理活动。与其他管理活动相比，会计具有以下特征：

（一）会计以货币为主要计量单位，从数量方面综合反映特定主体的经济活动情况

从数量方面反映经济活动，可以采用实物量度、货币量度和劳动量度（劳动工时）三种量度。现代会计为了全面、综合地反映经济活动，广泛地利用价值形式，即采用货币量度，按统一的表现形式来综合计算各种不同的经济活动，以全面计算、反映企业资金的来源、占用、耗费，收入的取得，利润的实现以及利润的分配等各种错综复杂的经济活动的过程和结果。所以，会计所提供的信息是一种价值信息。但是，对于某些经济活动的反映有时也需要辅助以实物量度或劳动量度，对货币计量的信息作出必要的补充、说明。

（二）会计主要对已经发生或完成的经济活动进行反映

会计主要对已经发生或完成的经济活动进行事后的归纳和总结，反映和考核经济活动的过程和结果。由于会计主要记录已发生或完成的经济活动，为了保证会计资料的真实性和可验证性，会计的任何记录和计量都必须有真实、合法的依据。

事后的会计资料是经济信息的基础，可以用于解释和说明过去的经济状况，也是预测未来经济活动的重要依据。同时随着社会经济的发展、社会经济活动的日趋复杂和管理要求的提高，会计不仅要如实地提供已发生的经济业务的情况，还要预测企业的未来，为管理、决策提供一些具有前瞻性的会计信息，以此作为对未来经济活动的控制依据。

（三）会计提供的信息具有完整性、连续性和系统性

为了全面反映特定主体经济活动的过程和结果，会计信息必须是完整的、连续的和系

统的。所谓完整性，是指凡属会计记录的内容都必须加以记录，不能遗漏；所谓连续性，是指对各种经济活动都应当按照其发生的时间顺序依次进行登记，而不能有所中断；所谓系统性，是指会计提供的数据资料必须在科学分类的基础上形成相互联系的有序整体，而不能杂乱无章。完整性、连续性和系统性三者缺一不可、相辅相成，它们之间的有机结合使会计信息与其他经济信息相比有了鲜明的特点。

第二节　会计的职能

会计的职能是会计本身所固有的功能。随着社会经济的不断发展，会计不断适应经济管理和决策的要求，其职能也在不断地丰富和发展。现代会计除具有核算、监督两项基本职能外，还包括预测职能、决策职能和评价职能等。

一、会计的基本职能

（一）核算职能

会计的核算职能是会计的最基本职能，是指会计通过确认、计量、记录、报告，从数量上反映特定主体已经发生或完成的经济活动，为经营管理提供会计信息的功能。

确认，是指运用专门的会计方法，依据特定的标准，确定某一交易或事项作为会计信息进入会计系统的过程。一旦确定某一交易或事项需要确认，则需要确定该交易或事项确认的时间，并同时以文字和金额加以记录，使其金额包括在披露的会计信息中。

计量，是指用货币或其他量度单位计量各项交易或事项及其结果的过程。也就是确定会计确认中用以描述某一交易或事项的金额。如成本计算、存货计价、利润分配等。

记录，是指对经过确认、计量的交易或事项，采用一定专门的方法记录下来的过程。通过会计的记录，不仅对会计对象进行具体的描述，同时也对其进行分类、汇总及加工。只有经过这一程序，会计才能生成有助于经济管理和决策等方面的会计信息。

报告，是在确认、计量、记录的基础上，对特定主体的财务状况、经营成果和现金流量情况以会计报表等形式向有关各方报告的过程。会计报告是会计核算的最终成果，是会计信息使用者了解企业的财务状况、经营成果和现金流量情况的重要方式。

（二）监督职能

会计监督职能，也称控制职能，是指会计具有按照一定的目的和要求，利用会计核算所提供的信息，对经济活动进行控制，使之达到预期目标的功能。会计监督的实质是指利用会计信息对经济活动进行有效的指导、调节和控制，保证既定目标、计划的实现及规章制度的有效执行。

会计监督职能要求会计人员在会计核算的同时，以国家的财经法规、政策、制度为依据，对经济活动的合法性、合理性进行监督。

合法性的监督，是指保证各项经济业务符合国家的有关法律、法规的规定，严格遵守财经纪律，执行各项方针政策，杜绝违法乱纪行为。

合理性的监督，是指检查各项财务收支是否符合特定主体的财务收支计划，是否有利于预算目标的实现，是否有违背内部控制制度要求的现象，防止浪费，有助于提高经济效益。

会计的监督是一个过程的监督，包括对未来经济活动是否符合有关法规制度的规定、是否产生经济效益的事前监督，对正在发生的经济活动过程及取得的核算资料进行审查便于及时纠正经济活动中的偏差的事中监督，以及对已发生的经济活动及核算资料进行审查、分析、管理等的事后监督。

（三）核算职能和监督职能的关系

会计核算是会计监督的基础，没有会计核算，会计监督就失去了监督的对象；会计监督是会计核算的延伸与发展，没有会计监督，会计核算就失去了存在的意义，只有加强和完善会计监督，会计核算所提供的数据资料才能在经济管理中发挥应有的作用。可见，二者不可分割、相辅相成。但从二者在会计职能中的地位又可看出，会计核算居于主导地位，而会计监督则是寓于会计核算的过程之中。

二、会计职能的发展

企业是市场竞争主体，为了不断提高竞争能力，现代企业管理要求必须对其生产经营活动及经营环境不断地进行科学的预测、决策、控制和评价。会计能够提供资金、成本、利润等多方面的经济信息，满足其预测、决策、评价等管理活动的需要。

（一）预测职能

会计的预测职能是通过为使用者的经济预测提供会计信息，并帮助其利用已取得的会计信息产生新的决策信息的功能。即依据会计提供的历史信息和其他有关信息，对企业未来期间的经济活动作出定量或定性的判断、推测，以帮助预测者作出科学的预测。会计预测是管理的重要手段。会计预测的内容主要有：资金需求预测、投资预测、销售预测、成本预测、利润预测、价格预测、财务状况预测等等。

（二）决策职能

会计决策职能是指现代会计参与决策的功能，它是在预测职能的基础上，利用会计信息并结合其他信息，对未来经济活动可能采取的各个备选方案从会计的角度进行定量分析，权衡各个备选方案的利弊，为优化和选择最佳方案、作出正确决策发挥重要作用。

（三）评价职能

会计评价职能是评价企业经济活动效益的功能。它通过对经济活动的业绩与规定的目标之间差异的对比、分析，确认成果、发现问题，以评价经济活动效益以及各个责任部门履行经济责任的情况。评价职能是现代企业管理的重要手段。

第三节　会计对象与任务

一、会计对象

（一）会计对象的一般含义

会计对象是指会计所反映和监督的内容。会计的定义为以货币为主要计量单位，对经济活动进行核算和监督，强调了核算和监督的对象是用货币表现的经济活动，而以货币表现的经济活动又称为价值运动或资金运动。因此，再生产过程中的资金运动是会计对象一般意义上的描述。在宏观经济领域中，会计对象是社会再生产过程以货币表现的总体经济活动；在微观经济领域中，会计对象是社会再生产过程中个别企业或行政、事业单位的以货币表现的经济活动。

(二)会计对象在企业中的具体表现

资金运动通常划分为资金投入、资金运用和资金退出三个阶段，具体到不同的行业企业、行政事业单位，这三个阶段的内容有较大的差异，具有各自的特点，尤其以制造业企业最具代表性。下面以制造业企业为例，介绍会计对象的具体内容。

1.资金投入阶段的主要交易或事项

资金投入是企业资金的来源渠道，包括投资者(或股东)投入的资金和债权人投入的资金两部分。其中，投资者(或股东)投入的资金属于企业的所有者(或股东)权益；债权人投入的资金属于债权人权益，即企业的负债。资金来源也可以统称为“权益”。

所有者投入的资金是企业资金的主要来源，构成企业的自有资金。如企业在成立及以后以货币、房屋、设备等向企业出资，与经营活动无直接关系的资本积累形成的资本公积，利润分配留给企业的部分所形成的留存收益等。

债权人投入的资金构成企业的负债。如向银行贷款、发行债券、利用商业信用来融资等。

2.资金运用阶段的主要交易或事项

制造业企业取得资金的目的是为了从事产品的生产与销售，以获取生产经营利润，其生产经营过程可以划分为供应过程、生产过程和销售过程。在供应阶段，为了形成生产经营的能力而进行必要的储备，如购建厂房、购置设备、购买生产用材料等；在生产阶段，为生产产品发生各项耗费和支出，如消耗材料、生产设备的磨损、支付职工薪酬、支付生产过程中其他必要的支出等，这一过程也是生产成本形成的过程；在销售阶段，因销售产品取得收入以及因销售产品而发生或承担一些必要的销售成本、销售费用、销售环节的应纳税金等。随着企业供、产、销过程的不断进行，企业的资金也在不断地进行着循环和周转，由货币资金转化为固定资金、储备资金，再转化为生产资金、成品资金，最后又转化为货币资金。

此外，企业如果有闲置的资金，还可以将其投放于金融资产，以获得股利或利息收入，如购买股票或债券。

3.资金退出阶段的主要交易或事项

资金退出是指资金退出本企业的资金循环与周转。企业资金运用的目的是取得利润。企业对实现的利润要计算缴纳所得税，税后利润一方面要提取盈余公积作为积累，并留存在企业继续参与再生产过程；另一方面向投资者进行分配，分配给投资者的这部分资金将离开企业。此外，资金退出还包括企业偿还各项债务、上缴各项税金等。

上述资金投入、资金运用和资金退出三个阶段相互支撑、互为基础。没有资金的投入，就不会有资金的循环与周转；没有资金的循环与周转，就不会有上缴税金、偿还债务以及利润的分配等资金的退出；而有了资金的退出，才会有新一轮的资金投入，企业由此而发展。

会计要全面反映上述资金运动的过程和结果。

制造业企业资金运动过程如图 1-1 所示。

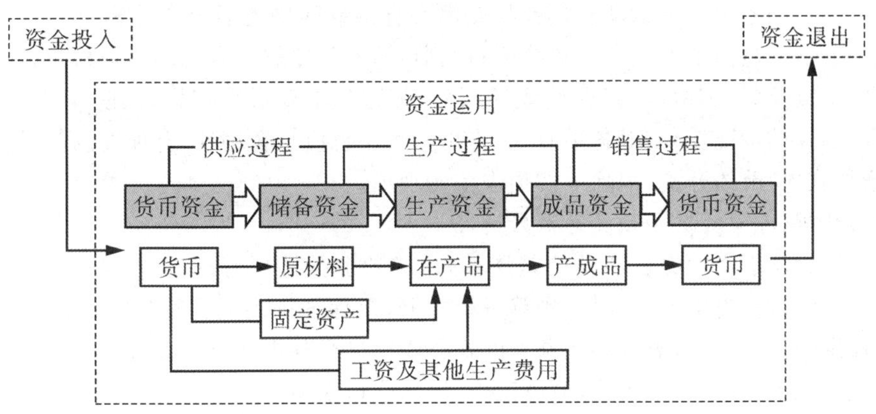

图 1-1 制造业企业资金运动过程

二、会计的任务

会计任务是指对会计对象进行反映和监督要达到的目的或目标。我国会计目标在《企业会计准则——基本准则》中有具体规定:会计信息应当符合国家宏观经济管理的要求;满足有关各方了解企业财务状况和经营成果的需要;满足企业加强内部经营管理的需要。

会计的任务是会计工作在一定社会经济条件下所要承担的责任和必须实现的目标,它是会计职能的具体化。会计任务不仅体现了会计的职能,而且反映了人的意见和要求,带有主观性。因此,在不同的社会经济环境下,会计任务是不完全相同的。在社会主义市场经济条件下,会计的中心任务是通过信息披露来提高经济效益和社会效益。围绕提高经济效益这个中心,会计必须完成的主要任务,概括起来有以下四个方面:

(一)记录、反映各项经济业务

从历史上看,随着社会经济关系的日益复杂,会计信息使用者的范围不断扩大,对会计信息的数量和质量也提出更高的要求。特别是股份公司制度出现以后,会计报表不仅要向股东提供,而且要向债权人提供。随着股份公司规模的扩大,股东人数的增加,会计报表则要向社会提供,向社会公开。此外,企业的生产经营情况和经营成果关系到职工福利的改善,影响国家税收,政府和社会公众也关注企业的生产经营活动,也需要企业提供会计信息。会计报表如何满足上述不同的需要,以及会计人员如何收集、加工、处理和披露会计信息,就成为会计的首要任务。

企业单位发生的一切经济业务,如款项和有价证券的收付,财产物资的收发、增减和使用,债权债务的发生和结算,权益的增减和经费的收支,收入、费用、成本的计算,财务成果的计算和处理等能够用货币表现的经济活动,都必须借助会计,通过记账、算账、报账,如实、全面系统地反映出来,为有关各方和各级管理部门管理经济工作提供准确可靠的会计信息。

（二）监督检查国家财经政策、法令和制度的贯彻执行

企业单位的经济活动和财务收支都必须遵守和符合国家的有关政策、法令和制度。由于企业单位的各项经济活动和财务收支都要直接或间接地通过会计进行客观反映，会计部门和会计人员为了保证会计核算资料的质量，不仅要进行事后的监督检查，而且要进行事前的检查监督。对每一张原始凭证，每一笔账目都要进行审核，以防止违反财经政策、法令、制度的情况发生，对各项收入、支出和费用也应从合法性、合理性、有效性加以监督，以增加收入、节约开支，消除一切损失浪费现象。

（三）分析、考核计划和预算的执行情况

企业作为从事生产经营活动的基层单位，必须加强计划管理，事前要编制计划或预算，确定行动目标；事中要对计划、预算进行控制，以保证计划或预算的完成；事后要根据会计所提供的数据资料，对计划或预算的执行情况进行分析、考核，以查明计划、预算完成或未完成的原因，以便采取措施，改进工作，提高管理水平。

（四）预测经济活动，参与经营决策

在市场经济条件下，会计工作应把注意力放在预测和决策上，着重规划未来，使经济活动按照预定的目标进行，达到预期的效果。决策的依据是经济信息，并在预测的基础上进行。经济信息主要来源于会计，因此应充分利用会计资料及其他有关资料，进行可行性分析，作出预测，提出建议和方案，参与决策，使会计工作在指导企业单位未来经济活动中发挥重要作用。应当指出的是，决策并不限于企业最高领导，会计本身也要进行决策，如对目标利润和目标成本的决策等。

会计各项基本任务是相互联系的，记录反映各项经济业务，是会计的日常任务，也是会计的基础工作，只有做好这项工作，才能有条件去完成其他各项基本任务。在做好会计基础工作的前提下，把工作重点放在完成其他几项任务，特别是参与决策上，这对于保护会计主体财产，促进增产节约、增收节支，提高经济效益有决定性的影响。

第四节　会计核算方法

一、会计方法

会计方法是用来反映和监督会计对象、提供会计信息等会计工作所使用的各种技术方法。

会计方法包括会计核算方法、会计分析方法和会计预测、决策方法等。会计核算是会计的基本，也是会计工作的核心，会计分析、会计预测和决策等都是在会计核算的基础上，利用会计核算资料进行的。本节只阐述会计核算的方法，这是初学会计必须掌握的基础知识。至于会计分析方法和会计预测、决策等方法，将在后续的相关课程中予以介绍。

二、会计核算方法

会计核算的方法是对会计对象（会计要素）进行完整的、连续的、系统的反映和监督所

应用的方法，主要包括以下 7 种：

(一)设置会计科目和账户

设置会计科目是对会计对象的具体内容分类进行核算的方法。所谓会计科目，就是对会计对象的具体内容进行分类核算的项目。企业按照会计准则、制度等的规定设置会计科目，并根据它们在账簿中开立账户，分类、连续地记录各项经济业务，反映由于各项经济业务的发生而引起的各会计要素的增减变动情况和结果，为经济管理提供各种类型的会计信息。

(二)复式记账

复式记账是与单式记账相对称的一种记账方法。这种方法的特点是对每一项经济业务都要以相等的金额，同时记入两个或两个以上相互关联的账户。通过账户的对应关系，可以了解有关经济业务内容的来龙去脉；通过账户的平衡关系，可以检查有关业务的记录是否正确。

(三)填制和审核凭证

会计凭证是记录经济业务、明确经济责任的书面证明，是登记账簿的依据。填制和审核会计凭证是指任何一项经济业务发生后都必须取得或填制会计凭证，并经过会计机构、会计人员审核。只有经过审核并认为正确无误的会计凭证，才能作为登记账簿的依据。填制和审核会计凭证，不仅为经济管理提供真实可靠的数据资料，也是实行会计监督的一个重要方面。

(四)登记账簿

账簿是用来全面、连续、系统地记录各项经济业务的簿籍，是保存会计数据资料的重要工具。登记账簿就是将会计凭证记录的经济业务，序时、分类地记入有关簿籍中开立的各个账户。登记账簿必须以会计凭证为依据，并定期进行结账、对账，以便为编制会计报表提供完整而系统的会计数据。

(五)成本计算

成本计算是指在生产经营过程中，按照一定对象归集和分配发生的各种费用支出，以确定该对象的总成本和单位成本的一种专门方法。通过成本计算，可以确定材料的采购成本、产品的生产成本和销售成本，可以反映和监督生产经营过程中发生的各项费用是否节约或超支，并据以确定、考核企业经营成果。

(六)财产清查

财产清查是指通过盘点实物、核对账目，保证账实相符的一种专门方法。通过财产清查，可以查明各项财产物资和货币资金的保管和使用情况，以及往来款项的结算情况；可以监督各项财产物资的安全与合理使用。在财产清查中，如发现财产物资和货币资金的实存数与账面结存数额不一致，应及时查明原因，通过一定审批手续进行处理，并调整账簿记录，使账面数额与实存数额保持一致，以保证会计核算资料的正确性和真实性。

(七)编制会计报表

会计报表是根据账簿记录定期编制的，总括反映企业特定时点(月末、季末、年末)的财务状况和一定时期(月、季、年)的经营成果以及现金流量情况等的书面文件。编制会计报表，就是按照企业会计准则的要求，定期向报表使用者编报各种会计报表。会计报表提

(四)可比性

可比性是指会计核算应当按照规定的会计处理方法进行,会计指标应当口径一致、相互可比。这是因为在社会主义市场经济体制下,会计信息既要横向交换,又要纵向交换。从国家来说,需要运用会计信息进行国民经济的综合平衡和实行必要的宏观控制与监督,它要求基层会计信息逐级上报、汇总分析;从各个企业来说,既要把会计信息向市场输出,同时又要输入来自市场的其他企业的会计信息,以提高企业对市场的应变能力;从投资者和债权人来说,要通过比较不同企业的财务报表,以评估不同企业的财务状况、经营业绩等,作出投资或贷款的决策。因而要求不同企业的同类交易或其他相同事项的确认、计算和记录的方法要基本一致,同一会计信息应有一致或基本一致的定义和特性,会计处理方法和程序要基本一致,会计报表中的同一项指标计算的口径、范围和方法要基本一致,以保证会计信息对使用者有用。

此外,可比性也指同一企业在不同会计期间采用的会计处理方法和程序前后各期也必须一致,不要随意变动。《企业会计准则》指出,如确有必要变更,应当将变更的情况、原因及其对企业财务状况和经营成果的影响,在财务报告附注中说明,以便会计信息使用者能够鉴别企业不同会计期间财务状况差异的性质,以对企业财务前景作出正确评价。

(五)实质重于形式

企业应当按照交易或者事项的经济实质进行会计确认、计量和报告,不应仅以交易或者事项的法律形式为依据。

这条会计信息质量要求可以理解为当法律形式不能准确表达交易或事项的经济实质时,应超越法律形式,按照交易或事项的经济实质进行核算。

从另一个角度,这条会计信息质量要求也可以理解为:税法等法律、法规对相应的会计确认、计量和报告作出了规定,如融资租赁的固定资产在出租人交付给承租人使用时便确认为承租人的固定资产,而不用等到该固定资产的法定所有权转移之时再予以确认等,但这并不表示以真实再现企业财务图像为目标的会计报表也要遵从此类法规而违背交易或事项的经济实质。这种认识是对会计功能定位的理念性改变。实质重于形式是从制度层面确保会计信息真实性的核心原则,它在我国《企业会计准则》中地位的确立,为推动我国会计准则变革以及与国际会计准则趋同奠定了思想基础。

(六)重要性

重要性是指企业提供的会计信息应当反映与企业财务状况、经营成果和现金流量等有关的所有重要交易或者事项。此外,在财务报告全面反映企业的财务状况和经营成果的前提下,对于重要的经济业务,应当单独反映。如提取的坏账准备金作为应收账款的减项,存货变现损失准备作为存货的减项,在资产负债表中应单项列示。另外,对一些需要单独解释说明的,应加脚注或附注。这样做的目的是突出重点,便于信息使用者的使用,并增强会计信息的可读性和可用性。需要指出的是:重要性的标准并不是主观随意的,而是根据会计信息产生效益与提供会计信息成本的对比以及信息对信息使用者的有用程度或决策的重要程度决定的。

(七)谨慎性

谨慎性是指会计核算对尚未取得的收益,不得估计入账,对可能发生的费用、损失要合理核算并按国家规定估计入账，但不得虚列支出，隐匿收入。在该原则下，对资产的估计和收益的确定宁可估低而不可估高，对于费用和损失宁可估高而不可估低；对于或有损失和或有负债宁可信其有而不可信其无。之所以规定谨慎性原则，是由于会计事务中有不确定的因素。因为任何经济事项，总是面对未来，而未来总带有一定的不确定性，尤其当经济决策所面对的外部环境十分复杂时，决策事项更具有一定的弹性。在这种情况下，对不确定事项采取谨慎的态度，充分估计可能承担的风险和损失，尽量少估或不估可能产生的收益，使决策尽可能提高应付复杂变化的能力，最大限度地缩小风险损失。所以，按该原则要求，当某一会计业务有几种处理方案可供选择时，要尽量多考虑一些风险，使选用的方案对投资者所产生的乐观程度最小。为了使会计报表不至于引起不切实际的乐观，必须在会计事务中确认一切可能产生的损失，不计一切可能获得的收益，以避免企业出现虚增资产和虚盈实亏现象。

（八）及时性

及时性是指会计核算工作要讲求实效，会计业务处理要及时进行，不得拖延和积压，以便会计信息及时利用。由于会计信息的使用价值是有时间性的，投资者和债权人所能使用的只是进行预测和决策当时的信息。所以及时性原则要求当经济业务发生或完成时，能够及时收集会计信息，立刻取得或填制原始凭证；要求及时对会计信息进行加工处理，成为可以利用的资料，即根据记账凭证及时编制财务报告；要求及时传递会计信息，以确保信息的时效性。

第六节　会计学科体系

会计学是会计实践的总结和理论概括，属于管理学的一个分支。随着人类社会经济、技术的发展，会计从一种应用技术发展成为一门科学，会计理论与会计实践的内容不断拓展，形成了由许多互相联系的学科组成的会计科学体系。

一、会计学科体系的构成

现代会计学科体系经历了会计学基础理论的创立、成本会计理论的创立、管理会计的产生及其基本理论的创立以及审计基本理论的创立等不断发展的阶段。尤其是20世纪60—80年代，计算机进入会计领域以及各学科之间的综合、交叉影响，现代会计学体系基本形成。一般而言，这个体系的结构主要由基础会计学、会计组织与制度学、会计史学，以及财务会计学、成本会计学、管理会计学、财务管理学、审计学、会计信息系统（会计电算化）等组合而成。

此外，近年来现代会计先后受到行为科学、环境科学、宏观经济理论等科学的影响，一方面，由微观管理领域向宏观管理领域扩展，导致宏观会计的产生；另一方面，微观经济管理领域里各个学科间的渗透与融合，又导致多种专业化会计的产生，如社会责任会计、人力资源会计、行为会计、环境会计等。

二、财务会计与管理会计

财务会计与管理会计是现代企业会计的两大分支。

(一)财务会计

财务会计主要是对企业已经发生的交易或信息事项,通过确认、计量、记录和报告等程序进行加工处理,并借助于以财务报表为主要内容的财务报告形式,向企业外部的利益相关者提供有关企业财务状况、经营成果和现金流量情况等信息。财务会计侧重于过去的信息,为外部有关各方提供所需数据。本教材主要介绍财务会计的基础知识。

(二)管理会计

管理会计是向管理当局提供用于企业内部计划、评价、控制以及确保企业资源的合理使用和经营责任的履行所需财务信息的确认、计量、归集、分析、编报、解释和传递的过程。管理会计侧重于未来信息,为内部管理部门提供数据。

本章小结

本章共分六节,从会计的产生发展、会计的职能、对象、信息质量要求等方面揭示会计的本质、特征和作用,从而建立正确的会计概念。

会计是经济管理客观要求的产物,随着社会生产管理的要求不断增加,经历了从简单到复杂、从低级到高级不断发展的历史过程。现代会计既是一种管理活动,同时又是一个经济信息系统,在经济管理与决策中起着重要的作用。这种管理活动具有主要利用货币计量、从数量方面综合反映特定主体的经济活动情况、主要对已发生或完成的经济活动进行反映以及提供完整性、连续性和系统性的会计信息的主要特征。

会计的产生和不断发展,并在经济管理与决策中的地位越来越高,是会计本身所固有的功能决定的。会计除具有核算、监督两项基本职能外,现代会计的职能还包括预测职能、决策职能和评价职能等。

会计对象是指会计所反映和监督的内容。其中,会计对象一般意义上的描述是再生产过程中的资金运动。而资金运动在企业具体表现为资金投入、资金运用和资金退出三个过程。会计要反映资金的运动过程及其结果。

会计核算的方法不同于会计方法,主要包括设置会计科目和账户、复式记账、填制和审核凭证、登记账簿、成本计算、财产清查以及编制会计报表。各种会计核算方法相互联系、密切配合,是一个完整的方法体系。

会计核算的前提条件是会计存在的基础,包括会计主体、持续经营、会计期间、货币计量等四项基本假设。会计信息质量要求有真实可靠性、相关性、明晰性、可比性、实质重于形式、重要性、谨慎性、及时性等八项内容。

财务会计与管理会计是现代企业会计的两大分支。财务会计侧重于过去的信息,为外部有关各方提供所需数据;管理会计侧重于未来信息,为内部管理部门提供数据。

课后作业

一、思考题

1.会计产生发展的背景是什么？

2.会计有什么特征？

3.会计的核算职能和监督职能的含义是什么？二者的关系如何？

4.会计核算的方法主要有哪几种？它们之间的关系如何？

5.会计核算的前提条件和基础工作是什么？

二、练习题

(一)单项选择题

1.一般认为，现代会计的开端是(　　)。

A.管理会计形成并与财务会计相分离

B.成本会计的出现

C.借贷记账法的出现

D.电子计算机在会计数据处理中的应用

2.会计从数量方面综合反映各单位的经济活动情况，主要利用(　　)。

A.货币量度　　B.劳动量度　　C.实物量度　　D.非货币量度

3.会计的一般对象是社会再生产过程中的(　　)。

A.管理活动　　B.经济活动

C.资本运动　　D.能以货币表现的经济活动

4.下列属于会计核算方法的是(　　)。

A.会计分析　　B.会计检查　　C.复式记账　　D.会计控制

5.下列关于财务会计的表述中，不正确的是(　　)。

A.财务会计侧重于向内部管理者提供经营管理、预测决策等所需的相关信息

B.财务会计侧重于提供有关企业财务状况、经营成果和现金流量情况等信息

C.财务会计侧重于过去的信息

D.财务会计侧重于为外部有关各方提供所需数据

(二)多项选择题

1.会计的基本特征是(　　)。

A.对企业未来进行预测　　B.以真实、合法的凭证为依据

C.以货币作为主要计量单位　　D.连续、系统、全面、综合地反映和监督

2.会计的基本职能有(　　)。

A.核算职能　　B.分析职能　　C.监督职能　　D.决策职能

3.下列各项导致资金退出企业的是(　　)。

A.向所有者分配利润　　B.偿还各种债务

C.上缴各种税金　　D.购买材料

4.会计核算对特定主体的经济活动进行反映,通过下列哪些程序(　　)。

A.确认　　B.计量　　C.记录　　D.报告

5.会计方法包括(　　)。

A.会计核算方法　　B.会计分析方法

C.会计管理方法　　D.会计预测方法

6.下列属于会计核算方法的有(　　)。

A.设置会计科目和账户　　B.复式记账

C.会计预测与决策　　D.填制和审核会计凭证

第2章 会计要素与会计恒等式

学习目标：

1.了解和掌握会计要素的概念及构成。

2.熟悉会计恒等式的表达方式及其恒等原理，掌握经济业务类型对会计恒等式的影响。

3.理解会计计量属性的构成和应用。

技能要求：

能够运用实例分析经济业务对会计恒等式的影响结果，使会计核算能更准确地对经济业务进行核算和监督。

第一节 会计要素

【案例】张先生是一个医生。其家庭拥有银行存款 6 万元；房产两处，其中甲房产价值 50 万元，乙房产价值 120 万元，首付三成，七成按揭。拥有汽车一台，价值 15 万元；进行股票投资现市值 30 万元；借给亲戚朋友现金总共 10 万元。张先生家庭每月工资收入约 8 000 元，奖金约 5 000 元，对外投资收益约 3 000 元；每月生活费支出约 3 000 元，乙房产按揭月供约 4 000 元，汽车费用约 1 500 元，其他费用支出约 1 000 元。请问：

1.张先生家庭总财产(资产)是多少？总欠债(负债)为多少？净财产(净资产或所有者权益)为多少？

2.家庭月收入(收入)是多少？月支出(费用)为多少？每月节余(利润)为多少？

为了具体实施会计核算，需要对会计核算和监督的内容进行分类。会计要素是指会计对象是由哪些部分所构成的，是会计对象按经济特征所作的最基本的分类，也是会计核算对象的具体化。合理划分会计要素，有利于清晰地反映产权关系和其他经济关系。我国《企业会计准则》将企业会计要素分为六大类，即资产、负债、所有者权益、收入、费用和利润。其中，资产、负债和所有者权益反映企业的财务状况，收入、费用和利润反映企业的经营成果。

一、资产

资产是指企业过去的交易或事项形成的、由企业拥有或者控制的、预期会给企业带来经济利益的资源。企业过去的交易或事项包括购买、生产、建造行为或其他交易或事项。预期在未来发生的交易或事项不形成资产。

由企业拥有或者控制，是指企业享有某项资产的所有权，或者虽然不享有某项资源的所有权，但该资源能被企业所控制。

预期会给企业带来经济利益，是指直接或者间接导致现金或现金等价物流入企业的潜力。具体来讲，如货币资金、厂房场地、原材料等实物资产，如专利权、商标权等无形资产，以及企业对其他单位的投资等，预计未来会给企业带来一定的经济利益。

(一)资产的特征

企业单位的资产具有以下基本特征：

1.资产能够直接或间接地给企业带来经济利益

所谓经济利益，是指直接或间接地流入企业的现金或现金等价物。资产都应能够为企业带来经济利益，例如，企业通过收回应收账款、销售产品等直接获得经济利益，也可以通过对外投资获得股利或利润的方式间接获得经济利益。按照这一特征，那些已经没有经济价值、不能给企业带来经济利益的项目，就不能继续确认为企业的资产。

【例 2-1】某企业库存有 A、B 两种商品，其中 A 商品目前在市场上处于销售旺季，销售势头良好，B 商品由于已经霉烂变质，正等待处理。A、B 商品是否都是企业的商品？

B 商品不应确认为该企业的库存商品。由于 B 商品已经不能给企业带来经济利益，因此不应该作为资产反映在资产负债表中。

2.资产是为企业拥有的，或者即使不为企业拥有，也是企业所控制的

一项资源要作为企业资产予以确认，企业应该拥有此项资源的所有权或控制权，可以按照自己的意愿使用或者处置资产。

【例 2-2】甲企业的加工车间有两台设备，A 设备系从乙企业融资租入获得，B 设备系从丙企业以经营租入方式获得，目前两台设备均已投入使用。A、B 设备是否为甲企业的资产？

这里要注意经营租入与融资租入的区别。企业对经营租入的 B 设备没有所有权也没有控制权，因此 B 设备不应确认为企业的资产。而企业对融资租入的 A 设备虽然没有所有权，但承担与所有权相关的风险及获取报酬的权利，即拥有实际控制权，因此，应将 A 设备确认为企业的资产。

3.资产是由过去的交易或事项形成的

也就是说，资产是过去已经发生的交易或事项所产生的结果：资产必须是现实的资产，而不能是预期的资产，未来交易或事项可能产生的结果不能作为资产确认。

【例 2-3】企业计划在年底购买一批机器设备，9 月份与销售方签订了购买合同，但实际购买行为发生在 12 月份，则企业不能在 9 月份将该批设备确认为资产。

(二)资产的确认条件

将一项资源确认为资产，首先应当符合资产的定义。除此之外，还须同时满足以下两条件：

1.与该资源有关的经济利益很可能流入企业

根据资产的定义，能够带来经济利益是资产的一个本质特征，但是由于经济环境瞬息万变，与资源有关的经济利益能否流入企业或者能够流入多少，实际上带有不确定性。因此，资产的确认应当与经济利益流入的不确定性程度的判断结合起来，如果根据编制财务

报表时所取得的证据，与该资源有关的经济利益很可能流入企业，那么就应当将其作为资产予以确认。

2.该资源的成本或者价值能够可靠地计量

可计量性是所有会计要素确认的重要前提，资产的确认同样需要符合这一要求。只有当有关资源的成本或者价值能够可靠地计量时，资产才能予以确认。

企业取得的许多资产一般都是发生了实际成本的，比如企业购买或者生产的存货等资产，只要实际发生的购买或者生产成本能够可靠地计量，就应视为符合资产的可计量性确认条件。在某些情况下，企业取得的资产没有发生实际成本或者发生的实际成本很小，例如企业持有的某些衍生金融工具形成的资产，对于这些资产，尽管它们没有实际成本或者发生的实际成本很小，但是如果其公允价值能够可靠地计量，也被认为符合资产可计量性的确认条件。

(三)资产的分类

资产按其流动性不同，分为流动资产和非流动资产。

1.流动资产

流动资产是指预计在一个正常营业周期中变现、出售或耗用，或者主要为交易目的而持有，或者预计在资产负债表日起一年内(含一年)变现的资产，以及自资产负债表日起一年内交换其他资产或清偿负债的能力不受限制的现金或现金等价物。流动资产主要包括货币资金、交易性金融资产、应收票据、应收账款、预付账款、应收利息、应收股利、其他应收款、存货等。

2.非流动资产

非流动资产是指流动资产以外的资产，主要包括长期股权投资、固定资产、无形资产等。

长期股权投资是指企业持有的对其子公司、合营企业及联营企业的权益性投资及企业持有的对被投资单位不具有控制、共同控制或重大影响，并且在活跃市场中没有报价、公允价值不能可靠计量的权益性投资。

固定资产是指同时具有以下特征的有形资产：(1)为生产商品、提供劳务、出租或经营管理而持有的；(2)使用寿命超过一个会计年度。

无形资产是指企业拥有或控制的没有实物形态的可辨认的非货币性资产。例如，专利权、非专利技术、商标权、著作权、土地使用权、特许权等。

二、负债

负债是指过去的交易或者事项形成的预期会导致经济利益流出企业的现时义务。

(一)负债的特征

负债具有以下基本特征：

1.负债必须是企业承担的现时义务

负债必须是企业承担的现时义务，它是负债的一个基本特征。现时义务是指企业在现行条件下已承担的义务。未来发生的交易或事项形成的义务，不属于现时义务，不应当确认为负债。

现时义务可以是法定义务，也可以是推定义务。其中法定义务是指具有约束力的合同或者法律、法规规定的义务，通常需要强制执行。推定义务是指根据企业多年来的习惯做法、公开的承诺或者公开宣布的政策而导致企业将承担的责任，这些责任也使有关各方形成了企业将履行义务解脱责任的合理预期。

2.负债的清偿预期会导致经济利益流出企业

负债通常是在未来某一时日通过交付资产(包括现金和其他资产)或提供劳务来清偿。例如，企业赊购一批材料，材料已验收入库，但尚未付款，该笔业务所形成的应付账款应确认为企业的负债，需要在未来某一时日通过交付现金或银行存款来清偿。有时企业可以通过承诺新的负债来了结一项现有的负债，但最终一般都会导致企业经济利益的流出。

3.负债是由过去的交易或事项形成的

也就是说，导致负债的交易或事项必须已经发生，例如，购置货物或使用劳务会产生应付账款(已经预付或交货时支付的款项除外)。只有源于已经发生的交易或事项，会计上才有可能确认为负债。对于企业正在筹划的交易或事项，则不构成企业的负债。

(二)负债的确认条件

将一项现时义务确认为负债，首先应当符合负债的定义，除此之外，还应当同时满足以下两个条件：

1.与该义务有关的经济利益很可能流出企业

根据负债的定义，预期会导致经济利益流出企业是负债的一个本质特征。鉴于履行义务所需流出的经济利益带有不确定性，尤其是与推定义务相关的经济利益通常需要依赖于大量的估计，因此，负债的确认应当与经济利益流出的不确定性程度的判断结合起来。如果根据编制财务报表时所取得的证据判断，与现时义务有关的经济利益很可能流出企业，那么就应当将其作为负债予以确认。

2.未来流出的经济利益的金额能够可靠地计量

负债的确认也需要符合可计量性的要求。对于与法定义务有关的经济利益流出金额，通常可以根据合同或者法律规定的金额予以确定。考虑到经济利益的流出一般发生在未来期间，有时未来期间的时间还很长，在这种情况下，有关金额的计量通常需要考虑货币的时间价值等因素的影响。对于与推定义务有关的经济利益流出金额，通常需要较大程度的估计。为此，企业应当根据履行相关义务所需支出的最佳估计，并综合考虑有关货币时间价值、风险等因素的影响。

(三)负债的分类

负债按其流动性不同，分为流动负债和非流动负债。

1.流动负债

流动负债是指记载一个正常营业周期中清偿，或者主要为交易目的而持有，或者自资产负债表日起一年内(含一年)到期应予清偿，或者企业无权自主地将清偿推迟至资产负债表日后一年以上的负债。流动负债主要包括短期借款、应付票据、应付账款、预收款项、应付职工薪酬、应交税费、应付利息、应付股利、其他应付款等。

2.非流动负债

非流动负债是指流动负债以外的负债，主要包括长期借款、应付债券等。

三、所有者权益

所有者权益是指企业资产扣除负债后由所有者享有的剩余权益。股份公司的所有者权益又称为股东权益。

对于任何企业而言，其资产形成的资金来源不外乎两个：一个是债权人，另一个是所有者。所有者权益的来源包括所有者投入的资本、直接计入所有者权益的利得和损失以及留存收益等。

（一）所有者权益特征

所有者权益具有以下特征：

1.除非发生减资、清算或分派现金股利，企业不需要偿还所有者权益；

2.企业清算时，只有在清偿所有的负债后，所有者权益才返还给所有者；

3.所有者凭借所有者权益能够参与企业利润的分配。

所有者权益包括实收资本（或者股本）、资本公积、盈余公积和未分配利润。其中，资本公积包括企业收到投资者出资超过其在注册资本或股本中所占份额的部分以及直接计入所有者权益的利得和损失等。盈余公积和未分配利润又合称为留存收益。

（二）所有者权益的确认条件

由于所有者权益体现的是所有者在企业中的剩余权益，因此，所有者权益的确认主要依赖于其他会计要素，尤其是资产和负债的确认，所有者权益金额的确认也主要取决于资产和负债的计量。例如，企业接受投资者投入的资产，在该资产符合企业资产确认条件时，也相应符合所有者权益的确认条件。

四、收入

收入是指企业日常活动中形成的、会导致所有者权益增加的、与所有者投入资本无关的经济利益的总流入。

（一）收入的特征

收入具有以下特征：

1.收入应当是企业在日常活动中形成的

收入应当是企业在日常活动中形成的。其中，日常活动是指企业为了完成其经营目标所从事的经常性活动以及与之相关的活动。例如，工业企业制造并销售产品、商业企业销售商品等，均属于企业的日常经营活动。明确界定日常活动是为了将收入与利得相区别。

2.收入应当会导致经济利益的流入，该流入不包括所有者投入的资本

收入应当会导致经济利益的流入，从而导致资产的增加。例如，企业销售商品，必须收到现金或者有权利收到现金，才表明该交易符合资产的定义。但是，企业经济利益的流入有时是由所有者投入资本的增加所导致的，所有者投入资本的增加不应当确认为收入，应当直接将其确认为所有者权益。因此，与收入相关的经济利益的流入应当将所有者投入的资本排除在外。

额仍然相等。凡是只涉及资产或负债及所有者权益内部项目之间的变动，内部的两个项目此增彼减，原来的总额不会变化，自然不会影响平衡。因此，任何一项经济业务的发生，无论引起资产和负债及所有者权益发生怎样的增减变化，都不会破坏资产与负债及所有者权益之间的平衡关系。

第三节　会计计量属性

会计计量，是为了将符合确认条件的会计要素登记入账，并列报于财务报表而确定其金额的过程。企业应当按照规定的会计计量属性进行计量，确定相关金额。

一、会计计量属性的概念

计量属性，是指所要计量的某一要素的特性方面。从会计的角度，计量属性反映的是会计要素金额的确定基础。

二、会计计量属性的构成

按照《企业会计准则》，会计的计量属性主要包括历史成本、重置成本、可变现净值、现值和公允价值。

（一）历史成本

在历史成本计量下，资产按照购置时支付的现金或者现金等价物的金额，或者按照购置资产时所付出的对价的公允价值计量；负债按照其现时义务而实际收到的款项或者资产的金额，或者承担现时义务的合同金额，或者按照日常活动中的偿还负债与其需要支付的现金或者现金等价物的金额计量。

（二）重置成本

在重置成本计量下，资产按照现在购买相同或者类似资产所需支付的现金或者现金等价物的金额计量；负债按照现在偿付该项债务所需支付的现金或者现金等价物的金额计量。

（三）可变现净值

在可变现净值计量下，资产按照其正常对外销售所能收到现金或者现金等价物的金额扣减该资产至完工时估计将要发生的成本、估计的销售费用以及相关税费后的金额计量。

（四）现值

在现值计量下，资产按照预计从其持续使用和最终处置中所产生的未来净现金流入量的折现金额计量，负债按照预计期限内需要偿还的未来净现金流出量的折现金额计量。

（五）公允价值

在公允价值计量下，资产和负债按照在公平交易中，熟悉情况的交易双方自愿进行资产交换或者债务清偿的金额计量。

三、会计计量属性的应用原则

一般情况下，对于会计要素的计量，应当采用历史成本计量属性，例如，企业购进存货、购置固定资产、生产产品等，应当以所购入资产所发生的实际成本作为资产计量的金额。

但是在某些情况下，如果仅以历史成本作为计量属性，可能难以达到会计的信息质量要求，不利于实现财务报告的目标，有时甚至会影响会计信息的有用性。例如，企业持有的衍生金融工具往往没有实际成本，或者即使有实际成本，实际成本与其价值相差甚远。因此，如果按照历史成本进行计量的话，大量的衍生金融工具交易将成为表外事项，与衍生金融工具有关的价值及其风险信息将无法得到充分披露。在这种情况下，为了提高会计信息的有用性，就有必要采用其他的计量属性进行会计计量，以弥补历史成本计量属性的缺陷。

鉴于应用重置成本、可变现净值、现值和公允价值等其他计量属性，往往需要依赖于估计，为了使估计的金额在提高会计信息的相关性的同时，又不影响其可靠性，企业会计准则要求企业应当保证根据重置成本、可变现净值、现值和公允价值所确定的会计要素金额能够取得并可靠计量；如果这些金额无法取得或者可靠计量的，则不允许采用其他计量属性。

本章小结

会计要素是指会计对象是由哪些部分所构成的，是会计核算对象的具体化。我国《企业会计准则》将企业会计要素分为六大类，即资产、负债、所有者权益、收入、费用和利润。其中，资产、负债和所有者权益反映企业的财务状况，收入、费用和利润反映企业的经营成果。

会计恒等式，又称会计基本等式或会计方程式，是指用会计的专业术语来表达企业财务状况的基本方程式。它表达了各会计要素之间的数量关系。“资产＝负债＋所有者权益”这一平衡公式反映了企业会计资产、负债、所有者权益三个要素之间的基本数量关系，是设置账户、复式记账和编制资产负债表的理论依据。

会计计量属性反映的是会计要素金额的确定基础。按照《企业会计准则》，会计的计量属性主要包括历史成本、重置成本、可变现净值、现值和公允价值。

课后作业

一、思考题

1.什么是会计要素？会计要素包括哪几类？

2.什么是资产、负债及所有者权益？什么是收入、费用和利润？各要素的特征及确认条件如何？各要素的主要内容有哪些？

3.资产和权益的关系如何？什么是会计恒等式？

4.经济业务的发生会引起资产、负债及所有者权益之间的变化有哪几种类型？

5.什么是会计的计量属性？会计的计量属性有哪几种？

二、练习题

(一)单项选择题

1.会计要素是(　　)的具体化。

A.会计对象　　B.会计科目　　C.会计账户　　D.会计基础

2.下列各项中，不符合资产要素的定义有(　　)。

A.库存商品　　B.原材料

C.待处理财产损溢　　D.委托加工物资

3.反映企业财务状况的会计要素有(　　)。

A.资产、负债及所有者权益　　B.收入

C.费用　　D.利润

4.反映企业经营成果的会计要素有(　　)。

A.资产　　B.负债

C.所有者权益　　D.收入、费用和利润

5.下列经济业务发生引起会计要素中资产和所有者权益同增的业务是(　　)。

A.从银行提取现金备用　　B.以存款归还银行借款

C.收到投资者投资款　　D.购买材料货款未付

6.会计的恒等式是(　　)。

A.资产＝负债＋所有者权益　　B.收入－费用＝利润

C.资产＋负债＝所有者权益　　D.资产＝负债＋所有者权益＋利润

7.下列各项不属于负债的有(　　)。

A.应付账款　　B.应付票据　　C.预收账款　　D.预付账款

8.将资本公积转增资本属于(　　)。

A.资产和权益同增　　B.资产和权益同减

C.资产内部此增彼减　　D.权益内部此增彼减

9.收入应当是企业在日常活动中形成的，因此，下列各项不属于收入的是(　　)。

A.主营业务收入　　B.其他业务收入

C.营业外收入　　D.出租固定资产收入

10.所有者权益的确认主要依赖于(　　)。

A.资产的确认　　B.负债的确认

C.资产和负债的确认　　D.收入和费用的确认

(二)多项选择题

1.会计要素按其所反映的经济内容不同，分为(　　)。

A.资产　　B.负债及所有者权益

C.收入、费用　　D.利润

2.资产的确认必须同时符合下列条件(　　)。

A.与该资源有关的经济利益很可能流入企业

B.资产预期会给企业带来经济利益

C.该资源的成本或者价值能够可靠地计量

D.资产为企业拥有或控制

3.下列各项属于资产的有(　　)。

A.应收账款　　B.应收票据　　C.预收账款　　D.预付账款

4.反映企业经营成果的会计要素有(　　)。

A.资产、负债及所有者权益　　B.收入

C.费用　　D.利润

5.所有者权益的来源构成主要包括(　　)。

A.实收资本　　B.资本公积　　C.盈余公积　　D.未分配利润

6.会计的计量属性一般包括(　　)。

A.历史成本　　B.重置成本

C.可变现净值　　D.现值和公允价值

7.留存收益主要包括(　　)。

A.盈余公积　　B.未分配利润　　C.实收资本　　D.资本公积

8.经济业务变化的类型可概括为四类(　　)。

A.资产和权益同增　　B.资产和权益同减

C.资产内部此增彼减　　D.权益内部此增彼减

9.会计恒等式是(　　)的理论基础。

A.设置会计科目　　B.复式记账

C.编制资产负债表　　D.平行登记

10.资产按其流动性可分为(　　)。

A.流动资产　　B.非流动资产

C.长期股权投资　　D.固定资产

(三)判断题

1.对已经确认的资产,如果不能给企业带来经济利益时,也不能再确认为企业的资产。(　　)

2.企业以经营租赁和融资租赁各租入一台设备,均作为企业的固定资产。(　　)

3.甲企业为一家高科技企业,2007 年度发生的研究支出 2 000 万元,应作为当年的资产入账。(　　)

4.可变现净值即为企业资产对外销售的所能收到的现金或现金等价物。(　　)

5.一般情况下,对于会计要素的计量,应当采用历史成本法计量属性。(　　)

6.收入是企业在日常活动中形成的,如固定资产出售和出租的收入均作为企业的收入要素。(　　)

7.会计恒等式是设置会计科目、复式记账和编制资产负债表的理论依据。(　　)

8.一项经济业务的发生会引起负债的增加和所有者权益的减少,会计的等式关系没

有被破坏。(　　)

9.无形资产是一种不存在实物形态的资产,如研发支出、商誉等。(　　)

10.所有者权益增加,资产减少,会计恒等式仍然成立。(　　)

三、实训题

习题一

目的:练习会计要素的分类。

资料:某企业有关会计要素的资料如下:

项　目	资产、费用	负债、所有者权益、收入、利润
存放在保险柜的现金		
存放在银行的款项		
生产车间使用的设备		
存放在仓库的材料		
已完工入库的产品		
应收顺昌公司货款		
应付晋江公司货款		
正在加工中的产品		
国家投入的资本		
从银行取得的借款		
采购员预借差旅费		
尚未缴纳的税费		
预收某公司的货款		
支付业务招待费		
销售产品收入		
本月实现的利润		
运输用的卡车		
办公用的计算机		
正在运输途中的材料		

要求:根据上述资料,进行会计要素的正确分类。

习题二

目的：练习经济业务的发生引起的会计要素的变化对会计等式的影响。

资料：

1.中侨公司 2021 年 6 月各账户的期初余额如下表：

资　产	金额(元)	负债及所有者权益	金额(元)
库存现金	800	短期借款	50 000
银行存款	58 000	应付账款	30 000
应收账款	30 000	应付职工薪酬	28 000
其他应收款	1 200	应交税费	17 000
原材料	20 000	实收资本	140 000
生产成本	40 000	资本公积	30 000
库存商品	15 000	盈余公积	20 000
固定资产	150 000		
合　计	315 000	合　计	315 000

2.6 月份发生下列经济业务：

(1)2 日，从银行取得九个月的借款 50 000 元存入银行。

(2)5 日，以存款 30 000 元购入一批材料，已验收入库。

(3)8 日，收回晋江公司货款 30 000 元存入银行。

(4)10 日，生产领用一批材料，价值 28 000 元。

(5)15 日，以存款 15 000 元偿还前欠宏发公司货款。

(6)16 日，从银行提取现金 2 000 元备用。

(7)20 日，采购员王某预借差旅费 1 500 元，以现金支付。

(8)25 日，收到国家投资的一台设备，价值 50 000 元。

(9)26 日，以存款 20 000 元归还到期的三个月的借款。

(10)31 日，将多余的现金 800 元送存银行。

(11)31 日，将资本公积 20 000 元用于转增资本。

(12)31 日，从银行取得三个月的借款 15 000 元直接归还顺昌公司的货款。

(13)31 日，以银行存款缴纳税费 15 000 元。

要求：

1.根据上述资料，逐项分析经济业务的发生对会计要素的增减变动的影响。

2.计算 6 月末企业的资产、负债及所有者权益的总额，并验证会计恒等式。

第3章 账户和复式记账

学习目标：

1.理解账户和复式记账的原理和方法。

2.掌握借贷记账法的原理。

3.初步掌握运用借贷记账法处理工业企业的简单业务。

技能要求：

1.学会借贷记账法的记录方法。

2.能正确运用账户结构、记账规则和试算平衡方法。

3.能初步运用复式记账法进行实际操作。

第一节 会计科目和账户

一、会计科目

(一)会计科目的概念

会计科目是对会计要素的具体内容进行分类核算的项目。

在企业经营过程中，会发生各种各样的经济业务，这就必然引起各项会计要素发生增减变化。会计要素是对会计对象的基本分类，而这六项会计要素仍显得过于粗略，难以满足各有关方对会计信息的需要。例如，固定资产和库存商品，虽然都属于资产，但它们的经济内容，以及在经济活动中的周转形式和所起的作用却各不相同，需要对其进一步分类为"固定资产"和"库存商品"科目；为了反映和监督负债及所有者权益的增减变化情况，需要设置"短期借款"、"实收资本"等科目；为了反映收入、费用和利润的增减变化情况，需要设置"主营业务收入"、"管理费用"、"本年利润"等科目。

在实际工作中，会计科目是设置账户、处理账务所必须遵守的规则和依据，是正确组织会计核算的重要条件。

(二)会计科目设置的原则

会计科目作为反映会计要素的构成及其变化情况，为投资者、债权人、企业经营管理者提供会计信息的重要手段，在其设置过程中应努力做到科学、合理、适用，并遵循下列原则：

1.合法性原则。指所设置的会计科目应当符合国家统一的会计制度的规定。

2.相关性原则。会计科目的设置应符合信息使用者对信息的要求。

3.实用性原则。在合法性的基础上,应根据企业自身特点,设置符合企业需要的会计科目。

(三)会计科目的分类

各会计科目之间既有严格的区别,又存在着内在联系,因而构成了科学的会计科目体系。

为了正确地掌握和运用会计科目,可以按照下列标准对会计科目进行适当的分类。

1.会计科目按会计要素分类

会计科目按会计要素分类是最主要、最基本的分类,是其他分类的基础。会计科目按会计要素,可以划分为资产类、负债类、共同类、所有者权益类、成本类、损益类等六大类科目。

(1)资产类会计科目

资产类会计科目按其流动性不同,包括:

核算流动资产的会计科目,如:"库存现金"、"应收账款"、"库存商品"等科目。

核算非流动资产的会计科目,如:"长期股权投资"、"固定资产"等科目。

(2)负债类会计科目

负债类会计科目按其流动性不同,包括:

核算流动负债的会计科目,如"短期借款"、"应付账款"等科目。

核算非流动负债的会计科目,如"长期借款"、"应付债券"等科目。

(3)共同类科目

共同类的会计科目包括"衍生工具"、"套期工具"、"被套期工具"等科目。

(4)所有者权益类科目

所有者权益类的会计科目有反映资本金的"实收资本"、"资本公积"、"其他综合收益"科目及反映盈余的"盈余公积"等科目。

(5)成本类科目

成本类的会计科目包括反映制造成本的"生产成本"等科目、反映劳务成本的"劳务成本"科目、反映无形资产研发成本的"研发支出"等科目。

(6)损益类科目

损益类的会计科目有反映收入类的"主营业务收入"等科目,有反映支出类的"主营业务成本"等科目。

参照我国《企业会计准则——应用指南》,企业会计科目的设置如表 3-1 所示。

2.会计科目按其提供核算指标的详细程度分类

会计科目按其提供核算指标的详细程度,可分为总分类科目、二级科目、明细科目三种。

(1)总分类科目

总分类科目,又称总账科目或一级科目,它是对会计对象的具体内容进行总括分类的科目,如"库存现金"、"应收账款"、"原材料"等科目,都是总分类科目。

(2)明细分类科目

明细分类科目又称明细科目或细目,是对总分类科目的进一步分类,提供更详细、更具体的会计信息的科目。

(3)三级科目(细目)

表 3-1 会计科目参照表

顺序号	编号	会计科目名称	顺序号	编号	会计科目名称
一、资产类					
1	1001	库存现金	29	1481	持有待售资产
2	1002	银行存款	30	1482	持有待售资产减值准备
3	1012	其他货币资金	31	1485	应收退货成本
4	1101	交易性金融资产	32	1501	债权投资
5	1121	应收票据	33	1502	债权投资减值准备
6	1122	应收账款	34	1503	其他债权投资
7	1123	预付账款	35	1504	其他权益工具投资
8	1131	应收股利	36	1511	长期股权投资
9	1132	应收利息	37	1521	投资性房地产
10	1221	其他应收款	38	1531	长期应收款
11	1231	坏账准备	39	1532	未实现融资收益
12	1321	代理业务资产	40	1601	固定资产
13	1401	材料采购	41	1602	累计折旧
14	1402	在途物资	42	1603	固定资产减值准备
15	1403	原材料	43	1604	在建工程
16	1404	材料成本差异	44	1605	工程物资
17	1405	库存商品	45	1606	固定资产清理
18	1406	发出商品	46	1607	在建工程减值准备
19	1407	商品进销差价	47	1608	工程物资减值准备
20	1408	委托加工物资	48	1701	无形资产
21	1411	周转材料	49	1702	累计摊销
22	1471	存货跌价准备	50	1703	无形资产减值准备
23	1473	合同资产	51	1711	商誉
24	1474	合同资产减值准备	52	1712	商誉减值准备
25	1475	合同履约成本	53	1801	长期待摊费用
26	1476	合同履约成本减值准备	54	1811	递延所得税资产
27	1477	合同取得成本	55	1901	待处理财产损溢
28	1478	合同取得成本减值准备			

续表

顺序号	编号	会计科目名称	顺序号	编号	会计科目名称
		二、负债类			
56	2001	短期借款	67	2245	代理业务负债
56	2101	交易性金融负债	68	2314	受托代销商品款
58	2201	应付票据	69	2401	递延收益
59	2202	应付账款	70	2501	长期借款
60	2203	预收账款	71	2502	应付债券
61	2205	合同负债	72	2701	长期应付款
62	2211	应付职工薪酬	73	2702	未确认融资费用
63	2221	应交税费	74	2711	专项应付款
64	2231	应付利息	75	2801	预计负债
65	2232	应付股利	76	2901	递延所得税负债
66	2241	其他应付款			
		三、共同类			
77	3101	衍生工具	79	3202	被套期工具
78	3201	套期工具			
		四、所有者权益类			
80	4001	实收资本	85	4104	利润分配
81	4002	资本公积	86	4201	库存股
82	4003	其他综合收益	87	4301	专项储备
83	4101	盈余公积	88	4401	其他权益工具
84	4103	本年利润			
		五、成本类			
89	5001	生产成本	91	5201	劳务成本
90	5101	制造费用	92	5301	研发支出
		六、损益类			
93	6001	主营业务收入	102	6403	税金及附加
94	6051	其他业务收入	103	6601	销售费用
95	6101	公允价值变动损益	104	6602	管理费用
96	6111	投资收益	105	6603	财务费用
97	6115	资产处置损益	106	6701	资产减值损失
98	6117	其他收益	107	6702	信用减值损失
99	6301	营业外收入	108	6711	营业外支出
100	6401	主营业务成本	109	6801	所得税费用
101	6402	其他业务成本	110	6901	以前年度损益调整

二级科目又称子目,是介于总分类科目和明细分类科目之间的科目。如果某一总分类科目统驭下的明细科目较多,可以增设二级科目,它比总分类科目提供的指标详细,又比明细分类科目提供的指标概括。例如,在“原材料”总分类科目下,可以按大类材料设置二级科目,按品名设置三级科目。如表 3-2 所示。

表 3-2　原材料科目按其提供核算指标的详细程度分类

总分类科目(一级科目)	明细分类科目	
	二级科目(子目)	明细科目(细目)
原材料	原料及主要材料	碳钢
		圆钢
		润滑油
		油漆
		汽油
		烟煤

一般情况下,企业可不设二级科目。

二、账户

(一)账户的概念

设置会计科目只是对会计对象的具体内容进行分类,还不能把发生的经济业务连续地、系统地记录下来。因此,设置会计科目以后,还必须根据规定的会计科目在账簿中开设账户。所谓账户,是根据会计科目开设的具有一定格式和结构,用于分类反映会计要素增减变动情况及其结果的载体。设置账户是会计核算的一种专门方法。

(二)账户的基本结构

由于经济业务的发生所引起的各项会计要素的变动,从数量上看,不外乎是增加和减少两种情况。因此,账户结构也就相应地分为两个基本部分用于分别记录经济业务所引起的各会计要素的增加和减少的数额。账户的基本结构,通常分为左、右两个部分,一方登记增加额,另一方登记减少额。

账户的基本结构,一般应包括下列内容:

1.账户的名称(即会计科目);

2.年、月、日(登记日期);

3.凭证种类和编号(登账依据);

4.摘要(概括说明经济业务内容);

5.增加或减少的金额及余额。

账户的一般格式如表 3-3 所示。

表 3-3　账户的一般格式

账户名称(会计科目)

年		凭　证		摘　要	金　额		
月	日	种类	编号		左方	右方	余额

为了便于教学,在教学中经常采用简化格式的"T"型账户结构,如图 3-1 所示。

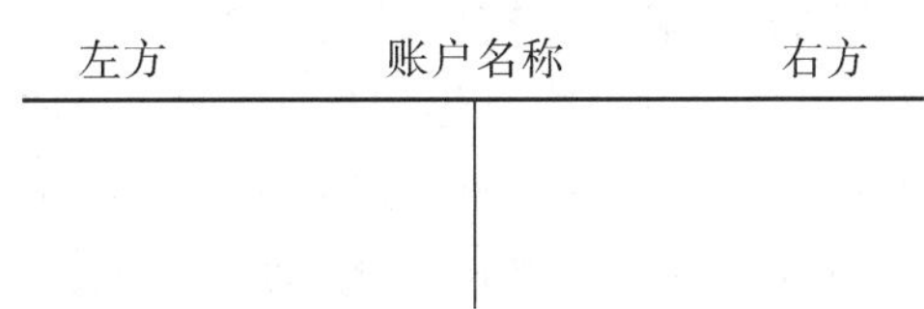

图 3-1　"T"型账户结构

在账户的左、右两方,分别记录增加额和减少额。在一定时期内登记的增加金额的合计,称为本期增加发生额;一定时期内登记的减少发生额的合计,称为本期减少发生额。增减相抵后的差额,称为账户的余额。账户的余额按其表示时间的不同,分为期初余额和期末余额。本期的期末余额转入下期时,即为下期的期初余额。因此,账户中所记录的金额有期初余额、本期增加发生额、本期减少发生额和期末余额。这四项金额的关系可以下列公式表示:

期末余额=期初余额+本期增加发生额-本期减少发生额

账户的左、右两方按相反方向来记录增加额和减少额。如果在左方记录增加额,右方则记录减少额,余额在左方;如果在右方记录增加额,左方则记录减少额,余额在右方。即账户的余额一般与记录的增加额在同一方向。当账户的左方登记增加额时的账户格式如表 3-4 所示。当账户的右方登记增加额时的账户格式如表 3-5 所示。

在具体的账户中,左右两方究竟哪一方记录增加额,哪一方记录减少额,取决于各账户所采用的记账方法和记录的经济内容。

表 3-4　账户的左右两方登记的内容(1)

左方　　　　账户名称(会计科目)　　　　右方

左方		右方	
期初余额	×××		
本期增加额	×××	本期减少额	×××
	×××		×××
本期增加发生额	×××	本期减少发生额	×××
期末余额	×××		

表 3-5　账户的左右两方登记的内容(2)

左方		账户名称(会计科目)	右方
		期初余额	×××
本期减少额	×××	本期增加额	×××
	×××		×××
本期减少发生额	×××	本期增加发生额	×××
		期末余额	×××

(三)会计科目和账户的关系

会计科目与账户是两个既相互联系又有区别的两个概念,两者口径一致、性质相同,它们都被用来分门别类地反映会计对象的具体内容。但账户是根据会计科目设置的,会计科目是账户的名称。两者的区别是:会计科目只是账户的名称,它只能表明某项经济业务的内容,其本身并不能记录经济业务的增减变化,而账户不仅有名称,还具有一定的格式和结构,能够对经济业务的增减变化及其结果进行连续、系统的记录。

第二节　复式记账

一、记账方法

(一)记账方法及种类

经济业务的发生会引起会计要素的增减变动,在设置了会计科目并根据会计科目开设账户之后,还需要采用一定的记账方法将会计要素的增减变动登记在账户中。

所谓记账方法,就是指在经济业务发生之后,将其记录在账户中的方法。记账方法有两种:一种是单式记账法,另一种是复式记账法。

单式记账法,是指对发生的经济业务,只在一个账户中进行登记的一种记账方法。单式记账法不严密、不科学。随着经济的发展,单式记账法已被淘汰。

复式记账法,是指对发生的每一项经济业务,都以相等的金额,在相互联系的两个或两个以上账户中进行登记的一种记账方法。例如,以银行存款购买材料,既要考虑银行存款的减少,又要考虑材料的增加;又如,企业销售产品,货款尚未收到,既要考虑应收账款的增加,又要考虑销售收入的增加。因此,复式记账法的主要特征有两个:一是对发生的每一项经济业务,都要在相互联系的两个或两个以上的账户中进行登记;二是对发生的每一项经济业务,都要以相等的金额在有关账户中进行登记。

(二)复式记账法的原理

复式记账法是以资产总额等于负债总额及所有者权益总额之和的会计恒等式为理论依据的。根据这一平衡原理,任何一项经济业务的发生,都会引起两个或两个以上会计要素的增减变化,且增减的金额相等。为此,采用复式记账法,可以完整、系统地反映资金运动的来龙去脉，还可以根据账户之间的平衡关系来检查账户的记录是否正确。

由此可见，复式记账法是一种比较科学的记账方法。它在会计核算方法体系中占有重要地位。复式记账法根据记账符号、记账规则和试算平衡公式等基本内容的不同，主要有收付记账法、增减记账法和借贷记账法。根据《企业会计准则》的规定，企业应当采用借贷记账法。目前，行政事业单位也一律采用借贷记账法。

二、借贷记账法

（一）借贷记账法的概念

借贷记账法，是以“借”、“贷”作为记账符号，在账户中记录会计要素增减变化情况的一种复式记账方法。

借贷记账法的“借”、“贷”二字只作为记账符号使用，用于标明记账的方向。

（二）借贷记账法的账户结构

在借贷记账法下，账户的基本结构是：左方为借方，右方为贷方。但是，哪一方登记增加额，哪一方登记减少额，则要根据账户反映的经济内容的性质决定。其基本格式如图3-2所示。

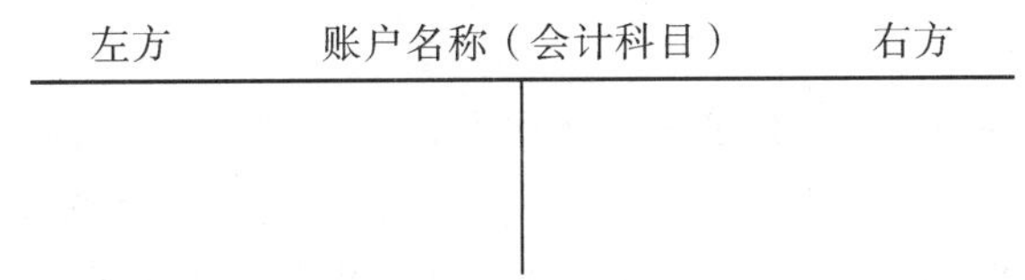

图 3-2　借贷记账法的账户基本结构

1.资产类账户结构

资产类账户的借方登记增加额，贷方登记减少额，期初期末有余额，一般在借方，表示资产的结存额，如“库存现金”、“应收账款”账户等。其发生额与余额的关系，用公式表示如下：

期末余额＝期初余额＋本期借方发生额－本期贷方发生额

资产类账户结构可用“T”型账户表示如表3-6所示。

表 3-6　资产类账户的基本结构

借方		账户名称（会计科目）	贷方
期初余额	×××		
本期增加额	×××	本期减少额	×××
	×××		×××
本期发生额	×××	本期发生额	×××
期末余额	×××		

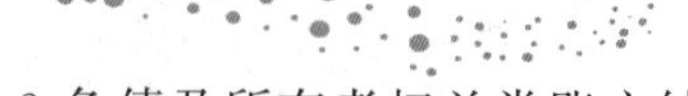

2.负债及所有者权益类账户结构

负债及所有者权益类账户的贷方登记增加额，借方登记减少额，期初期末有余额，一般在贷方，表示负债或所有者权益的实有数额，如“短期借款”、“应付账款”、“实收资本”、“盈余公积”账户等。其发生额与余额的关系，用公式表示如下：

期末余额＝期初余额＋本期贷方发生额－本期借方发生额

负债及所有者权益类账户结构可用“T”型账户表示如表3-7所示。

表3-7 负债及所有者权益类账户的基本结构

借方		账户名称(会计科目)	贷方
		期初余额	×××
本期减少额	×××	本期增加额	×××
	×××		×××
本期发生额	×××	本期发生额	×××
		期末余额	×××

3.成本类账户结构

企业在生产产品的过程中，会发生生产成本，当产品制造完工时，会转化为产成品，所以成本实际上也是一种资产，其账户结构与资产类账户结构基本相同。成本类账户的借方登记成本增加额，贷方登记成本转销额，期初期末可能有余额，若有余额必在借方，表示在产品成本，如“生产成本”账户等。其发生额与余额的关系用公式表示如下：

期末余额＝期初余额＋本期借方发生额－本期贷方发生额

成本类账户结构可用“T”型账户表示如表3-8所示。

表3-8 成本类账户的基本结构

借方		账户名称(会计科目)	贷方
期初余额	×××		
本期增加额	×××	本期减少额	×××
	×××		×××
本期发生额	×××	本期发生额	×××
期末余额	×××		

4.损益类账户结构

损益类账户包括收入类和费用类账户。

(1)收入类账户结构

由于收入的取得会导致利润的增加，最终会引起所有者权益的增加，因此，其结构与所有者权益基本相同。贷方登记增加额，借方登记减少额或结转利润额，期末结转后一般无余额，如“主营业务收入”、“其他业务收入”账户等。

收入类账户结构用“T”型账户表示如表 3-9 所示。

表 3-9　收入类账户的基本结构

借方　　　　账户名称(会计科目)　　　　贷方

本期减少额或转销额	×××	本期增加额	×××
	×××		×××
本期发生额合计	×××	本期发生额合计	×××

(2)费用类账户结构

由于费用的发生会导致利润的减少,最终会引起所有者权益的减少,因此,其结构与所有者权益正好相反。借方登记增加额,贷方登记减少额或结转利润额,期末结转后一般无余额。如“管理费用”、“销售费用”账户等。

费用类账户结构用“T”型账户表示如表 3-10 所示。

根据以上各类账户的结构说明,资产类、成本类、费用类账户结构相同,增加额在借方,减少额在贷方;负债、所有者权益、收入类账户结构相同,增加额在贷方,减少额在借方。各类账户的结构用“T”型账户总结如表 3-11 所示。

表 3-10　费用类账户的基本结构

借方　　　　账户名称(会计科目)　　　　贷方

本期增加额	×××	本期减少额或转销额	×××
	×××		×××
本期发生额合计	×××	本期发生额合计	×××

表 3-11　各类账户的基本结构总结

借方　　　　账户名称(会计科目)　　　　贷方

资产增加	负债增加
费用增加	所有者权益增加
成本增加	收入增加
负债减少	资产减少
所有者权益减少	成本减少
收入减少或转销	费用减少或转销
期末余额:资产余额 成本余额	期末余额:负债余额 所有者权益余额

(三)借贷记账法的记账规则

借贷记账法的记账规则,概括地说,就是“有借必有贷,借贷必相等”。

现举例说明借贷记账法的记账规则。

【例 3-1】华泰公司 2021 年 6 月发生下列经济业务:

(1)从银行取得 6 个月的借款 50 000 元存入银行。

这项经济业务的发生，引起资产中的“银行存款”增加，记借方；同时负债中的“短期借款”也增加，记贷方，借贷双方的金额相等。将该笔业务在两个账户中进行登记如下：

借	银行存款	贷
(1) 50 000		

借	短期借款	贷
		(1) 50 000

(2)收到国家投资的一台设备，价值 100 000 元。

这项经济业务的发生，引起资产中的“固定资产”增加，记借方；同时引起所有者权益中的“实收资本”增加，记贷方，借贷双方的金额相等。将该笔业务在两个账户中进行登记如下：

借方	固定资产	贷方
(2) 100 000		

借方	实收资本	贷方
		(2) 100 000

(3)从银行提取现金 1 000 元备用。

这项经济业务的发生，引起资产中的“库存现金”增加，记借方；同时引起资产中的“银行存款”减少，记贷方，借贷双方的金额相等。将该笔业务在两个账户中进行登记如下：

借	库存现金	贷
(3) 1 000		

借	银行存款	贷
		(3) 1 000

(4)以银行存款 30 000 元归还前欠江明公司货款。

这项经济业务的发生，引起资产中的“银行存款”减少，记贷方；同时引起负债中的“应付账款”减少，记借方，借贷双方的金额相等。将该笔业务在两个账户中进行登记如下：

借	应付账款	贷
(4) 30 000		

借	银行存款	贷
		(4) 30 000

(5)以资本公积 18 000 元用于转增资本。

这项经济业务的发生，引起所有者权益中的“实收资本”增加，记贷方；同时引起所有者权益中的“资本公积”减少，记借方，借贷双方的金额相等。将该笔业务在两个账户中进行登记如下：

借	资本公积	贷
(5) 18 000		

借	实收资本	贷
		(5) 18 000

(6)购进材料 50 000 元，其中 20 000 元用银行存款支付，另外 30 000 元货款暂欠。

这项经济业务的发生引起资产中的“原材料”增加，记借方；同时资产中的“银行存款”减少，记贷方，负债中的“应付账款”增加，记贷方，借贷双方的金额相等。将该笔业务在三个账户中进行登记如下：

借	原材料	贷
(6) 50 000		

借	银行存款	贷
		(6) 20 000

借	应付账款	贷
		(6) 30 000

(7)销售产品一批，收入 150 000 元，其中 100 000 元已经收到存入银行，另外 50 000 元货款尚未收到。

这项经济业务的发生，引起资产中的“银行存款”增加，记借方，资产中的“应收账款”增加记借方，同时“主营业务收入”增加记贷方。借贷双方的金额相等。将该笔业务在三个账户中进行登记如下：

借	银行存款	贷
(7) 100 000		

借	应收账款	贷
(7) 50 000		

借	主营业务收入	贷
		(7) 150 000

从以上所举的例子中可以看出，任何一项经济业务的发生，都严格按照“有借必有贷，借贷必相等”的记账规则进行登记。在前 5 个例子中对发生的经济业务登记在一个账户的借方和一个账户的贷方，即一借一贷；例(6)业务发生登记在一个账户的借方和两个账户的贷方，即一借多贷；例(7)业务发生登记在一个账户的贷方和两个账户的借方，即一贷多借。但无论怎样，借贷双方的金额都必须相等。

运用借贷记账法时，在有关账户之间都会形成应借、应贷的相互关系，这种关系叫做账户的对应关系。发生对应关系的账户叫做对应账户。

为了保证账户对应关系的正确性，登账前应先根据经济业务所涉及的账户及其借贷方向和金额，编制会计分录，据以登账。会计分录，就是标明某项经济业务应借、应贷账户的名称及其金额的记录，简称“分录”。在实际工作中，会计分录是通过编制记账凭证来进行的。

会计分录由三个要素构成，即会计科目、记账方向、应记金额。在编制会计分录时，习惯上采用“上借下贷，左右错开”的列示方式。现将上述举例编制会计分录如下：

(1)借：银行存款	50 000	
贷：短期借款		50 000
(2)借：固定资产	100 000	
贷：实收资本		100 000
(3)借：库存现金	1 000	
贷：银行存款		1 000
(4)借：应付账款	30 000	
贷：银行存款		30 000
(5)借：资本公积	18 000	
贷：实收资本		18 000
(6)借：原材料	50 000	
贷：银行存款		20 000
应付账款		30 000

(7)借:银行存款　　　　100 000

　　应收账款　　　　50 000

　贷:主营业务收入　　　　150 000

会计分录有两种:(1)简单会计分录,凡涉及一借一贷的会计分录称为简单分录。如上例中(1)~(5)笔业务的分录,都是属于简单分录。(2)复合分录,凡涉及一借多贷或一贷多借的会计分录,称为复合分录,如上例中第(6)笔业务、第(7)笔业务,都是属于复合分录。

需要注意的是,为了保持账户对应关系清楚,可以根据业务本身的需要,编制多借多贷的会计分录,但不宜将两项或两项以上不同类型的经济业务合并在一起编制多借多贷的复合会计分录。

小知识

借贷记账法中的"借"和"贷"仅仅是记账符号,相当于数学中的代数符号"x"、"y"。熟练掌握"有借必有贷,借贷必相等"这个记账规则是运用借贷记账法的关键。

(四)借贷记账法的试算平衡

1.试算平衡的概念

为了保证一定时期内发生的经济业务在账户中登记的正确性,需要在一定时期终了时,根据上述借贷记账法的记账规则,对账户记录进行试算平衡。

试算平衡,就是用来检查和验证账户记录是否正确的一种方法。

2.试算平衡方法的种类

试算平衡的方法有两种:一种是账户发生额的试算平衡;另一种是账户余额的试算平衡。

(1)账户发生额的试算平衡

账户发生额的试算平衡是用来检查本期全部账户的借方发生额合计与全部账户的贷方发生额合计是否相等的方法。

按照借贷记账法的记账规则"有借必有贷,借贷必相等",对每一笔经济业务所编制的会计分录,借贷双方的发生额是必然相等的,因此,将一定时期内的全部经济业务的会计分录,都记入有关账户后,全部账户的借方发生额合计和贷方发生额合计也必然相等。其计算公式如下:

全部账户本期借方发生额合计=全部账户本期贷方发生额合计

(2)账户余额的试算平衡

账户余额试算平衡是用来检查所有账户的借方余额和贷方余额是否相等的方法。

由于资产类账户的余额表现为借方余额,负债及所有者权益账户的余额表现为贷方余额,根据会计恒等式,两者余额合计也必然相等。其计算公式如下:

全部账户期末借方余额合计=全部账户期末贷方余额合计

试算平衡的方法,通常是通过编制发生额及余额试算平衡表来进行的。其格式如表3-12所示。

表 3-12 总分类账户本期发生额及余额试算平衡表

账户名称（会计科目）	期初余额		本期发生额		期末余额	
	借方	贷方	借方	贷方	借方	贷方
合计						

需要指出的是，试算平衡表是通过借贷双方发生额和余额是否平衡来检查账户记录是否正确的一种方法。如果借贷不平衡，可以肯定账户的记录或计算有错误，但如果借贷平衡，并不能保证借贷没有错误，因为有些错误并不影响借贷双方的平衡。如某项经济业务重记或漏记，账户的方向记错，金额记错，账户用错等。

【例 3-2】下面以华泰公司 2021 年 6 月发生的经济业务为例来说明采用借贷记账法时如何编制会计分录、登记账户和进行试算平衡。

（1）假定华泰公司 2021 年 6 月初账户的期初余额如表 3-13 所示。

表 3-13 华泰公司 2021 年 6 月初账户的期初余额

单位：元

资产	金额	负债及所有者权益	金额
库存现金	800	短期借款	6 000
银行存款	45 200	应付账款	30 000
应收账款	60 000	实收资本	250 000
固定资产	200 000	资本公积	20 000
合计	306 000	合计	306 000

（2）华泰公司 6 月份发生的经济业务及编制的会计分录见前例 3-1(1)～(7)笔经济业务。

（3）根据会计分录登记“T”型账户，并结出每一个账户的本期发生额及期末余额如下：

银行存款

借		贷	
期初余额	45 200		
(1)	50 000	(3)	1 000
(7)	100 000	(4)	30 000
		(6)	20 000
本期发生额	150 000	本期发生额	51 000
期末余额	144 200		

库存现金

借		贷	
期初余额	800		
(3)	1 000		
本期发生额	1 000	本期发生额	
期末余额	1 800		

借	固定资产		贷
期初余额	200 000		
（2）	100 000		
本期发生额	100 000	本期发生额	
期末余额	300 000		

借	短期借款		贷
		期初余额	6 000
		（1）	50 000
本期发生额		本期发生额	50 000
		期末余额	56 000

借	应收账款		贷
期初余额	60 000		
（7）	50 000		
本期发生额	50 000	本期发生额	
期末余额	110 000		

借	实收资本		贷
		期初余额	250 000
		（2）	100 000
		（5）	18 000
本期发生额		本期发生额	118 000
		期末余额	368 000

借	应付账款		贷
		期初余额	30 000
（4）	30 000	（6）	30 000
本期发生额	30 000	本期发生额	30 000
		期末余额	30 000

借	资本公积		贷
		期初余额	20 000
（5）	18 000		
本期发生额	18 000	本期发生额	
		期末余额	2 000

借	原材料		贷
（6）	50 000		
本期发生额	50 000	本期发生额	
期末余额	50 000		

借	主营业务收入		贷
		（7）	150 000
本期发生额		本期发生额	150 000
		期末余额	150 000

（4）编制发生额及余额试算平衡表并行试算平衡，如表 3-14 所示。

表 3-14　总分类账户发生额及余额试算平衡表

2021 年 6 月　　　　单位：元

会计科目	期初余额		本期发生额		期末余额	
	借方	贷方	借方	贷方	借方	贷方
库存现金	800		1 000		1 800	
银行存款	45 200		150 000	51 000	144 200	
应收账款	60 000		50 000		110 000	

续表

会计科目	期初余额		本期发生额		期末余额	
	借方	贷方	借方	贷方	借方	贷方
原材料			50 000		50 000	
固定资产	200 000		100 000		300 000	
短期借款		6 000		50 000		56 000
应付账款		30 000	30 000	30 000		30 000
实收资本		250 000		118 000		368 000
资本公积		20 000	18 000			2 000
主营业务收入				150 000		150 000
合　计	306 000	306 000	399 000	399 000	606 000	606 000

第三节　总分类账户和明细分类账户

一、总分类账户和明细分类账户的关系

(一)总分类账户与明细分类账户的概念

总分类账户是根据总分类科目设置的,用来总括地反映会计要素增减变动的账户,提供总括的核算资料,又称一级账户,简称总账。根据会计科目表 3-1 中会计科目所设置的账户均为总分类账户。

由于总分类账户只提供会计要素核算的总括指标,而有些情况下,不仅需要提供总括的核算指标,还需要提供详细的核算资料。如“应收账款”账户,不仅需要掌握应收账款的形成及收回的总括信息,还需要掌握应收账款的单位及其应收金额。因此,在设置总分类账户的同时,还必须设置明细分类账户。

明细分类账户是根据明细科目设置的用来详细地反映会计要素增减变动的账户,简称明细账。具体的明细分类账户是根据企业经济业务的具体内容设置的,它所提供的明细核算资料是为了满足企业内部经营管理的需要。明细分类账户的名称、核算内容及使用方法通常由各单位根据经营管理的实际需要和经济业务的具体内容自行确定。如“应收账款”总账,可以根据需要按应收款的单位设明细账。

(二)总分类账户和明细分类账户的关系

总分类账户和明细分类账户的关系是:总分类账户对所属的明细分类账户起着统驭和控制的作用;明细分类账户对其归属的总分类账户起着补充和具体说明的作用。

它们登记的原始依据是相同的，核算的内容也是相同的。

二、总分类账户和明细分类账户的平行登记

（一）平行登记的概念

所谓平行登记是指对发生的每项经济业务事项，都要以会计凭证为依据，一方面记入有关的总分类账户，另一方面记入有关总分类账户所属的明细分类账户的方法。

（二）平行登记的要点

平行登记既可满足管理上对总括会计信息和详细会计信息的需求，又可检验账户记录的完整性和正确性。因此，按平行登记的方法登记总分类账户和明细分类账户，其要点如下：

1.同期登记

同期登记是指对发生的每一项经济业务，在同一会计期间内一方面记入总分类账户，另一方面也要记入所属的明细分类账户。

2.方向相同

方向相同是指将经济业务记入总分类账户和所属的明细分类账户时，记账方向必须相同。即总分类账户记借方，明细分类账户也记入借方；总分类账户记入贷方，明细分类账户也记入贷方。

3.金额相等

金额相等是指将经济业务记入某一总分类账户的金额，必须与记入其所属的明细分类账户的金额合计数相等。

三、总分类账户和明细分类账户的核对

根据总分类账户和明细分类账户的平行登记要点进行登账后，就形成了如下关系：

总分类账户本期借方（贷方）发生额＝所属明细分类账户的本期借方（贷方）发生额之和

总分类账户本期借方（贷方）余额＝所属明细分类账户的本期借方（贷方）余额之和

上述这种总分类账户和明细分类账户之间的关系，是总分类账户与明细分类账户相互核对的理论依据。在实际工作中，总分类账户与明细分类账户之间的核对，是通过编制“总分类账户与明细分类账户本期发生额与余额对照表”，用于检验总分类账户与其所属明细分类账户记录的正确性。

下面以“原材料”和“应付账款”两个账户为例，说明总分类账户和明细分类账户的平行登记方法，并通过编制“总分类账户与明细分类账户本期发生额与余额对照表”进行核对。

【例 3-3】华泰公司 2021 年 7 月“原材料”和“应付账款”账户和所属明细分类账户的期初余额如下：

1.“原材料”总账余额 30 000 元，

其中：甲材料数量 5 000 千克，单价 4 元，计 20 000 元，

乙材料数量 2 000 千克，单价 5 元，计 10 000 元。

2."应付账款"总账余额 50 000 元，

其中：闽发公司 30 000 元，

　　华昌公司 20 000 元。

华泰公司 7 月份发生下列经济业务：

(1)以银行存款 20 000 元归还前欠闽发公司货款 10 000 元，归还华昌公司货款 10 000元；

(2)从闽发公司购买甲材料 2 000 千克，单价 4 元，计 8 000 元，材料已验收入库，货款尚未支付；

(3)从华昌公司购买甲材料 4 000 千克，单价 4 元，计 16 000 元，同时购买乙材料 6 000千克，单价 5 元，计 30 000 元，货款尚未支付；

(4)生产产品领用一批材料，其领用数量如下：

甲材料 8 000 千克，单价 4 元，计 32 000 元，

乙材料 5 000 千克，单价 5 元，计 25 000 元。

(5)以银行存款 30 000 元分别支付给闽发公司、华昌公司货款各 15 000 元。

平行登记的步骤如下：

第一步，将上述经济业务编制会计分录。

(1)借：应付账款——闽发公司　　10 000
　　　　　　　——华昌公司　　10 000
　　贷：银行存款　　　　　　　　　　20 000

(2)借：原材料——甲材料　　8 000
　　贷：应付账款——闽发公司　　　　8 000

(3)借：原材料——甲材料　　16 000
　　　　　　——乙材料　　30 000
　　贷：应付账款——华昌公司　　　　46 000

(4)借：生产成本　　57 000
　　贷：原材料——甲材料　　　　32 000
　　　　　　——乙材料　　　　25 000

(5)借：应付账款——闽发公司　　15 000
　　　　　　　——华昌公司　　15 000
　　贷：银行存款　　　　　　　　　　30 000

第二步，进行平行登记。

1."原材料"总分类账户与明细分类账户的平行登记

(1)在"原材料"总分类账户中登记期初余额 30 000 元，同时在所属的"甲材料"、"乙材料"明细分类账户登记分别按数量、单价、金额登记期初余额；

(2)将本期发生的第二笔和第三笔材料增加业务记入"原材料"总分类账户的借方，同时按其数量、单价、金额记入"甲材料"和"乙材料"的明细分类账户的借方；

(3)将本期发生的第四笔发出材料业务记入"原材料"总分类账户的贷方，同时按其数量、单价、金额记入"甲材料"和"乙材料"的明细分类账户的贷方；

(4)月末，对"原材料"总分类账户及其所属的明细分类账户进行结账，结出本期发生

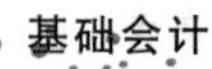

额和期末余额，并进行核对。

“原材料”总分类账户与所属明细账户平行登记的结果如表3-15、表3-16、表3-17所示。

表3-15　总分类账

账户名称：原材料

2021年		凭证号数	摘　要	借方	贷方	借或贷	余额
月	日						
7	1		期初余额			借	30 000
	×	2	购进	8 000		借	38 000
	×	3	购进	46 000		借	84 000
	×	4	领用		57 000	借	27 000
	31		本月发生额及余额	54 000	57 000	借	27 000

表3-16　明细分类账

账户名称：甲材料

2021年		凭证号数	摘　要	收入			发出			结存		
月	日			数量	单价	金额	数量	单价	金额	数量	单价	金额
7	1		期初余额							5 000	4	20 000
	×	2	购进	2 000	4	8 000				7 000	4	28 000
	×	3	购进	4 000	4	16 000				11 000	4	44 000
	×	4	领用				8 000	4	32 000	3 000	4	12 000
	31		发生额及余额	6 000	4	24 000	8 000	4	32 000	3 000	4	12 000

表3-17　明细分类账

账户名称：乙材料

2021年		凭证号数	摘　要	收入			发出			结存		
月	日			数量	单价	金额	数量	单价	金额	数量	单价	金额
7	1		期初余额							2 000	5	10 000
	×	3	购进	6 000	5	30 000				8 000	5	40 000
	×	4	领用				5 000	5	25 000	3 000	5	15 000
	31		发生额及余额	6 000	5	30 000	5 000	5	25 000	3 000	5	15 000

2.“应付账款”总分类账户与明细分类账户的平行登记

(1)在“应付账款”总分类账户及所属的闽发公司、华昌公司两个明细账登记期初余额。

(2)根据本期发生的经济业务在应付账款总分类账户及所属的明细分类账户进行登记。

(3)月末,对"应付账款"总账和所属的明细账进行结账,结出本期发生额及期末余额。

"应付账款"总账与所属的明细账平行登记结果如表 3-18、表 3-19、表 3-20 所示。

表 3-18 总分类账

账户名称:应付账款

2021 年		凭证号数	摘 要	借方	贷方	借或贷	余额
月	日						
7	1		期初余额			贷	50 000
	×	1	归还欠款	20 000		贷	30 000
	×	2	购货欠款		8 000	贷	38 000
	×	3	购货欠款		46 000	贷	84 000
	×	5	归还欠款	30 000		贷	54 000
	31		发生额及余额	50 000	54 000	贷	54 000

表 3-19 明细分类账

账户名称:闽发公司

2021 年		凭证号数	摘 要	借方	贷方	借或贷	余额
月	日						
7	1		期初余额			贷	30 000
	×	1	归还欠款	10 000		贷	20 000
	×	2	购货欠款		8 000	贷	28 000
	×	5	归还欠款	15 000		贷	13 000
	31		发生额及余额	25 000	8 000	贷	13 000

表 3-20 明细分类账

账户名称:华昌公司

2021 年		凭证号数	摘 要	借方	贷方	借或贷	余额
月	日						
7	1		期初余额			贷	20 000
	×	1	归还欠款	10 000		贷	10 000
	×	3	购货欠款		46 000	贷	56 000
	×	5	归还欠款	15 000		贷	41 000
	31		发生额及余额	25 000	46 000	贷	41 000

第三步，根据平行登记的结果，编制“原材料”和“应付账款”本期发生额及余额对照表，如表 3-21、表 3-22 所示。

表 3-21　原材料本期发生额及余额对照表

2021 年 7 月

明细账户	计量单位	单价	期初余额		本期发生额				期末余额	
			数量	金额	收入		发出		数量	金额
					数量	金额	数量	金额		
甲材料	千克	4	5 000	20 000	6 000	24 000	8 000	32 000	3 000	12 000
乙材料	千克	5	2 000	10 000	6 000	30 000	5 000	25 000	3 000	15 000
合　计				30 000		54 000		57 000		27 000

表 3-22　应付账款本期发生额及余额对照表

2021 年 7 月

明细账户	期初余额	本期发生额		期末余额
		借方	贷方	
闽发公司	30 000	25 000	8 000	13 000
华昌公司	20 000	25 000	46 000	41 000
合　计	50 000	50 000	54 000	54 000

从上述平行登记的结果可以看出，“原材料”和“应付账款”总分类账户的期初、期末余额及本期借贷双方发生额，与其所属的明细分类账户期初、期末余额之和以及本期借贷双方发生额之和都是相等的。利用这种相等关系，可以核对总分类账户和明细分类账户的登记是否正确。如有不同，则表明记账出现差错，应进行查明并予以更正，以保证会计资料的准确性。

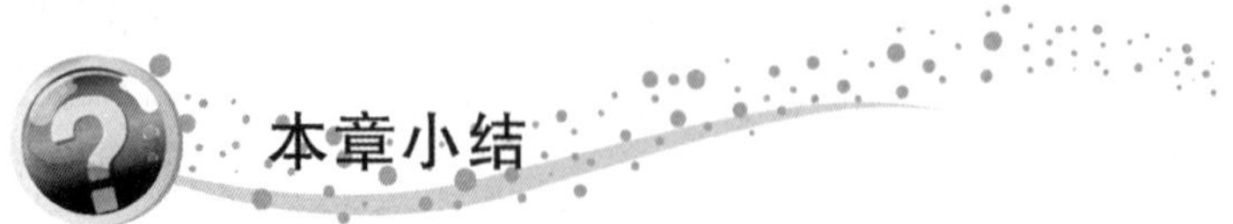

本章小结

会计科目是对会计要素的具体内容进行分类核算的项目。会计科目按会计要素，可以划分为资产类、负债类、共同类、所有者权益类、成本类、损益类等六大类科目。

设置会计科目以后，还必须根据规定的会计科目在账簿中开设账户。账户是根据会计科目开设的、具有一定格式和结构，用于分类反映会计要素增减变动情况及其结果的载体。设置账户是会计核算的一种专门方法。

复式记账法是单式记账法的对称，它是指每一笔经济业务发生后，同时在相互联系的两个或两个以上的账户中，以相等的金额进行登记的一种记账方法。以“借”、“贷”作为记账符号的复式记账法，称为借贷记账法。借贷记账法的记账规则是“有借必有贷、借贷必相等”。

将一定时期内全部经济业务的会计分录都记入有关账户后，必须根据资产与负债及所有者权益之间的平衡关系来检查各类账户记录的正确性，这种方法叫做试算平衡。在借贷记账法下，无论是每项经济业务的发生额，还是全部经济业务在一定时期的累计发生额、账户余额，借贷双方都能保持平衡。

总分类账户与明细分类账户的平行登记，就是对发生的每项经济业务，根据同一会计凭证，既要在总分类账户中总括登记，又要在有关明细账户中进行明细登记。平行登记的规则可概括为同期、同方向、同金额。

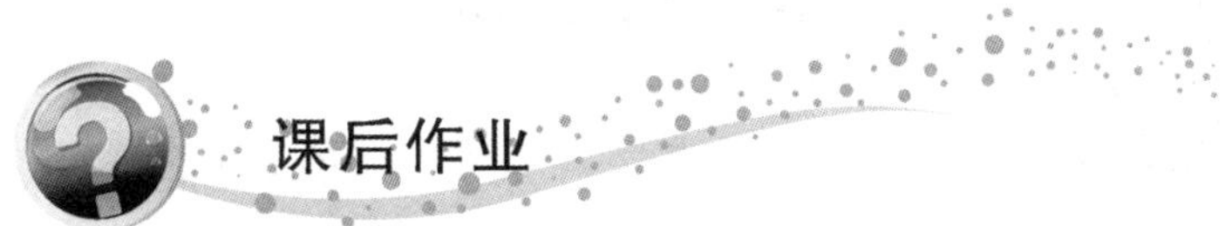

课后作业

一、思考题

1.什么是会计科目？什么是账户？会计科目和账户之间的关系如何？

2.账户的基本结构是什么？发生额和余额之间的关系？

3.什么是复式记账法？复式记账法有何特点？

4.在借贷记账法下，资产类账户、负债及所有者权益类账户、成本类账户、损益类账户的结构如何？

5.什么是账户的对应关系？什么是对应账户？

6.什么是试算平衡？试算平衡的方法有哪几种？理论依据是什么？

7.什么是平行登记？平行登记的要点有哪些？

二、练习题

(一)单项选择题

1.会计科目是(　　)的名称。

A.会计要素　　B.账簿　　C.账户　　D.会计报表

2.复式记账的理论依据是(　　)。

A.会计职能　　B.会计恒等式　　C.会计基本假设　　D.会计基础

3.借贷记账法发生额试算平衡的理论依据是(　　)。

A.会计等式　　B.记账规则　　C.平行登记　　D.资金变化类型

4.在借贷记账法下，账户的哪一方记增加，哪一方记减少，取决于(　　)。

A.账户的性质　　B.账户的用途　　C.账户的结构　　D.账户的格式

5.对每个账户来说，期末余额(　　)。

A.只能在借方　　B.只能在贷方

C.只能在账户的一方　　D.有时在借方有时在贷方

6.在单式记账法下，对发生的经济业务都(　　)。

A.只在一个账户中进行记录　　B.在两个对应账户中进行记录

C.在有关账户中进行记录　　D.不只在一个账户中进行记录

7.在复式记账法下，对每项经济业务都以相等的金额登记在(　　)。

A.两个账户　　B.两个或更多账户

C.相互关联的两个账户　　D.相互关联的两个或两个以上账户

8.资产类账户的借方登记(　　)。

A.资产的增加　　B.负债的增加　　C.收入的增加　　D.成本的减少

9.一般来说，资产类账户的期末余额应在(　　)。

A.账户的借方　　B.账户的贷方　　C.借方或贷方　　D.没有余额

10.对于收入类账户来说，下列说法正确的是(　　)。

A.借方登记收入的减少额或转销额　　B.借方登记所取得的收入

C.如有余额在借方，属于资产　　D.如有余额在贷方，属于负债

11.下列账户中期末结转后无余额的是(　　)。

A.资产类账户　　B.负债类账户　　C.收入类账户　　D.所有者权益类账户

12.简单分录是指(　　)。

A.一借一贷　　B.一借多贷　　C.一贷多借　　D.多借多贷

13.发生对应关系的账户，称为(　　)。

A.对应账户　　B.平衡账户　　C.联系账户　　D.恒等账户

14.下列错误中，能够通过试算平衡查找的是(　　)。

A.重记经济业务　　B.漏记经济业务　　C.借贷方向相反　　D.借贷金额不等

(二)多项选择题

1.会计科目按其反映的经济内容不同，可分为(　　)。

A.资产类　　B.负债及所有者权益类

C.共同类　　D.成本和损益类

2.账户的一般内容有(　　)。

A.账户的名称　　B.日期和摘要

C.凭证号数　　D.增加或减少的金额及余额

3.在借贷记账法下，借方登记增加的账户有(　　)。

A.资产类　　B.费用类

C.成本类　　D.负债及所有者权益类

4.平行登记的要点是(　　)。

A.同期登记　　B.方向相同　　C.金额相等　　D.详简程度相同

5.每一笔会计分录至少包括(　　)。

A.借贷方向　　B.账户名称　　C.金额　　D.对应关系

6.借贷记账法的试算平衡的方法有两种，即(　　)。

A.全部账户借贷方发生额的试算平衡　　B.全部账户借贷方余额试算平衡

C.会计要素的平衡　　D.会计事项的平衡

7.下列账户中，期末无余额的账户有(　　)。

A.收入类账户　　B.费用类账户　　C.资产类账户　　D.负债类账户

8.会计科目按其提供指标的详简程度不同可分为(　　)。

A.总分类科目　　B.二级科目　　C.明细科目　　D.成本及损益类科目

9.下列账户中，期末可能有贷方余额的有(　　)。

A.管理费用　　B.应付账款　　C.预收账款　　D.盈余公积

10.在借贷记账法下，账户的贷方登记(　　)。

A.资产的减少　　B.负债的增加　　C.收入的增加　　D.所有者权益的增加

(三)判断题

1.根据《企业会计准则》的规定，所有企业都必须使用借贷记账法。(　　)

2.会计科目和账户是指同一个概念，两者并无区别。(　　)

3.账户的余额总是在增加的一方。(　　)

4.一般而言，收入类账户结构与权益类账户结构相同，即借方登记增加数，贷方登记减少数。(　　)

5.借贷记账法是以"借"、"贷"作为记账符号，"借"表示债权，"贷"表示债务。(　　)

6.借贷记账法的记账规则是"有借必有贷，借贷必相等"。(　　)

7.只要实现了期初余额、本期发生额和期末余额三栏的平衡关系，就说明账户记录正确。(　　)

8.一般而言，费用类账户的结构与资产类账户的结构相同，其借方登记增加数，贷方登记减少数，余额一定在借方。(　　)

9.总分类账户的本期发生额、余额与其所属的明细分类账户的本期发生额之和、余额之和一定分别相等。(　　)

10.复式记账法的理论依据是会计恒等式。(　　)

三、实训题

习题一

目的：练习会计科目的分类。

资料：华泰公司 2021 年 5 月 31 日的有关资料如下表：

资 料 内 容	资产类	负债类	所有者权益类	成本类	损益类	会计科目
存放在银行的款项						
存放在保险柜的款项						
从银行取得三个月的借款						
应收闽发公司销货款						
应付华昌公司购货款						
预收江明公司货款						
应付职工工资						
应交税费						
职工预借差旅费						

第4章 借贷记账法的应用

学习目标：

1.能够比较熟练地运用借贷记账法处理产品制造企业会计核算的业务。

2.理解和熟悉账户按用途和结构的分类。

技能要求：

学会运用借贷记账法处理产品制造企业会计核算的实际操作业务。

企业是依法设立的以盈利为目的，从事生产经营活动，独立核算的经济组织。企业的主要经济业务是组织生产经营活动，产品制造企业主要的生产经营活动由供应过程、生产过程和销售过程构成；而商品流通企业的主要经营活动是由商品购进过程、储存过程和销售过程构成。本章主要阐述产品制造企业生产经营活动的会计核算。

企业在生产经营过程中会发生各种各样的经济活动，其中，能用货币计量并足以影响会计要素的有关项目发生增减变化的经济活动，在会计上称为经济业务。只有经济业务才属于会计核算的对象。

企业生产经营活动的正常进行，需要有货币资金、固定资产、原材料等资产，这些资产的来源主要是所有者的投资和债权人贷款。企业利用投资者的投资和债权人的贷款购建正常生产经营所需要的资产，并将资产投入生产过程，使其耗费转化为成本和费用，同时生产出产品，然后通过销售转化为货币，形成主要业务收入。收入抵补各项耗费后形成财务成果。对经营实现的利润进行分配，或对出现的亏损进行弥补，上述内容构成企业的主要经济活动。按照其经济业务与生产经营过程及其资金运动的关系，可分为资金筹集业务、供应过程业务、生产过程业务、销售过程业务和财务成果业务。

为了全面、连续、系统地反映和监督企业主要经济业务所组成的生产经营活动过程及结果，企业必须根据各项经济业务的具体内容和管理要求，相应地设置不同账户，并运用借贷记账法，对各项经济业务的发生进行账务处理，以提供管理上所需要的各种会计信息。

第一节 资金筹集业务的核算

筹资，是指企业为了满足用资的需要，筹措和集中所需资金的过程。在资金筹集过程中，企业应采用各种筹资方式，从一定的渠道筹集经营资金，资金筹集是企业经营资金运动全过程的起点。在这一过程中，投资者向企业投入资金，形成企业资本金；企业向债权人借入各种款项，形成企业借入资金。因此，投资者向企业投入资金，企业向债权人借入资金，就是资金筹集过程的基本业务。

一、投入资本的核算

企业实际收到的投资者投入的资本，形成企业的实收资本或股本（股份公司），它是企业所有者权益中的主要部分。企业的资本按照投资主体的不同，分为国家投入资本、法人投入资本、个人投入资本和外商投入资本等；按照投入资本的不同物质形态，分为货币投资、实物投资、证券投资和无形资产投资等。投资者投入的资本应当保全，除法律、法规另有规定者外，不得抽回。

（一）投入资本核算的账户设置

1.“实收资本”账户

该账户属于所有者权益类账户（股份有限公司应将该账户改为“股本”账户），核算企业投资者投入资本的情况。其贷方登记企业实际收到的所有者投入的资本金；借方登记依法定程序减少的资本金的数额；期末余额在贷方，反映企业实有的资本数额。该账户按投资者设置明细账户，进行明细分类核算。“实收资本”账户的结构见图 4-1。

借方　　　　实收资本（股本）	贷方
投入资本的减少	收到投资者投入的资本
	余额：投入资本的实有数

图 4-1　“实收资本”或“股本”账户结构

2.“资本公积”账户

该账户属于所有者权益类账户，核算企业收到投资者出资额超出其在注册资本或股本中所占的份额以及其他资本公积等。其贷方登记收到投资者出资额超出其在注册资本或股本中所占的份额的差额；借方登记转增资本的数额；期末余额在贷方，反映企业资本公积的实有数。该账户一般应分别“资本溢价”或“股本溢价”、“其他资本公积”明细账户进行明细分类核算。“资本公积”账户的结构见图 4-2。

借方　　　　资本公积	贷方
资本公积转增资本	收到投资者出资额超出其在注册资本或股本中所占的份额部分
	期末余额：资本公积的实有数

图 4-2　“资本公积”账户结构

（二）投入资本核算举例

【例 4-1】某企业收到国家投资 800 000 元，投资额与在企业注册资本中所占份额相同。款项已存入银行。

这项经济业务的发生，一方面使企业的银行存款增加 800 000 元，另一方面使国家对企业的投资也增加 800 000 元。因此，这项经济业务涉及"银行存款"和"实收资本"两个账户。银行存款增加是资产的增加，应记入"银行存款"账户的借方；国家对企业投资增加是所有者权益的增加，应记入"实收资本"账户的贷方。这项业务应编制如下会计分录：

借：银行存款　　　　800 000
　贷：实收资本——国家投资　　　　800 000

【例 4-2】 某企业收到红海公司作为投资者投入的新设备两台价值800 000元；专利权一项，价值 80 000 元。红海公司在企业注册资本中所占份额为 850 000 元。

这项经济业务的发生，一方面使企业的固定资产增加 800 000 元，无形资产增加 80 000元，另一方面使红海公司对企业的投资增加 850 000 元，红海公司的出资额超出其在注册资本中所占的份额的差额使企业的资本公积增加 30 000 元。因此，这项经济业务涉及"固定资产"、"无形资产"、"实收资本"和"资本公积"四个账户。固定资产、无形资产增加是资产的增加，应记入"固定资产"、"无形资产"账户的借方；红海公司对企业投资增加是所有者权益的增加，应记入"实收资本"账户的贷方，超过注册资本份额的差额是所有者权益增加，记入"资本公积"账户的贷方。这项业务应编制如下会计分录：

借：固定资产　　　　800 000
　　无形资产　　　　80 000
　贷：实收资本——红海公司　　　　850 000
　　　资本公积——资本溢价　　　　30 000

二、借入资金的核算

企业在生产经营过程中，为弥补生产周转资金的不足，需要向银行或其他金融机构等借入资金，偿还期限在一年或超过一年的一个营业周期以内的各种借款为短期借款；偿还期限在一年以上或超过一年的一个营业周期以上的各种借款为长期借款。一般来说，短期借款主要是因为生产周转的需要，而长期借款一般用于固定资产的购建、改扩建等。企业借入的资金要按照规定的用途使用，除到期偿还本金外，还要按规定的利率和借款期限支付借款利息。在会计中，通过赊销、延迟付款等形式也是筹资的途径，会计核算时，与长短期借款的性质类似。

（一）短期借款的核算

1."短期借款"账户

该账户属于负债类账户，核算企业向银行或其他金融机构借入的期限在一年以内或超过一年的一个营业周期以内（含一年）的各种借款的取得和偿还情况。其贷方登记借入的各种短期借款；借方登记归还的借款；期末余额在贷方，反映尚未归还的短期借款本金。该账户按债权人设置明细账户，并按借款种类进行明细分类核算。"短期借款"账户的结构见图 4-3。

2.短期借款核算举例

【例 4-3】 某企业 2021 年 7 月 1 日从银行借入期限 6 个月，年利率 4%的借款 600 000

借方	短期借款	贷方
归还短期借款（本金）		取得短期借款（本金）
		余额：尚未归还的短期借款

图 4-3 “短期借款”账户结构

元，款项已存入银行，利息每季结算一次。

这项经济业务的发生，一方面使企业的银行存款增加 600 000 元，另一方面使企业的短期借款增加 600 000 元。因此，这项经济业务涉及“银行存款”和“短期借款”两个账户。银行存款增加是资产的增加，应记入“银行存款”账户的借方；短期借款增加是负债的增加，应记入“短期借款”账户的贷方。这项业务应编制如下会计分录：

借：银行存款　　600 000

　贷：短期借款　　600 000

企业从银行借入的短期借款所应支付的利息，一般采用按季结算的办法。借款利息支出较大的企业可以采用按月预提的方式计入各月财务费用，按季结算，于季末一次支付。有关借款利息的计算和账务处理，将在期间费用的核算中具体说明。

（二）长期借款的核算

1.“长期借款”账户

该账户属于负债类账户，核算企业向银行或其他金融机构借入的期限在一年以上或超过一年的一个营业周期以上的借款。其贷方登记取得的各种长期借款本金和到期一次还本付息方式下的借款利息，借方登记偿还长期借款的本金和到期一次还本付息方式下的利息偿还，期末余额在贷方，反映企业尚未偿还的长期借款的本金和利息（到期一次还本付息方式下的利息）。该账户应分别设置“本金”、“应计利息”、“利息调整”等明细账户进行明细分类核算。“长期借款”账户的结构见图 4-4。

借方	长期借款	贷方
（1）偿还长期借款的本金 （2）偿还到期一次还本付息方式下的利息		（1）取得长期借款本金 （2）到期一次还本付息方式下的应计利息
		余额：企业尚未偿还的长期借款的本金和利息

图 4-4 “长期借款”账户的结构

2.长期借款核算举例

【例 4-4】某企业 2021 年 5 月 1 日从银行借入期限 3 年，年利率 8%，一次还本付息的长期借款 2 000 000 元，存入银行。

这项经济业务的发生，一方面使企业的银行存款增加 2 000 000 元；另一方面使企业的长期借款本金增加 2 000 000 元。因此，这项经济业务涉及“银行存款”和“长期借款”两个账户。银行存款增加是资产的增加，应记入“银行存款”账户的借方；长期借款增加是负债的增加，应记入“长期借款”账户的贷方。这项业务应编制如下会计分录：

借：银行存款　　　　　　　　　　　　　　　　　　　　　2 000 000

　贷：长期借款——本金　　　　　　　　　　　　　　　　　　2 000 000

长期借款利息应按照借款费用准则的规范处理，在基础会计中暂不予介绍。

三、资金筹资业务中主要账户之间的关系

资金筹资业务中涉及的账户之间的关系如图 4-5 所示。

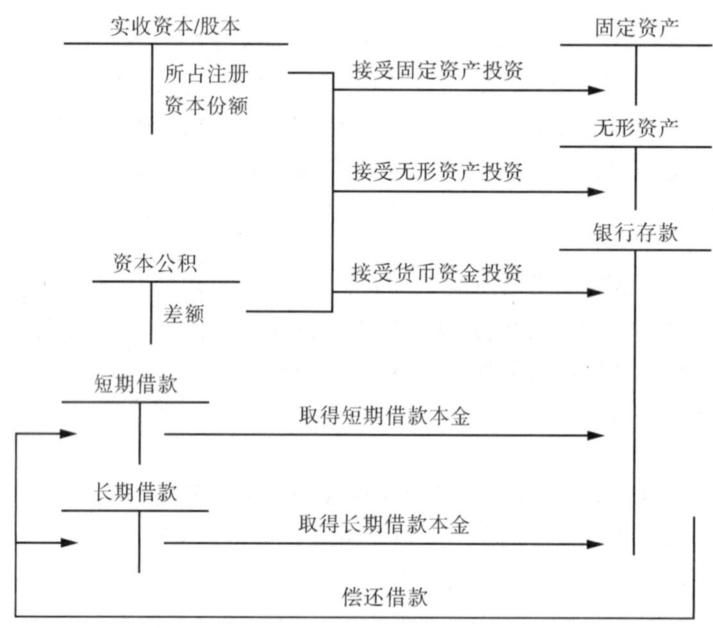

图 4-5　资金筹资业务中主要账户之间的关系

第二节　供应过程业务的核算

对于制造业企业来说，为了进行产品生产，企业必须具有厂房、建筑物、机器设备等生产的基本条件。除此之外，适当的材料储备也是必不可少的。供应过程是企业生产经营过程的第一阶段，所发生的主要业务是固定资产购建业务和材料采购业务。

一、固定资产取得业务的核算

固定资产，是指企业为生产商品、提供劳务、出租或经营管理而持有的，使用寿命超过一个会计年度的有形资产，包括房屋、建筑物、机器、机械、运输工具、器具等。与其他资产一样，固定资产应按取得时的实际成本入账，实际成本是指为购建某项固定资产达到预计可使用状态前所发生的一切合理、必要的支出，包括买价、运输费、包装费和安装费等。企业取得固定资产的渠道主要有外购、自建、接受投资、接受捐赠、盘盈、非货币性资产交换取得、债务重组取得等。这里只介绍常见的通过外购方式取得固定资产的会

计核算。

（一）固定资产取得业务核算的账户设置

1."固定资产"账户

该账户属于资产类账户，核算企业购入的不需安装、或者经过安装，建造完工转入的固定资产的增减变动和结存情况。包括企业接受投资和捐赠等方式取得的固定资产。该账户核算固定资产的原始价值。其借方登记增加固定资产的原始价值；贷方登记减少固定资产的原始价值；期末余额在借方，反映期末结存固定资产的原始价值。该账户按照固定资产的种类设置明细账户，进行明细分类核算。"固定资产"账户的结构见图 4-6。

借方　　　　　　　　　　固定资产	贷方
增加固定资产的原始价值	减少固定资产的原始价值
余额：结存固定资产的原始价值	

图 4-6　"固定资产"账户结构

2."在建工程"账户

该账户属于资产类账户，核算企业为安装或者建造固定资产而发生的各种耗费，如领用的原材料或工程物资、支付安装人员的薪酬等，以确定固定资产的实际成本。其借方登记企业各项在建工程的实际支出；贷方登记完工工程转出的实际成本；期末余额在借方，反映企业尚未达到预定可使用状态的在建工程成本。"在建工程"账户的结构见图 4-7。

借方　　　　　　　　　　在建工程	贷方
在建工程发生的实际支出	完工工程转出的实际成本
余额：尚未达到预定可使用状态的在建工程成本	

图 4-7　"在建工程"账户结构

3."应交税费——应交增值税"账户

增值税是对我国境内以销售货物、应税劳务、无形资产以及不动产过程中产生的增值额作为计税依据而征收的一种流转税。按税法的规定，凡在我国境内销售、进口货物，或者提供加工、修理修配劳务的单位和个人为增值税的纳税义务人，应依法交纳增值税。按照纳税人的经营规模及会计核算的健全程度，增值税纳税人分为一般纳税人和小规模纳税人。一般纳税人应纳增值税额，根据当期销项税额抵扣当期进项税额后的差额确定；小规模纳税人应纳增值税额，根据销售额和规定的征收率计算确定。本书以下均以一般纳税人为例，说明应交增值税的核算方法。

根据税法的规定，一般纳税人应纳增值税额的计算公式为：

应纳税额＝销项税额－进项税额

纳税人在销售货物或提供劳务时，应按销售额和规定的税率计算并向购买方收取的增值税额为销项税额。纳税人在购进货物或接受劳务时，所支付的增值税额为进项税额。

增值税的基本税率为13%。

增值税一般纳税人在材料采购中所支付的增值税进项税额，在符合税法规定的条件下，不计入采购成本，应单独设置账户进行核算。而对于增值税小规模纳税人则采用简便的计税方法，在材料采购中所支付的增值税直接计入采购成本。

“应交税费——应交增值税”账户属于负债类账户，核算企业应交和实交增值税结算情况。其借方登记企业购买生产用固定资产、材料等时交纳的增值税进项税额和实际上交税务机关的增值税；贷方登记企业销售产品时向购买单位收取的销项税额和进项税额转出、出口退税等；期末将贷方所记销项税额等与借方所记进项税额等相抵扣后，如为贷方余额，反映企业尚未交纳的增值税额；如为借方余额，反映企业多交或尚未抵扣的增值税额。“应交税费——应交增值税”账户的结构见图4-8。

借方	应交税费——应交增值税 贷方
进项税额 实际交纳的增值税	销项税额 进项税额转出 出口退税
余额：企业多交或尚未抵扣的增值税额	余额：应交未交的增值税

图4-8 “应交税费——应交增值税”账户结构

（二）固定资产购入业务的核算举例

1.购入不需要安装的固定资产

企业购入不需要安装的固定资产，按实际支付的买价、进口关税、运输费、装卸费等相关税费，作为固定资产的入账价值。如果购进时支付的增值税允许抵扣，应记入“应交税费——应交增值税”账户的借方。

2019年1月1日起，在全国实行增值税转型改革，对固定资产购入的增值税能否抵扣作了明确规定。允许抵扣增值税的固定资产主要是机器、机械、运输工具以及其他与生产经营有关的设备、工具、器具等，总的原则是针对于生产经营用的固定资产。准予抵扣的固定资产使用期限须在一年以上。

增值税一般纳税人在2019年1月1日以后购进或者自制（包括改扩建、安装）固定资产，也包括接受捐赠、实物投资等发生的进项税额，均可凭增值税专用发票、海关进口增值税专用缴款书等有关凭据进行相关进项增值税的抵扣处理。

【例4-5】某企业购入不需要安装的机器设备一台，买价200 000元，包装费和运输费3 600元，增值税进项税额26 000元，全部款项已用银行存款支付。

这项经济业务的发生，一方面使企业的固定资产增加203 600元，增值税的进项税额增加26 000元；另一方面使企业的银行存款减少229 600元。因此，这项经济业务涉及“固定资产”、“应交税费”和“银行存款”三个账户。固定资产增加是资产的增加，应按其原始价值记入“固定资产”账户的借方；增值税进项税额增加是准予抵扣的增值税额，记入“应交税费——应交增值税”账户的借方；银行存款减少是资产的减少，应按购置该项固定资产的全部支出记入“银行存款”账户的贷方。这项业务应编制如下会计分录：

借:固定资产 203 600
　　应交税费——应交增值税(进项税额) 26 000
　贷:银行存款 229 600

2.购入需要安装的机器设备

企业购入需要安装的机器设备,应将其购进时支付的价款、包装费、运输费和安装费等费用,记入"在建工程"账户的借方,待安装完工交付使用时,再将购进和安装该设备的全部支出,从"在建工程"账户贷方转入"固定资产"账户的借方。

【例 4-6】某企业购入需要安装的机器设备一台,买价 300 000 元,包装费和运输费 5 000元,增值税进项税额 39 000 元,全部款项已用银行存款支付。在安装过程中,耗用材料 2 400 元,发生人工费用 1 800 元,安装完毕,经验收合格交付使用。

这项经济业务的发生:购进和安装,一方面使企业的在建工程支出增加 309 200 元,增值税的进项税额增加 39 000 元;另一方面使企业银行存款减少 356 000 元,库存材料减少 2 400 元,应付职工薪酬增加 1 800 元。安装完毕交付使用,一方面使企业的在建工程减少 309 200 元,另一方面使固定资产增加 309 200 元。因此,这项经济业务涉及"在建工程"、"应交税费"、"银行存款"、"原材料"、"应付职工薪酬"和"固定资产"六个账户。在建工程支出增加是资产的增加,应记入"在建工程"账户的借方,增值税进项税额增加是准予抵扣的增值税额,应记入"应交税费——应交增值税"账户的借方;银行存款和库存材料减少是资产的减少,应记入"银行存款"和"原材料"账户的贷方,安装工人薪酬增加是负债的增加,应记入"应付职工薪酬"账户的贷方。安装完毕,交付使用使固定资产增加,在建工程减少,应记入"固定资产"账户的借方和"在建工程"账户的贷方。这项业务应编制如下会计分录:

购入时:

借:在建工程 305 000
　　应交税费——应交增值税(进项税额) 39 000
　贷:银行存款 344 000

安装时:

借:在建工程 4 200
　贷:原材料 2 400
　　　应付职工薪酬 1 800

安装完毕,经验收合格交付使用时,应按该项工程的实际成本结转:

借:固定资产 309 200
　贷:在建工程 309 200

(三)固定资产取得业务中主要账户之间的关系

固定资产取得业务中主要账户之间的关系如图 4-9 所示。

二、材料采购业务的核算

在材料采购过程中,一方面是企业从供应单位购进各种材料物资,另一方面是企业要支付材料的买价和各种采购费用,包括运输费、装卸费和入库前的整理挑选费用等,并与供应单位发生货款结算关系。企业购进的材料,经验收入库后即为可供生产领用的库存

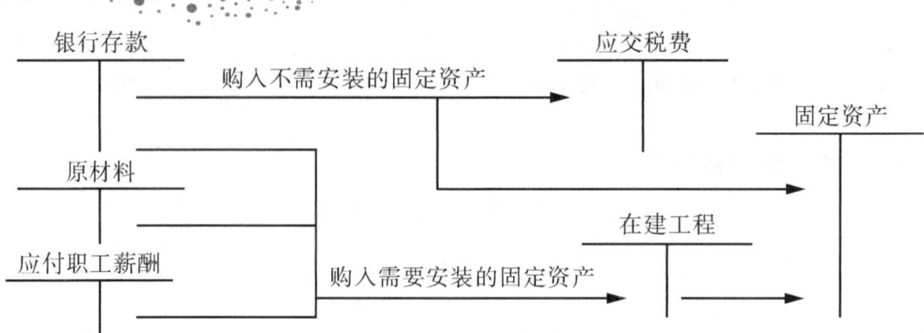

图 4-9 固定资产取得业务中主要账户之间的关系

材料。材料的买价加上各种采购费用，就构成了材料的采购成本。

（一）材料采购业务核算的账户设置

为了加强对材料采购业务的管理，反映和监督库存材料的增减变动和结存情况，以及因采购材料而与供应单位发生的债务结算关系，核算中应设置以下账户：

1.“在途物资”账户

该账户属于资产类账户，核算企业外购原材料的买价和采购费用，计算确定原材料的实际采购成本。其借方登记外购原材料的买价和采购费用；贷方登记已验收入库原材料的采购成本；期末一般无余额。若有余额在借方，表示期末尚未到达或已到达但尚未验收入库的在途物资的实际成本。该账户按购入材料物资的类别或品种设置明细账户，进行明细分类核算。

“在途物资”账户的结构见图 4-10。

借方　　　　在途物资	贷方
购入材料的买价和采购费用	已验收入库材料的采购成本
余额：在途材料的实际成本	

图 4-10 “在途物资”账户结构

2.“原材料”账户

该账户属于资产类账户，核算企业库存的各种原材料，包括主要原料和主要材料、辅助材料、外购半成品、修理用备件、包装材料、燃料等。实际成本计价下，其借方登记验收入库材料的实际成本；贷方登记发出材料的实际成本；期末余额在借方，表示库存材料的实际成本。该账户应按照材料的保管地点（仓库）、类别、品种和规格等设置材料明细账（或材料卡片）进行明细分类核算。“原材料”账户的结构见图 4-11。

借方　　　　原材料	贷方
入库材料的实际成本	发出材料的实际成本
余额：结存材料的实际成本	

图 4-11 “原材料”账户结构

3.“应付账款”账户

该账户属于负债类账户，核算企业因购买材料、商品和接受劳务等应付给供应单位的款项。其贷方登记因采购材料而发生的应付供应单位的款项；借方登记已偿还给供应单位的款项；期末余额在贷方，表示应付未付供应单位的款项。该账户按供应单位名称设置明细账户，进行明细分类核算。“应付账款”账户的结构见图 4-12。

借方　　　　应付账款	贷方
偿还应付供应单位款项	应付供应单位款项
	余额：尚未偿还的应付款项

图 4-12　“应付账款”账户结构

4.“应付票据”账户

该账户属于负债类账户，是在商业汇票方式下设置的，核算企业因购买材料、商品和接受劳务而开出、承兑的商业汇票，包括商业承兑汇票和银行承兑汇票。其贷方登记企业开出、承兑的商业汇票；借方登记实际支付的票据款；期末如有余额在贷方，表示应付未付的尚未到期的票据款。该账户按债权人设置明细账户，进行明细分类核算。同时企业应设置“应付票据备查簿”，详细登记每一票据的种类、签发日期、票面金额、收款人、付款日期和金额等详细资料。应付票据到期付清时，应在备查簿内逐笔注销。“应付票据”账户的结构见图 4-13。

借方　　　　应付票据	贷方
本期偿还的应付票据款	本期增加的应付票据款
	余额：期末持有的尚未偿付的应付票据款

图 4-13　“应付票据”账户结构

5.“预付账款”账户

该账户属于资产类账户，核算企业按购货合同的规定预付给供应单位的款项。其借方登记企业因购货而预付给供应单位的款项以及补付的款项；贷方登记收到所购货物时冲销的预付款；期末余额一般在借方，表示企业已预付但尚未结算的预付款项；若有贷方余额，表示企业尚未补付的款项。该账户按供应单位设置明细账户，进行明细分类核算。“预付账款”账户的结构见图 4-14。

借方　　　　预付账款	贷方
向供应单位预付和补付的款项	冲销预付供应单位款项
余额：已预付但尚未结算的预付款项	

图 4-14　“预付账款”账户结构

(二)材料采购业务核算举例

【例 4-7】某企业某月份发生下列采购业务：

(1)从中天公司购入甲、乙两种材料，材料买价为：

甲材料 40 千克	单价 800 元	买价 32 000 元
乙材料 60 千克	单价 700 元	买价 42 000 元
		合计 74 000 元

购入材料的运杂费 2 600 元，增值税进项税额 9 620 元(74 000×13%)。上述款项已用银行存款支付，材料尚未到达。

这项经济业务的发生，一方面使材料采购支出增加 89 180 元，其中材料买价 74 000 元，运杂费 2 600 元(甲材料负担 1 040 元，乙材料负担 1 560 元，分配方法在下面采购成本的计算中介绍)，增值税进项税额 9 620 元；另一方面使企业的银行存款减少 86 220 元。因此，这项经济业务涉及"在途物资"、"应交税费——应交增值税(进项税额)"和"银行存款"三个账户。材料的买价和运杂费属于采购成本，采购成本增加是资产的增加，应记入"在途物资"账户的借方；增值税进项税额增加是负债的减少，应记入"应交税费——应交增值税(进项税额)"账户的借方；银行存款减少是资产的减少，应记入"银行存款"账户的贷方。这项业务应编制如下会计分录：

借：在途物资——甲材料	33 040	
——乙材料	43 560	
应交税费——应交增值税(进项税额)	9 620	
贷：银行存款		86 220

(2)从华荣公司购进丙材料 70 千克，每千克 600 元，材料的运杂费 800 元，增值税进项税额 5 460 元(42 000×13%)。材料尚未到达，材料价款、税金等尚未支付。

这项经济业务的发生，一方面使材料采购支出增加 49 940 元，其中材料买价和运杂费 42 800 元，增值税进项税额 5 460 元；另一方面使应付账款增加 49 940 元。因此，这项经济业务涉及"在途物资"、"应交税费——应交增值税(进项税额)"和"应付账款"三个账户。材料采购成本增加是资产的增加，应记入"在途物资"账户的借方，增值税进项税额增加是负债的减少，应记入"应交税费——应交增值税(进项税额)"账户的借方，应付账款增加是负债增加，应记入"应付账款"账户的贷方。这项业务应编制如下会计分录：

借：在途物资——丙材料	42 800	
应交税费——应交增值税(进项税额)	5 460	
贷：应付账款——华荣公司		48 260

(3)从威海公司购买丁材料 80 千克，每千克 1 800 元，运杂费 500，增值税进项税额 18 720 元，货款采用商业承兑汇票结算，企业开出并承兑半年期商业承兑汇票一张，但材料尚未运达企业。

这项经济业务的发生，一方面使企业材料采购支出增加 168 980 元，其中材料买价 144 000 元，运杂费 500 元，增值税进项税额 18 720 元；另一方面使企业的应付票据款增加 163 220 元。因此，这项经济业务涉及"在途物资"、"应交税费——应交增值税(进项税额)"和"应付票据"三个账户。应付票据增加是企业负债的增加，应记入"应付票据"账户的贷方。这项业务应编制如下会计分录：

借：在途物资——丁材料 144 500

应交税费——应交增值税(进项税额) 18 720

贷：应付票据 163 220

(4)按照购货合同规定以银行存款26 400元，向惠好公司预付丁材料货款。

这项业务的发生，一方面使企业的预付账款增加26 400元；另一方面使企业的银行存款减少26 400元。因此，这项业务涉及“预付账款”和“银行存款”两个账户。预付账款增加是资产的增加，应记入“预付账款”账户的借方；银行存款减少是资产的减少，应记入“银行存款”账户的贷方。这项业务应编制如下会计分录：

借：预付账款——惠好公司 26 400

贷：银行存款 26 400

(5)用银行存款偿还前欠华荣公司的货款48 260元。

这项经济业务的发生，一方面使企业的应付账款减少48 260元，另一方面使企业的银行存款减少48 260元。因此，这项经济业务涉及“应付账款”和“银行存款”两个账户。应付账款减少是负债的减少，应记入“应付账款”账户的借方；银行存款减少是资产的减少，应记入“银行存款”账户的贷方。这项业务应编制如下会计分录：

借：应付账款——华荣公司 48 260

贷：银行存款 48 260

(6)企业收到惠好公司发运来的预付货款的丁材料。该批材料的买价27 700元，运杂费500元，增值税进项税额3 601元，除冲销原预付货款26 400元，不足部分用银行存款支付。

这项经济业务的发生，一方面使材料采购支出增加31 801元，其中材料价款28 200元，增值税进项税额3 601元；另一方面使预付账款减少26 400元，银行存款减少5 401元。因此，这项经济业务涉及“在途物资”、“应交税费——应交增值税(进项税额)”、“预付账款”和“银行存款”四个账户。材料采购成本增加应记入“在途物资”账户的借方；增值税进项税额应记入“应交税费——应交增值税(进项税额)”账户的借方；预付账款的减少是资产的减少，应记入“预付账款”账户的贷方；用银行存款补付的款项使银行存款减少，应记入“银行存款”账户的贷方。这项经济业务应编制多借多贷的会计分录，具体如下：

借：在途物资——丁材料 28 200

应交税费——应交增值税(进项税额) 3 601

贷：预付账款——惠好公司 26 400

银行存款 5 401

这项业务也可以编制两笔简单的会计分录：

①借：在途物资——丁材料 28 200

应交税费——应交增值税(进项税额) 3 601

贷：预付账款——惠好公司 31 801

②借：预付账款——惠好公司 5 401

贷：银行存款 5 401

(7)月末，上述甲、乙、丙、丁四种材料均已验收入库，计算并结转实际采购成本。

这项结转业务表明，库存材料的成本增加 292 100 元，材料验收入库使材料采购成本减少 292 100 元。因此，这项经济业务涉及“原材料”和“在途物资”两个账户。库存材料增加是资产的增加，应记入“原材料”账户的借方；材料采购过程成本的结转，可视同资产的减少，应记入“在途物资”账户的贷方。这项成本结转业务应编制如下会计分录：

借：原材料——甲材料	33 040	
——乙材料	43 560	
——丙材料	42 800	
——丁材料	172 700	
贷：在途物资——甲材料		33 040
——乙材料		43 560
——丙材料		42 800
——丁材料		172 700

（三）材料采购业务主要账户之间的关系

材料采购业务中各账户的关系如图 4-15 所示。

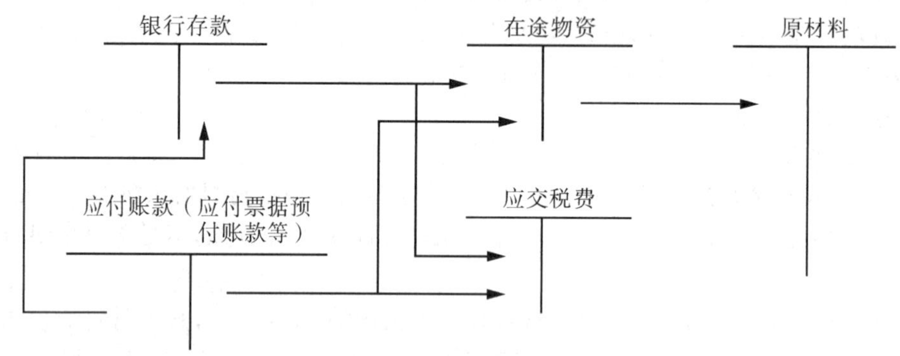

图 4-15　材料采购主要账户之间的关系

（四）材料采购成本的计算

材料采购成本计算是指在材料采购过程中，以所采购的各种材料为成本计算对象，归集买价及各种采购费用，确定各种材料的采购总成本和单位成本的一种专门方法。

购入材料的采购成本，一般由买价和采购费用组成。买价是指企业采购材料时，按发票价格支付的货款。采购费用是指企业在采购材料过程中所支付的各项费用，包括材料的运输费、装卸费、保险费、包装费、仓储费、运输途中的合理损耗、入库前的整理挑选费用和按规定应计入成本的税金（如关税）等。为了简化核算，实际工作中对某些本应计入材料采购成本的采购费用，如采购人员的差旅费、市内采购材料的运杂费、专设采购机构的经费等，不计入材料采购成本，列作管理费用支出。

材料采购成本计算时，上述费用中，凡是能分清采购费用由某种材料负担的，直接计入该材料的采购成本；不能分清的，应按材料的重量或买价比例分摊计入各种材料的采购成本。这里只介绍按重量比例分配的方法，计算公式如下：

①$\text{采购费用分配率}=\dfrac{\text{采购费用总额}}{\text{材料的总重量}}$

②某种材料应负担的采购费用=该种材料的重量×采购费用分配率

③某种材料的采购成本=买价+应负担的采购费用

下面以前述的材料采购总分类核算业务(例 4-7)的资料,说明材料实际采购成本的计算过程和方法:

企业从中天公司购入的甲、乙两种材料,材料买价可以直接计入甲、乙材料的采购成本,但支付的运杂费 2 600 元,需要采用一定的标准在两种材料之间进行分配。假定本例按材料重量比例分配,甲材料 40 千克,乙材料 60 千克,则:

$$运杂费分配率=\frac{2\ 600}{40+60}=26$$

甲材料应负担的运杂费=40×26=1 040(元)

乙材料应负担的运杂费=60×26=1 560(元)

甲材料的采购成本=32 000+1 040=33 040(元)

乙材料的采购成本=42 000+1 560=43 560(元)

甲、乙材料实际采购成本的计算见表 4-1。

表 4-1 材料采购成本计算表

单位:元

材料名称	单位	数量	单价	买价	运杂费(分配率:26)	总成本	单位成本
甲	千克	40	800	32 000	1 040	33 040	826
乙	千克	60	700	42 000	1 560	43 560	726
合计	—	100	1 500	74 000	2 600	76 600	—

结转已验收入库材料的采购成本时,除了根据会计分录,按照入库甲、乙材料的实际采购总成本登记"原材料"总账外,还应根据表 4-1 中计算出的甲、乙材料的实际采购成本,分别登记甲、乙两种材料的明细分类账,既要登记入库材料的数量,又要登记入库材料的单位成本和金额。其登记方法在后面章节中介绍。

第三节 生产过程业务的核算

产品制造企业的主要经营活动是生产出符合社会需要的商品,主要是指产成品。生产过程是产品制造企业主要生产经营过程的第二阶段。企业在生产过程中会发生各种耗费,如原材料费用、固定资产折旧费用、职工薪酬费用等,产品的生产过程同时也是生产的耗费过程。企业在一定时期内发生的、用货币额表现的生产耗费,称为生产费用。这些费用最终都要归集、分配到一定种类和一定数量的产品上,形成各种产品的成本。因此,产品生产过程中费用的发生、归集和分配,以及完工产品成本的形成和结转,构成了生产过程业务核算的主要内容。

一、生产过程业务核算的账户设置

为了反映和监督各项生产费用的发生、归集和分配，正确计算产品的生产成本，应设置以下账户：

1."生产成本"账户

该账户属于成本类账户，核算生产过程发生的生产费用，是计算产品成本的账户。其借方登记应计入产品成本的各项费用，包括直接材料、直接人工以及期末分配计入的制造费用；贷方登记完工入库的产品生产成本；若有期末余额在借方，表示尚未完工的在产品成本。该账户应按产品品种设置明细账，进行明细分类核算。"生产成本"账户的结构见图 4-16。

借方 生产成本	贷方
应计入产品成本的生产费用	期末结转的完工入库产品的生产成本
余额：期末在产品的生产成本	

图 4-16 "生产成本"账户的结构

2."制造费用"账户

该账户属于成本类账户，用来归集和分配企业在车间范围内为生产产品和提供劳务而发生的应计入产品成本的各项间接生产费用，包括职工薪酬、折旧费、办公费、水电费、机物料消耗等。其借方登记实际发生的各项制造费用，贷方登记转入"生产成本"账户借方、分配计入各种产品成本的制造费用；期末费用结转后无余额。该账户应按不同车间、部门设置明细账，并按费用项目设置专栏，进行明细分类核算。"制造费用"账户的结构见图 4-17。

借方 制造费用	贷方
本期发生的各种制造费用	分配计入各种产品成本的制造费用

图 4-17 "制造费用"账户的结构

3."应付职工薪酬"账户

应付职工薪酬是指企业根据有关规定应付给职工的各种薪酬，包括职工工资、奖金、津贴和补贴，职工福利费，医疗、养老、失业、工伤、生育等社会保险费，住房公积金，工会经费，职工教育经费，非货币性福利(如自产产品发放给职工作为福利、将企业拥有的资产无偿提供给职工使用)等因职工提供服务而产生的义务。

"应付职工薪酬"账户属于负债类账户，核算企业根据有关规定应付给职工的各种薪酬。其贷方登记月度终了企业应付职工薪酬；借方登记实际发放的职工薪酬；期末余额一般在贷方，反映企业应付未付的职工薪酬，如果是借方余额，表示本月实际支付的职工薪酬大于应付的职工薪酬，即为多付的职工薪酬。该账户可按"工资"、"职工福利"、"住房公积金"、"社会保险费"、"工会经费"、"职工教育经费"、"非货币性福利"、"辞退福利"、"股份支付"等设置明细账户，进行明细分类核算。"应付职工薪酬"账户的结构见图 4-18。

借方	应付职工薪酬	贷方
实际支付的职工薪酬		应付的职工薪酬
余额：多支付的薪酬		余额：应付未付的薪酬

图 4-18 “应付职工薪酬”账户的结构

4.“累计折旧”账户

该账户属于资产类账户，是固定资产的备抵调整账户，用来核算固定资产的磨损情况。由于固定资产在使用过程中会发生磨损，从而使固定资产的价值减少，但因管理需要，“固定资产”账户只能反映企业固定资产的原始价值，其磨损而发生的减少额应通过“累计折旧”账户来反映，其记账结构与“固定资产”账户的记账结构相反。其贷方登记提取固定资产折旧的增加额；借方登记已提取固定资产折旧的减少额；期末余额在贷方，表示企业现有固定资产已计提的累计折旧额。将“累计折旧”账户的贷方余额抵减“固定资产”账户的借方余额，即可求得固定资产的净值。该账户只进行总分类核算，不进行明细分类核算。如需要查明某项固定资产已提折旧，可以根据固定资产卡片上记载的资料计算。“累计折旧”账户的结构见图 4-19。

借方	累计折旧	贷方
固定资产折旧的减少或注销		固定资产折旧的增加
		余额：现有固定资产的累计折旧

图 4-19 “累计折旧”账户的结构

5.“库存商品”账户

该账户属于资产类账户，核算企业库存的各种商品的实际成本。其借方登记完工入库产成品的实际生产成本；贷方登记发出产成品的实际生产成本；期末余额在借方，反映库存商品的实际成本。该账户可按库存商品的种类、品种和规格设置明细账户，进行明细分类核算。“库存商品”账户的结构见图 4-20。

借方	库存商品	贷方
完工入库产成品的实际成本		出库产成品的实际成本
余额：库存产成品的实际成本		

图 4-20 “库存商品”账户的结构

二、生产过程业务核算举例

【例 4-8】某企业生产 A、B 两种产品，某月份发生下列经济业务：

(1)本月仓库发料汇总如表 4-2 所示。

表 4-2 原材料发出情况汇总表

项　目	甲材料			乙材料			合计
	数量	单价	金额	数量	单价	金额	
生产产品耗用	440	100	44 000	420	50	21 000	65 000
其中：							
A 产品	240	100	24 000	100	50	5 000	29 000
B 产品	200	100	20 000	320	50	16 000	36 000
车间一般耗用	—		—	220	50	11 000	11 000
管理部门使用	80	100	8 000	—		—	8 000
合　计	520		52 000	640		32 000	84 000

这项经济业务的发生，一方面使企业库存甲材料减少 52 000 元，乙材料减少 32 000 元；另一方面使生产费用增加 84 000 元，其中，直接用于产品生产，应计入产品生产成本 65 000 元，车间一般消耗，应计入制造费用 11 000 元，管理部门使用，应计入管理费用 8 000元。因此，这项经济业务涉及"原材料"、"生产成本"、"制造费用"和"管理费用"四个账户。库存材料减少是资产的减少，应记入"原材料"账户的贷方；材料费用的增加，应按照其在生产过程中的用途，分别记入"生产成本"、"制造费用"和"管理费用"账户的借方。这项业务应编制如下会计分录：

借：生产成本——A 产品　　29 000
　　　　　　——B 产品　　36 000
　　制造费用　　11 000
　　管理费用　　8 000
　贷：原材料——甲材料　　52 000
　　　　　　——乙材料　　32 000

(2)结算本月应付职工工资 57 300 元，包括生产工人工资 48 400 元，其中 A 产品生产工人的工资 30 000 元，B 产品生产工人的工资 8 400 元，车间管理人员工资 8 900 元，行政管理人员工资 10 000 元。

这项经济业务的发生，一方面使企业应付职工薪酬增加 57 300 元；另一方面使生产费用增加 57 300 元，其中，生产工人工资 48 400 元，应计入产品生产成本，车间管理人员工资 8 900 元，应计入制造费用。因此，这项经济业务涉及"生产成本"、"制造费用"和"应付职工薪酬"三个账户。生产工人工资作为直接生产费用，应记入"生产成本"账户的借方；车间管理人员的工资作为间接生产费用，应记入"制造费用"账户的借方；应付工资增加是企业负债的增加，应记入"应付职工薪酬"账户的贷方。这项业务应编制如下会计分录：

借：生产成本——A 产品　　30 000
　　　　　　——B 产品　　8 400
　　制造费用　　8 900
　　管理费用　　10 000
　贷：应付职工薪酬——工资　　57 300

(3)根据历史经验数据和实际情况提取本月职工福利费。

生产A产品工人福利费 7 131
生产B产品工人福利费 1 176
车间管理人员福利费 623
行政管理人员福利费 2 000
合计 10 930元

由于职工福利费是职工薪酬的内容，因此，这项经济业务的发生，与上项工资结算业务相似，同样引起负债和生产费用两方面发生变化，涉及“生产成本”、“制造费用”和“应付职工薪酬——职工福利”三个账户。生产工人的福利费应记入“生产成本”账户的借方，车间管理人员的福利费应记入“制造费用”账户的借方，提取的福利费应记入“应付职工薪酬——职工福利”账户的贷方。这项业务应编制如下会计分录：

借：生产成本——A产品 7 131
——B产品 1 176
制造费用 623
管理费用 2 000
贷：应付职工薪酬——职工福利 10 930

(4)从银行提取现金57 300元，发放职工工资。

这项经济业务的发生：提取现金，一方面使企业库存现金增加57 300元，另一方面使企业的银行存款减少57 300元。发放职工工资，一方面使企业应付职工薪酬——工资减少57 300元，另一方面使企业的库存现金减少57 300元。因此，这项经济业务涉及“库存现金”、“银行存款”和“应付职工薪酬——工资”三个账户。从银行提取现金应记入“库存现金”账户的借方和“银行存款”账户的贷方。用现金发放工资使应付职工薪酬和库存现金减少，应记入“应付职工薪酬”账户的借方和“库存现金”账户的贷方。这项业务应编制如下会计分录：

借：库存现金 57 300
贷：银行存款 57 300
借：应付职工薪酬——工资 57 300
贷：库存现金 57 300

(5)月末对本月车间使用的厂房、机器设备等固定资产计提折旧5 700元，行政管理部门使用的固定资产折旧2 500元。

这项经济业务的发生，一方面使企业固定资产的折旧额增加5 700元，另一方面使企业的制造费用增加5 700元。因此，这项经济业务涉及“累计折旧”和“制造费用”两个账户。固定资产折旧额增加实际上是固定资产价值的减少，应计入“累计折旧”账户的贷方；车间折旧费用增加，应记入“制造费用”账户的借方。这项业务应编制如下会计分录：

借：制造费用 5 700
管理费用 2 500
贷：累计折旧 8 200

(6)用银行存款支付生产车间的办公费360元、水电费670元、劳动保护费等1 310元，共计2 340元。

这项经济业务的发生，一方面使制造费用增加2 340元，另一方面使银行存款减少2 340元。应编制如下会计分录：

借:制造费用　　2 340

　贷:银行存款　　2 340

(7)月末,汇总本月发生的制造费用 28 563 元,按照生产工人的工资比例在 A、B 两种产品之间分配,计入产品成本。

制造费用的分配分配率:

$$分配率=\frac{制造费用总额}{生产工人工资总额}=\frac{28\ 563}{40\ 000+8\ 400}=0.59$$

A 产品应分配的制造费用=40 000×0.59=23 600(元)

B 产品应分配的制造费用=28 563−23 600=4 963(元)

这项经济业务的发生,一方面使生产成本增加 28 563 元,其中 A 产品的生产成本增加 23 600 元,B 产品的生产成本增加 4 963 元;另一方面使制造费用减少 28 563 元。生产成本的增加是费用的增加,应记入"生产成本"账户的借方;制造费用的结转是费用的减少,应记入"制造费用"账户的贷方。这项业务涉及"生产成本"和"制造费用"两个账户,应编制如下会计分录:

借:生产成本——A 产品　　23 600

　　　　　——B 产品　　4 963

　贷:制造费用　　28 563

(8)月末,计算并结转已完工入库 A 产品的实际生产成本 26 467.36 元,B 产品的实际生产成本 7 054 元。

这项经济业务的发生,一方面使企业库存产成品成本增加,另一方面由于结转完工入库产品的实际成本而使生产成本减少。因此,涉及"库存商品"和"生产成本"两个账户。库存产成品增加是资产的增加,应记入"库存商品"账户的借方;结转入库产品成本使在产品的生产成本减少,应记入"生产成本"账户的贷方。这项业务应编制如下会计分录:

借:库存商品——A 产品　　26 467.36

　　　　　——B 产品　　7 054

　贷:生产成本——A 产品　　26 467.36

　　　　　　——B 产品　　7 054

三、生产过程业务主要账户之间的关系

生产过程业务中各账户之间的关系如图 4-21 所示。

四、产品生产成本的计算

产品生产成本计算是产品生产业务核算的主要内容。进行产品生产成本计算,就是将企业生产过程中为制造产品所实现的各种费用,按照所生产产品的品种(即成本计算对象)进行分配和归集,计算各种产品的总成本和单位成本。计算产品生产成本,既可为入库产成品提供计价的依据,也是确定各会计期间盈亏的需要。产品生产成本计算的一般程序为:

(一)确定成本计算对象

进行成本计算,首先要确定成本计算对象。所谓成本计算对象,就是指生产费用归属的对象,即通常所说的计算什么的成本。例如要计算各种产品的成本,那么产品品种就是成本计算对象。成本计算对象的确定,是设置产品成本明细账(或称成本计算单),归集生

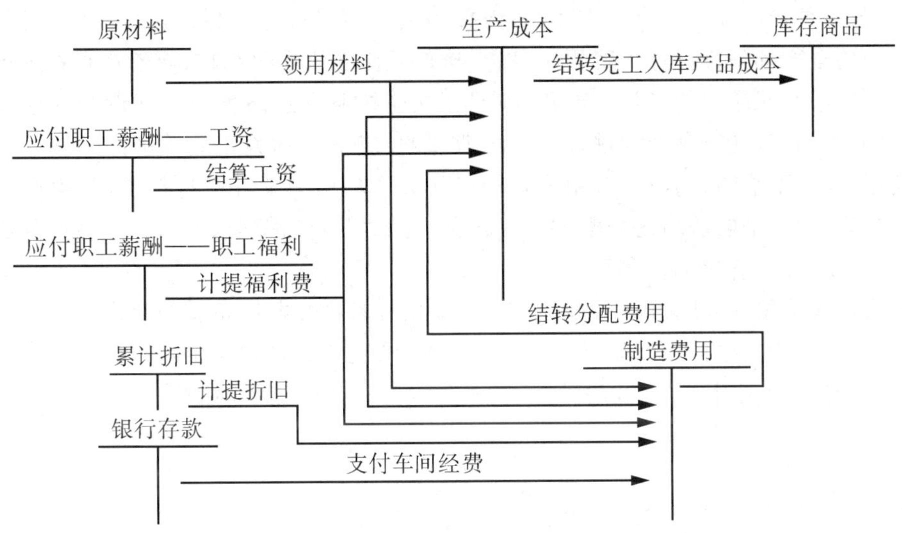

图 4-21　产品生产业务主要账户之间的关系

产费用，正确计算产品成本的前提。不同类型的企业由于生产特点和管理要求不同，成本计算对象也不一样，而不同的成本计算对象又决定了不同成本计算方法的特点。但是，不论采用哪种方法，最终都要按照产品品种计算出产品成本，因而按照产品品种计算成本，是产品成本计算的最基本方法。

（二）按成本项目分配和归集生产费用

计入产品成本的生产费用在生产过程中的用途是不同的。有的直接用于产品生产，如原材料、生产工人工资，有的间接用于产品生产，如制造费用。为了具体地反映产品成本的构成，还应该进一步将计入产品成本的生产费用按其用途划分为若干项目，即产品成本项目，然后将计入产品成本的生产费用按成本项目进行归集，计算产品的生产成本。

制造企业一般设立以下三个成本项目：

（1）直接材料，是指直接用于产品生产、构成产品实体的原料、主要材料以及有助于产品形成的辅助材料等。

（2）直接人工，是指直接参加产品生产的工人的工资以及按规定比例缴纳的生产工人的医疗等各种社会保险、住房公积金，根据实际情况提取的职工福利费等。

（3）制造费用，是指生产车间在组织和管理生产过程中发生的，应计入产品成本但没有专设成本项目的各项生产费用，其中大部分是间接用于产品生产的费用，如机物料消耗、辅助工人的工资、车间厂房和建筑物的折旧费以及车间为组织和管理生产所发生的费用。此外还包括一部分直接用于产品生产，但不便于直接计入产品成本，因而没有专设成本项目的费用，如机器设备的折旧费用。至于企业行政管理部门为组织和管理生产经营所发生的管理费，应作为期间费用直接计入当期损益，而不计入产品生产成本。

产品成本明细账就是按照上述成本项目设置专栏，用来归集应计入各种产品的生产费用。

在以产品品种为成本计算对象的企业或车间，如果只生产一种产品，计算产品成本时，只需为这种产品开设一个明细账，账内按照成本项目设立专栏。在这种情况下，发生的生产费用全部都是直接计入费用，可以直接计入产品成本明细账，而不存在在各种产品之间分配费用的问题。如果是生产几种产品，就应按照产品品种分别开设产品成本明细账，发生的费用中，凡能分清为哪种产品所消耗的，应根据有关凭证直接计入该种产品成本明细账；凡分不清的，如制造费用或几种产品共同耗用的某种原材料费用、生产工人的计时工资等，则应采取适当的分配方法在各种产品之间进行分配，然后计入各产品成本明细账。

间接计入费用的分配方法有多种，例如，应由几种产品共同负担的生产工人计时工资和制造费用，一般应按各种产品耗用的生产工时（实用工时或定额工时）比例进行分配。

【例 4-9】某企业生产 A、B 两种产品，本月生产车间领用的材料及其用途如表 4-3 所示。

表 4-3　材料领用明细表

项　目	甲材料	乙材料	丙材料	合计
生产产品耗用	44 000	21 000	9 590	74 590
其中：A 产品	28 000	13 000	7 860	48 860
B 产品	16 000	8 000	1 730	25 730
车间一般消耗	—	620	180	800
合　计	44 000	21 620	9 770	75 390

假定 A、B 产品的生产工时分别为 620 小时和 380 小时，本月生产工人薪酬 27 588 元，制造费用 16 940 元。以上费用按产品生产工时比例在 A、B 产品之间进行分配，计算如下：

（1）职工薪酬的分配：

计算费用分配率，即每小时应分配费用。

分配率＝职工薪酬/生产工时总数＝27 588/(620＋380)＝27.588

计算各种产品应分配的职工薪酬。

某产品应分配的职工薪酬＝某种产品耗用的工时数×分配率
A 产品应分配的职工薪酬＝620×27.588＝17 104.56(元)
B 产品应分配的职工薪酬＝380×27.588＝10 483.44(元)

（2）制造费用的分配：

分配率＝16 940/(620＋380)＝16.94(元/小时)
A 产品应分配的制造费用＝620×16.94＝10 502.80(元)
B 产品应分配的制造费用＝380×16.94＝6 437.20(元)

（3）计算产品生产成本。

如果月末某种产品全部完工，该种产品成本明细账所归集的费用总额，就是该种完工产品的总成本，除以该种产品的总产量，即可计算出该种产品的单位成本；如果月末某种产品全部未完工，该种产品成本明细账所归集的费用总额，就是该种产品在产品的总成本；如果月末某种产品一部分完工，一部分未完工，这时，归集在产品成本明细账中的费用总额还要采用适当的分配方法在完工产品和在产品之间进行分配，然后才能计算出完工产品的总成本和单位成本。生产费用如何在完工产品和在产品之间进行分配，是成本计算中的一个既重要又复杂的问题，关于这方面的问题，将在成本会计课程中详细讲述。

本例中，假定月末A产品全部完工、B产品全部未完工。将前面所述的有关产品生产的各项费用直接计入或分配计入A、B两种产品的生产成本明细账（见表4-4、表4-5）之后，即可据以计算出A种产品的完工产品总成本和单位成本以及B种产品的在产品成本。

表4-4　生产成本明细账

产品名称：A产品　　单位：元

项　目	产量（件）	原材料	职工薪酬	制造费用	合计
本月生产费用		48 860	17 104.56	10 502.80	76 467.36
完工产品总成本	50	48 860	17 104.56	10 502.80	76 467.36
完工产品单位成本		977.2	342.09	210.06	1 529.35

表4-5　生产成本明细账

产品名称：B产品　　单位：元

项　目	产量（件）	原材料	职工薪酬	制造费用	合计
本月生产费用		25 730	10 483.44	6 437.20	42 650.64
月末在产品成本		25 730	10 483.44	6 437.20	42 650.64

第四节　销售过程业务的核算

产品制造企业从生产过程制造完成的产成品验收入库起，到销售给购买方为止的过程称为销售过程。销售过程是产品制造企业主要生产经营过程的第三阶段，是产品的价值和使用价值的实现过程。在这个过程中，企业将产成品销售给购买单位，与购买单位办理货款的结算；结转为取得销售收入而发生的销售成本。此外，企业为了推销自己的产品，会发生广告宣传费、运输包装费等销售费用，这些费用与当期销售有关，作为期间费用，直接计入当期损益。企业在取得销售收入的同时，按照国家税法的有关规定，计算与销售有关的税金。因此，与购货单位办理结算收回货款，计算结转销售成本，支付销售费用，计算并交纳销售税金等，构成销售过程业务核算的主要内容。

一、销售过程业务核算的账户设置

为了反映和监督企业销售产品所发生的收入，以及因销售产品而与购买单位之间发生的货款结算业务，应设置以下账户：

1.“主营业务收入”账户

该账户属于损益类账户，核算企业在销售商品、提供劳务以及让渡资产使用权等日常活动中所产生的收入。其贷方登记实现的主营业务收入；借方登记销售退回、销售折让和期末转入“本年利润”账户的数额；期末结转后无余额。该账户按主营业务的种类设置明细账户，进行明细分类核算。“主营业务收入”账户的结构见图 4-22。

借方　　　　主营业务收入	贷方
(1) 销售退回和销售折让冲减的产品销售收入 (2) 期末转入“本年利润”账户的产品销售收入	本期实现的产品销售收入

图 4-22　“主营业务收入”账户的结构

2.“主营业务成本”账户

该账户属于损益类账户，核算企业在销售商品、提供劳务以及让渡资产使用权等主营业务收入时应结转的成本。其借方登记企业定期计算结转的主营业务成本；贷方登记应冲减的销售成本和期末转入“本年利润”账户的数额；期末结转后无余额。该账户按主营业务的种类设置明细账户，进行明细分类核算。“主营业务成本”账户的结构见图 4-23。

借方　　　　主营业务成本	贷方
本期已销售产品的生产成本	(1) 应冲减的销售成本 (2) 期末转入“本年利润”账户的本期已销售产品的生产成本

图 4-23　“主营业务成本”账户的结构

3.“其他业务收入”账户

该账户属于损益类账户，核算企业除确认的主营业务活动以外其他经营活动所实现的收入，包括出租固定资产、出租无形资产、出租包装物和商品、销售原材料等实现的收入。其贷方登记实现的其他业务收入；借方登记期末转入“本年利润”账户的数额；期末结转后无余额。该账户按其他业务收入的种类设置明细账户，进行明细分类核算。“其他业务收入”账户的结构见图 4-24。

借方　　　　其他业务收入	贷方
期末转入“本年利润”账户的数额	本期实现的其他业务收入

图 4-24　“其他业务收入”账户的结构

4.“其他业务成本”账户

该账户属于损益类账户，核算企业确认的除主营业务活动以外其他经营活动所发生的支出，包括销售材料的成本、出租固定资产的折旧额、出租无形资产的摊销额、出租包装物的成本等。其借方登记发生的其他业务成本；贷方登记期末转入“本年利润”账户的数额；期末结转后无余额。该账户按其他业务成本的种类设置明细账户，进行明细分类核算。“其他业务成本”账户的结构见图 4-25。

借方	其他业务成本 贷方
发生的其他业务成本	期末转入“本年利润”账户的数额

图 4-25 “其他业务成本”账户的结构

5.“销售费用”账户

该账户属于损益类账户，核算企业在销售商品、提供劳务过程中发生的各种费用，包括保险费、包装费、展览费和广告费、商品维修费用、预计产品质量保障损失、运输费、装卸费等以及为销售本企业商品而专设的销售机构的职工薪酬、业务费、折旧费等经营费用。其借方登记企业在销售过程中发生的各项销售费用；贷方登记期末转入“本年利润”账户借方的数额；期末结转后无余额。该账户按费用项目设置明细账户，进行明细分类核算。“销售费用”账户的结构见图 4-26。

借方	销售费用 贷方
本期因销售发生的各种销售费用	期末转入“本年利润”账户的数额

图 4-26 “销售费用”账户的结构

6.“税金及附加”账户

该账户属于损益类账户，核算企业经营活动(包括主营业务和其他业务)发生的消费税、城市维护建设税、资源税和教育费附加、房产税、车船使用税、土地使用税、印花税等相关税费。其借方登记企业按规定计算确定的与经营活动相关的税费；贷方登记期末转入“本年利润”账户的数额；期末结转后无余额。“税金及附加”账户的结构见图 4-27。

借方	税金及附加 贷方
本期应负担的营业税金及附加	期末转入“本年利润”账户的数额

图 4-27 “税金及附加”账户的结构

7.“应收账款”账户

该账户属于资产类账户，核算企业在销售商品、提供劳务等应向购货单位或接受劳务单位收取的款项。其借方登记企业销售商品等应收的账款；贷方登记收回或转销的应收账款；期末余额在借方，表示尚未收回的应收账款。该账户按债务人设置明细账户，进行明细分类核算。“应收账款”账户的结构见图 4-28。

借方	应收账款 贷方
发生的应收账款	收回或转销的应收账款
余额：尚未收回的应收账款	

图 4-28 “应收账款”账户的结构

8.“应收票据”账户

该账户属于资产类账户，核算企业在销售商品、提供劳务等收到的商业汇票，包括商业承兑汇票和银行承兑汇票。其借方登记企业销售商品等而收到的商业汇票;贷方登记票据到期收回的票据款;期末余额在借方,表示企业持有的商业汇票。该账户按开出、承兑商业汇票的单位设置明细账户,进行明细分类核算。为了反映每一张商业汇票的结算情况,企业应设置"应收票据备查簿",逐笔登记每一张商业汇票的详细资料,商业汇票到期结清票款后,应在备查簿内逐笔注销。"应收票据"账户的结构见图 4-29。

借方　　　　　　应收票据	贷方
本期增加的票据应收款	到期收回的票据应收款
余额:期末持有的尚未收回的票据应收款	

图 4-29　"应收票据"账户的结构

9."预收账款"账户

该账户属于负债类账户,核算企业按合同规定向购货单位预收的款项。其贷方登记企业向购货单位预收的款项以及销售实现时购货方补付的货款;借方登记产品销售的货款数;期末余额一般在贷方,表示企业预收的款项,若有借方余额,反映企业应由购货单位补付的款项。该账户按购货单位设置明细账户,进行明细分类核算。"预收账款"账户的结构见图 4-30。

借方　　　　　　预收账款	贷方
用产品或劳务偿付的预收款项	发生的预收款项以及购货方补付的货款
余额:应由购货单位补付的款项	余额:向购买单位预收的款项

图 4-30　"预收账款"账户的结构

二、销售过程业务核算举例

【例 4-10】某企业某月发生下列销售业务:

(1)向中海公司销售 A 产品 20 件,每件售价 4 200 元,价款共计 84 000 元,应向购买单位收取的增值税销项税额 10 920 元(84 000×13%),以上款项已通过银行转账收讫。

这项经济业务的发生,一方面使企业银行存款增加 94 920 元;另一方面使企业的产品销售收入增加 84 000 元;应交增值税销项税额增加 10 920 元。因此,这项经济业务涉及"银行存款"、"主营业务收入"和"应交税费——应交增值税(销项税额)"三个账户。银行存款增加是资产的增加,应记入"银行存款"账户的借方;实现的产品销售收入,表明主营业务收入增加,应记入"主营业务收入"账户的贷方;应交增值税增加是负债的增加,应记入"应交税费——应交增值税(销项税额)"账户的贷方。这项业务应编制如下会计分录:

	借方	贷方
借:银行存款	94 920	
贷:主营业务收入——A 产品		84 000
应交税费——应交增值税(销项税额)		10 920

(2)收到南海公司预付购买 B 产品的货款 19 000 元,已存入银行。

这项经济业务的发生，一方面使企业银行存款增加 19 000 元；另一方面使企业预收款项增加 19 000 元。因此，这项经济业务涉及“银行存款”和“预收账款”两个账户。银行存款增加是资产的增加，应记入“银行存款”账户的借方；预收款项增加是负债的增加，应记入“预收账款”账户的贷方。这项业务应编制如下会计分录：

借：银行存款　　19 000
　贷：预收账款——南海公司　　19 000

(3)销售给振海公司 A 产品 20 件，每件售价 4 000 元，价款共计 80 000 元，应交增值税销项税额 10 400 元，但货款及税金尚未收到。另以现金支付运杂费 850 元。

这项经济业务的发生：销售产品，一方面使企业的应收账款增加 90 400 元；另一方面使企业产品销售收入增加 80 000 元，应交增值税销项税额增加 10 400 元。支付运杂费，一方面使销售费用增加 850 元；另一方面使库存现金减少 850 元。因此，这项经济业务涉及“应收账款”、“主营业务收入”、“应交税费——应交增值税(销项税额)”、“销售费用”、“库存现金”五个账户。应收账款增加是企业资产(债权)的增加，应记入“应收账款”账户的借方；主营业务收入增加是收入的增加，应记入“主营业务收入”账户的贷方；应交增值税增加是负债的增加，应记入“应交税费——应交增值税(销项税额)”账户的贷方。以现金支付运杂费应记入“销售费用”账户的借方和“库存现金”账户的贷方。这项业务编制两步会计分录如下：

借：应收账款——振海公司　　90 400
　贷：主营业务收入——A 产品　　80 000
　　应交税费——应交增值税(销项税额)　　10 400
借：销售费用　　850
　贷：库存现金　　850

(4)采用商业汇票结算方式向东海公司销售 B 产品 10 件，每件售价 1 000 元，价款共计 10 000 元，应收增值税销项税额 1 300 元，收到该公司签发的商业承兑汇票，汇票 4 个月以后到期。

这项经济业务的发生，一方面使企业的应收票据款增加 11 300 元；另一方面使企业的产品销售收入增加 10 000 元，应交增值税销项税额增加 1 300 元。因此，这项经济业务涉及“应收票据”、“主营业务收入”、“应交税费——应交增值税(销项税额)”三个账户。应收票据款增加是企业资产(债权)的增加，应记入“应收票据”账户的借方。这项业务应编制如下会计分录：

借：应收票据　　11 300
　贷：主营业务收入——B 产品　　10 000
　　应交税费——应交增值税(销项税额)　　1 300

(5)按合同向南海公司发出 B 产品 20 件，每件售价 1 050 元，价款共计21 000元，应收增值税销项税额 2 730 元。

这项经济业务的发生，一方面使预收货款减少 23 730 元；另一方面使产品销售收入增加 21 000 元，应交增值税销项税额增加 2 730 元。因此，这项经济业务涉及“预收账款”、“主营业务收入”和“应交税费——应交增值税(销项税额)”三个账户。预收货款减少是负债的减少，应记入“预收账款”账户的借方。这项业务应编制如下会计分录：

借:预收账款——南海公司　　23 730

　贷:主营业务收入——B产品　　21 000

　　应交税费——应交增值税(销项税额)　　2 730

(6)销售原材料200公斤,单价100元,增值税2 600元,款项已收存银行。

这项经济业务的发生,一方面使企业银行存款增加22 600元;另一方面使其他业务收入增加20 000元,应交增值税销项税额增加2 600元。因此,这项经济业务涉及"银行存款"、"其他业务收入"和"应交税费——应交增值税(销项税额)"三个账户。其他业务收入增加是收入的增加,应记入"其他业务收入"账户的贷方。这项业务应编制如下会计分录:

借:银行存款　　22 600

　贷:其他业务收入　　20 000

　　应交税费——应交增值税(销项税额)　　2 600

(7)南海公司购买B产品不足款项5 570元已通过银行转入企业账户。

这项经济业务的发生,是补收已预收账款销售的差额部分,与最初收到的预收账款业务相同,涉及"银行存款"和"预收账款"两个账户,应编制如下会计分录:

借:银行存款　　5 570

　贷:预收账款——南海公司　　5 570

(8)计算本月应缴纳的城市维护建设税4 500元。

这项经济业务的发生,一方面使税金及附加增加4 500元,另一方面使企业的应交税费增加4 500元。因此,这项业务涉及"税金及附加"和"应交税费"两个账户。税金及附加增加是费用的增加,应记入"税金及附加"账户的借方,应交城建税增加是负债的增加,应记入"应交税费"账户的贷方。这项业务应编制如下会计分录:

借:税金及附加　　4 500

　贷:应交税费——应交城建税　　4 500

(9)结转本月已售材料的成本12 000元。

这项经济业务的发生,一方面使企业其他业务成本增加12 000元;另一方面使原材料减少12 000元。因此,这项经济业务涉及"其他业务成本"和"原材料"两个账户。其他业务成本增加是费用的增加,应记入"其他业务成本"账户的借方,原材料减少是资产的减少,应记入"原材料"账户的贷方。这项业务应编制如下会计分录:

借:其他业务成本　　12 000

　贷:原材料　　12 000

(10)汇总并结转本期已售A产品成本112 000元,B产品成本24 000元。

为了正确计算产品的销售利润,这部分成本应与已实现的主营业务收入相配比,使得主营业务成本增加,库存商品减少。因此,这项经济业务涉及"主营业务成本"与"库存商品"两个账户,主营业务成本增加是费用的增加,应记入"主营业务成本"账户的借方,库存商品减少是资产的减少,应记入"库存商品"账户的贷方。这项业务应编制如下会计分录:

借:主营业务成本——A产品　　112 000

　　　　　　——B产品　　24 000

　贷:库存商品——A产品　　112 000

　　　　　——B产品　　24 000

三、销售过程业务主要账户之间的关系

销售过程业务中各账户之间的关系如图 4-31 所示。

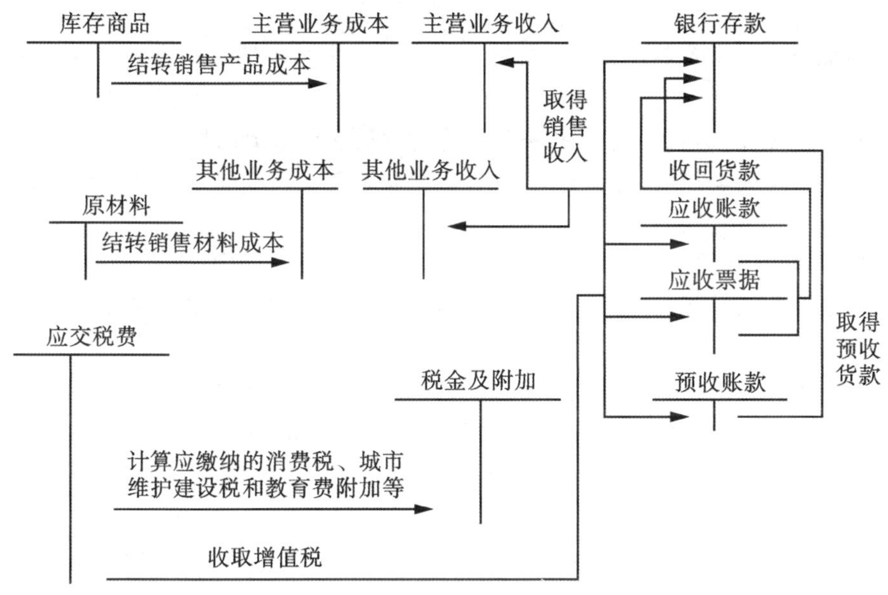

图 4-31 销售过程中主要账户之间的关系

第五节 财务成果形成及其分配业务的核算

财务成果是企业在一定时期内所进行的生产经营活动最终在财务上所实现的成果，表现为净利润或净亏损，它是衡量企业经营成果和经济效益的指标。确定企业实现的利润总额，计算应交所得税费用和净利润，并对净利润按照法定的程序和比例进行分配，构成了企业财务成果核算的主要内容。

一、利润的形成

利润，是指企业一定期间生产经营活动的最终成果。利润的形成，既有通过生产经营活动取得的收入减去费用后的净额，也有与生产经营活动无直接关系的事项所引起的利得和损失，即营业外收支净额。

1.利润的计算公式

营业利润＝营业收入－营业成本－税金及附加－销售费用－管理费用－研发费用－财务费用＋其他收益＋投资收益＋公允价值变动收益＋信用减值损失＋资产减值损失＋资产处置收益

利润总额＝营业利润＋营业外收入－营业外支出

净利润＝利润总额－所得税费用

2.利润构成主要项目的内容

(1)营业收入是指企业经营业务所确认的收入总额。包括主营业务收入与其他业务收入。

(2)营业成本是指企业经营业务所发生的实际成本。包括主营业务成本和其他业务成本。

(3)资产减值损失是指企业计提各项资产减值准备所形成的损失。

(4)公允价值变动损益是指企业交易性金融资产等公允价值变动形成的应计入当期损益的利得(或损失)。

(5)投资收益(或损失)是指企业对外投资取得的收益(或损失)。

(6)营业外收入是指企业发生的与其日常活动无直接关系的各项利得。主要包括与企业日常活动无关的政府补助,盘盈利得捐赠利得等。

(7)营业外支出是指企业发生的与其经营活动无直接关系的各项净支出。主要包括公益性捐赠支出、非常损失、盘亏损失、非流动资产损失、报废损失。

二、利润形成的核算

利润形成的核算有两种方法,一是账结法,二是表结法。本章只介绍账结法。

(一)期间费用的核算

期间费用包括销售费用、财务费用与管理费用。销售费用的内容已在本章“销售过程业务的核算”部分作了介绍。现在介绍其他两类期间费用的核算。

1.期间费用核算的账户设置

(1)“财务费用”账户

该账户属于损益类账户,核算企业为筹集生产经营所需资金等而发生的筹资费用,包括利息支出(减利息收入)、汇兑收益(减汇兑损失)以及相关的手续费、企业发生的现金折扣或收到的现金折扣等。其借方登记本期发生的各项财务费用,如利息支出等;贷方登记本期发生的利息收入和期末转入“本年利润”账户的财务费用;结转后该账户应无余额。该账户应按费用项目设置明细账户,进行明细分类核算。“财务费用”账户结构见图4-32。

借方　　　　　　　　　　财务费用	贷方
本期发生的各项财务费用	(1)本期发生的应冲减财务费用的利息收入、汇兑收益、现金折扣等 (2)期末转入“本年利润”账户的财务费用

图4-32　“财务费用”账户的结构

(2)“管理费用”账户。

该账户属于损益类账户,核算企业为组织和管理企业生产经营所发生的管理费用,包括企业的董事会和行政管理部门在企业的经营管理中发生的或者应由企业统一负担的公司经费(包括行政管理部门职工薪酬、修理费、物料消耗、低值易耗品摊销、办公费和差旅费等)、工会经费、董事会费(包括董事会成员津贴、会议费和差旅费等)、聘请中介机构费、咨询费(含顾问费)、诉讼费、业务招待费、技术转让费、矿产资源补偿费、研究费用、排污费等。其借方登记本期发生的各项管理费用;贷方登记本期发生的应冲减管理费用数和期末转入"本年利润"账户的管理费用;结转后该账户应无余额。"管理费用"账户的结构见图 4-33。

借方	管理费用　　　　　　　　贷方
本期发生的各项管理费用	(1)本期发生的应冲减管理费用数 (2)期末转入"本年利润"账户的管理费用

图 4-33 "管理费用"账户的结构

2.期间费用核算举例

【例 4-11】某企业某月发生下列经济业务:

(1)用银行存款支付本月业务招待费 2 000 元。

这项经济业务的发生,一方面使企业的管理费用增加 2 000 元;另一方面使企业的银行存款减少 2 000 元,因此,这项经济业务涉及"管理费用"和"银行存款"两个账户。管理费用增加是费用的增加,应记入"管理费用"账户的借方;银行存款减少是资产的减少,应记入"银行存款"账户的贷方。这项业务应编制如下会计分录:

借:管理费用　　　　2 000

　贷:银行存款　　　　2 000

(2)预提应由本月负担的短期借款利息 500 元。

这项经济业务的发生,一方面使企业的财务费用增加 500 元;另一方面使企业预提利息增加 500 元。因此,这项经济业务涉及"财务费用"和"应付利息"两个账户。财务费用增加是费用的增加,应记入"财务费用"账户的借方;预提利息增加是负债的增加,应记入"应付利息"账户的贷方。这项业务应编制如下会计分录;

借:财务费用　　　　500

　贷:应付利息　　　　500

(3)用银行存款支付产品广告费 10 000 元。

这项经济业务的发生,一方面使企业的银行存款减少 10 000 元;另一方面使企业的销售费用增加 10 000 元。因此,这项经济业务涉及"销售费用"和"银行存款"两个账户,应编制如下会计分录:

借:销售费用　　　　10 000

　贷:银行存款　　　　10 000

(4)结算本月应付行政管理部门人员工资 28 000 元。

这项经济业务的发生,一方面使企业的管理费用增加 28 000 元;另一方面企业的应付职工薪酬增加 28 000 元。因此,这项经济业务涉及"管理费用"和"应付职工薪酬"两个账户。应付职工薪酬增加是负债的增加,应记入"应付职工薪酬"账户的贷方。这项经济业务应编制如下会计分录：

借：管理费用　　28 000

　贷：应付职工薪酬　　28 000

(5)计提本月固定资产的折旧 3 100 元。其中，销售部门使用固定资产的折旧 1 100 元，行政管理部门使用固定资产的折旧 2 000 元。

这项经济业务的发生，一方面使企业的管理费用增加 2 000 元，销售费用增加 1 100 元；另一方面使企业的累计折旧增加 3 100 元，因此，这项经济业务涉及“管理费用”、“销售费用”和“累计折旧”三个账户。累计折旧增加是资产的减少，应记入“累计折旧”账户的贷方。这项经济业务应编制如下会计分录：

借：管理费用　　2 000

　销售费用　　1 100

　贷：累计折旧　　3 100

(6)支付本月行政管理部门的报刊费 850 元。

这项经济业务的发生，一方面使企业的管理费用增加 850 元；另一方面企业的银行存款减少 850 元。因此，这项经济业务涉及“管理费用”和“银行存款”两个账户，应编制如下会计分录：

借：管理费用　　850

　贷：银行存款　　850

(7)管理人员李明报销差旅费 4 200 元(原借 4 000 元)，余额 200 元以现金补付。

这项经济业务的发生，一方面使企业的管理费用增加 4 200 元，库存现金减少 200 元；另一方面使应收回的职工欠款减少 4 000 元。因此，这项经济业务涉及“管理费用”、“库存现金”和“其他应收款”三个账户。应收职工欠款减少是资产(债权)的减少，应记入“其他应收款”账户的贷方。这项业务应编制如下会计分录：

借：管理费用　　4 200

　贷：其他应收款　　4 000

　　库存现金　　200

3.期间费用日常核算中主要账户之间的关系

期间费用日常核算中主要账户之间的关系如图 4-34 所示。

(二)营业外收支的核算

1.营业外收支核算的账户设置

为了反映和监督企业获得的营业外收入和发生的各项营业外支出，应设置“营业外收入”和“营业外支出”账户。

(1)“营业外收入”账户

该账户属于损益类账户，核算企业发生的各项营业外收入。其贷方登记发生的各项营业外收入；借方登记期末转入“本年利润”账户的营业外收入；结转后该账户应无余额。该账户应按收入项目设置明细账户，进行明细分类核算。“营业外收入”账户的结构见图 4-35。

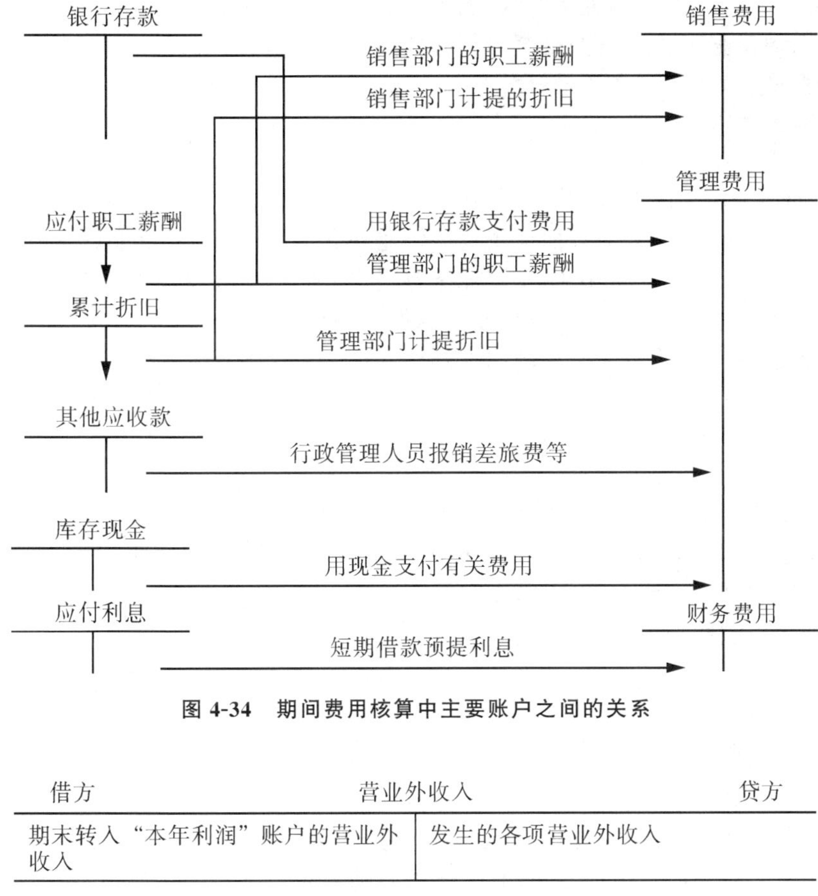

图 4-34 期间费用核算中主要账户之间的关系

借方	营业外收入 贷方
期末转入“本年利润”账户的营业外收入	发生的各项营业外收入

图 4-35 “营业外收入”账户的结构

(2)“营业外支出”账户

该账户属于损益类账户，核算企业发生的各项营业外支出。其借方登记发生的各项营业外支出；贷方登记期末转入“本年利润”账户的营业外支出；结转后该账户应无余额。该账户应按费用项目设置明细账户，进行明细分类核算。“营业外支出”账户的结构见图 4-36。

借方	营业外支出 贷方
发生的各项营业外支出	期末转入“本年利润”账户的营业外支出

图 4-36 “营业外支出”账户的结构

2.营业外收支核算举例

【例 4-12】某企业某月发生下列经济业务：

(1)没收长江公司逾期未退回出租包装物的押金 600 元。

这项经济业务的发生，一方面使企业的营业外收入增加 600 元；另一方面使其他应付款减少 600 元。因此,这项经济业务涉及“营业外收入”和“其他应付款”两个账户。营业外收入增加应记入“营业外收入”账户的贷方,其他应付款减少应记入“其他应付款”账户的借方。因此,这项经济业务应编制如下会计分录:

借:其他应付款　　600

　贷:营业外收入　　600

(2)向四川地震灾区捐赠 200 000 元。

这项经济业务的发生,一方面使企业的营业外支出增加 200 000 元;另一方面使银行存款减少 200 000 元。因此,这项经济业务涉及“营业外支出”和“银行存款”两个账户。营业外支出增加应记入“营业外支出”账户的借方;银行存款减少应记入“银行存款”账户的贷方。因此,这项经济业务应编制如下会计分录:

借:营业外支出　　200 000

　贷:银行存款　　200 000

(3)企业职工交来的罚款收入 100 元,经批准转作营业外收入。

这项经济业务的发生,一方面使库存现金增加 100 元,另一方面使营业外收入增加 100 元。因此,这项经济业务涉及“库存现金”和“营业外收入”两个账户。营业外收入增加应记入“营业外收入”账户的贷方,库存现金增加应记入“库存现金”账户的借方。因此,这项经济业务应编制如下会计分录:

借:库存现金　　100

　贷:营业外收入　　100

(三)所得税费用的核算

1.所得税费用的计算

所得税是企业依照国家税法的规定,对企业某一经营年度的所得,按照规定的税率计算交纳的税款。企业所得税征收范围广,要求对纳税企业来源于中国境内和境外的生产经营所得和其他所得均要征税。为更好地体现税负公平,目前针对不同行业和企业均要求采用统一的税率征收所得税,并规定法定税率为 25%。因此企业实现利润后,按规定计算交纳企业所得税的计算公式如下:

应交所得税费用=会计利润(利润总额)×所得税税率

在企业所得税税基的确定方面,也就是据以计算所得税金额的应纳税所得额的确定方面,税法要求企业必须严格遵循企业所得税的要求,用企业每一纳税年度的收入总额,减除准予扣除项目后的余额来征收。因此企业实现利润后,按税法规定计算交纳企业所得税的计算公式如下:

应交所得税费用=应税利润(应纳税所得额)×所得税税率

应税利润(应纳税所得额)=收入总额-准予扣除的项目

收入总额包括:生产经营收入、财产转让收入、利息收入、租赁收入、特许权使用收入、股息收入和其他收入。

准予扣除的项目主要包括:与取得收入有关的成本、费用及损失等。

如上所述,由于企业所得税法对应税利润(应纳税所得额)的确定完全是依照税法的要求和规定进行的,这样使得应税利润(应纳税所得额)乘以税率所计算出的企业应交所得税费用往往与根据会计利润(利润总额)计算的应交所得税费用存在差异。差异的原因主要是税法的规定与会计准则的规定存在差异造成的。主要原因有两个:第一是计算口径的差异。有些收入在会计上按照会计准则确认为收入,而依据税法却不能确认为收入;有些支出在会计上按照会计准则确认为费用,而依据税法却不能作为费用予以扣减。例如,罚款支出,在计算应税利润时就不能与应税利润相抵;而从会计核算真实性原则要求来讲,罚款支出是企业的一项损失,理应体现在经营损益中,因此允许将其作为会计利润的扣减项目。第二是收入、费用确认时间上的差异。有些收入、费用按照会计准则应该确认归入当期,而依税法则应予确认归于前期或后期。这种差异完全是由于会计准则和税法规定之间的不同造成的,在计算口径上并没有不同,随着企业经营的持续进行,这种差异将会逆转和消失。例如,税法中规定某些行业可以实施加速折旧法计提固定资产折旧,可财务报告中一般采用直线法计提折旧,这时两者所确认的各期费用就不一致。

由于会计利润与应税利润(应纳税所得额)之间存在差异,根据差异是否会影响到应交所得税费用即应纳所得税额而被分为暂时性差异和永久性差异两类。我国 2006 年发布的《企业会计准则第 18 号——所得税》只对暂时性差异的核算进行了规范。其相关内容在“财务会计”课程中讲述。

企业所得税通常是按年计算,分期预交的。企业所得税是指企业应计入当期损益的所得税费用,是企业的一项费用支出。因此,按照权责发生制和收入与费用配比的原则,所得税作为一项费用支出,应在净利润前扣除。

2.“所得税费用”账户

该账户属于损益类账户,核算企业按规定从本期损益中减去的所得税费用。其借方登记本期应计入损益的应交所得税费用;贷方登记期末转入“本年利润”账户借方的数额;期末结转后应无余额。“所得税费用”账户的结构见图 4-37。

借方　　　　　　所得税费用	贷方
应计入本期损益的所得税费用	期末转入“本年利润”账户的所得税费用

图 4-37　“所得税费用”账户结构

3.所得税费用的核算

【例 4-13】企业某年 12 月份实现的利润总额为 55 000 元,所得税税率为 25%,计算本月应交所得税费用。

本月应交所得税费用=55 000×25%=13 750(元)

这项经济业务的发生,一方面使应从本期损益中扣减的所得税费用增加 13 750 元;另一方面使企业应交纳的所得税增加 13 750 元。因此,这项经济业务涉及“所得税费用”和“应交税费——应交所得税”两个账户。所得税费用增加是费用的增加,应记入“所得税费用”账户的借方;应交所得税增加是负债的增加,应记入“应交税费—应交所得税”账户的贷方。因此,这项业务应编制如下会计分录:

借:所得税费用　　13 750

　贷:应交税费——应交所得税　　13 750

(四)利润形成的核算

利润形成的过程就是将本期发生的各种收入、费用、损失等损益类账户结转记入"本年利润"账户,并将收入与费用进行对比、确定差额的过程,即通过"本年利润"账户的结转、计算,反映企业本期实现的净利润或发生的净亏损。

1."本年利润"账户

该账户属于所有者权益类账户,核算企业实现的利润总额(或发生的亏损总额)。其贷方登记期末由各收入类账户转入的各项收入;借方登记期末由各损益类账户转入的各项费用;将收入与费用相抵后,如收入大于费用,即为贷方余额,表示本期实现的净利润;如费用大于收入,即为借方余额,表示本期发生的净亏损。"本年利润"账户是一个过渡性账户。在年度中间,该账户有余额,不予转账,表示截至本期本年度累计实现的净利润或发生的净亏损。年度终了,应将本年收入和费用相抵后的净利润转入"利润分配"账户贷方;如为净亏损,转入"利润分配"账户借方,年终结转后无余额。"本年利润"账户的结构见图4-38。

借方　　　　本年利润	贷方
从有关费用账户转入: (1)主营业务成本 (2)其他业务成本 (3)税金及附加 (4)销售费用 (5)管理费用 (6)财务费用 (7)信用减值损失 (8)资产减值损失 (9)营业外支出 (10)所得税费用	从有关收入账户转入: (1)主营业务收入 (2)其他业务收入 (3)其他收益 (4)投资收益 (5)公允价值变动损益 (6)资产处置损益 (7)营业外收入
余额:本期发生的净亏损	余额:本期实现的净利润

图4-38 "本年利润"账户的结构

2.利润形成核算举例

【例4-14】企业某月销售业务和财务成果业务核算中收入和费用账户的余额如表4-6所示。

表4-6 某企业某月收入账户与费用账户余额表

账户名称	借方余额	贷方余额
主营业务收入		620 000
其他业务收入		5 000
营业外收入		25 000
投资收益		15 750

续表

账户名称	借方余额	贷方余额
公允价值变动损益		0
主营业务成本	383 000	
其他业务成本	2 450	
税金及附加	1 000	
销售费用	15 000	
管理费用	78 550	
财务费用	20 750	
营业外支出	9 850	
所得税费用	38 787.50	

期末,结转本月发生的各种收入。将各种收入账户的贷方余额从各收入账户的借方转入“本年利润”账户的贷方,应编制如下会计分录:

借:主营业务收入　　620 000
　其他业务收入　　5 000
　营业外收入　　25 000
　投资收益　　15 750
　贷:本年利润　　665 750

期末,结转本月发生的各种成本、费用。将各种成本费用账户借方余额从各成本费用账户的贷方转入“本年利润”账户的借方,应编制如下会计分录:

借:本年利润　　549 387.50
　贷:主营业务成本　　383 000
　　其他业务成本　　2 450
　　税金及附加　　1 000
　　销售费用　　15 000
　　管理费用　　78 550
　　财务费用　　20 750
　　营业外支出　　9 850
　　所得税费用　　38 787.50

通过以上账项结转,本月发生的全部收入和全部费用都汇集于“本年利润”账户,将收入与费用对比,其差额即为本月实现的净利润或发生的净亏损。根据以上数字计算,企业本月实现的净利润为 116 362.50(665 750—549 387.50)元。

3.利润形成核算主要账户之间的关系

利润形成核算主要账户之间的关系如图 4-39 所示。

(二)利润分配核算举例

【例 4-15】接例 4-14,按净利润的 10%计算提取盈余公积金。

企业的利润总额=620 000+5 000+25 000+15 750-(383 000+2 450+1 000+15 000+78 550+20 750+9 850)
=155 150(元)

所得税费用=155 150×25%=38 787.50(元)

全年净利润=155 150-38 787.50=116 362.50(元)

全年应提取盈余公积金=116 362.50×10%=11 636.25(元)

这项经济业务的发生,一方面使企业的利润分配数额增加 11 636.25 元;另一方面使企业的盈余公积金增加 11 636.25 元。因此,这项经济业务涉及"利润分配"和"盈余公积"两个账户。利润分配增加是所有者权益的减少,应记入"利润分配——提取法定盈余公积"账户的借方;盈余公积增加是所有者权益的增加,应记入"盈余公积"账户的贷方。因此,这项业务应编制如下会计分录:

借:利润分配——提取法定盈余公积　　11 636.25
　贷:盈余公积　　11 636.25

【例 4-16】年末,企业确定分配给投资者利润 100 000 元。

这项经济业务的发生,一方面使企业的利润分配数额增加 100 000 元;另一方面使企业应支付的利润增加 100 000 元,因此,这项经济业务涉及"利润分配"和"应付股利"两个账户。利润分配增加是所有者权益的减少,应记入"利润分配"账户的借方;应付利润增加是负债的增加,应记入"应付股利"账户的贷方。因此,这项业务应编制如下会计分录:

借:利润分配——应付现金股利或利润　　100 000
　贷:应付股利　　100 000

【例 4-17】年终,结转全年实现的净利润 272 535.40 元。

这项转账业务,就是将企业全年实现的净利润 272 535.40 元从"本年利润"账户的借方转入"利润分配"账户的贷方。因此,应编制如下会计分录:

借:本年利润　　272 535.40
　贷:利润分配——未分配利润　　272 535.40

将记入"利润分配"账户贷方的本年实现的净利润与记入"利润分配"账户借方的本年实际分配的利润额进行对比,如果前者大于后者,期末余额在贷方,表示年末未分配利润数额;如果后者大于前者,期末余额在借方,表示未弥补亏损数额。

(三)利润分配核算主要账户之间的关系

利润分配核算所设账户的关系如图 4-43 所示。

第六节　账户按用途和结构分类

前面我们介绍了账户按其反映的经济内容进行分类,它对于正确地区分账户的经济性质,合理地开设和运用账户,提供企业经营管理和对外报告所需要的各种核算指标,具有重要意义。但是,仅按经济内容对账户进行分类,还难以详细地了解各个账户的具体用

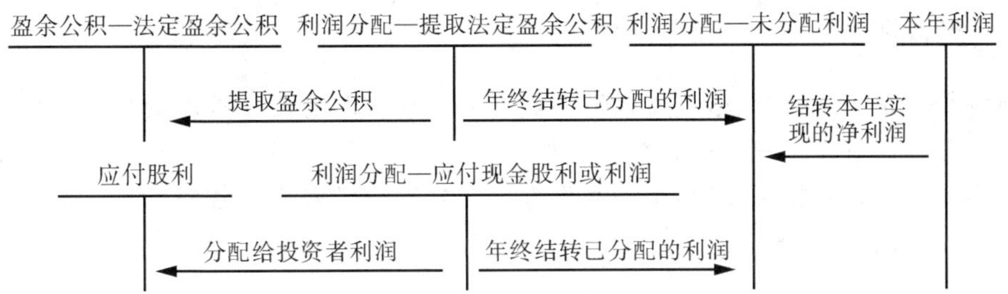

图 4-43 利润分配核算中主要账户之间的关系

途,以及如何提供管理上所需要的各种核算指标,因为按照经济内容划分为一类的账户,可能具有不同用途和结构。

账户的用途是指账户能够提供哪些核算指标,也就是开设账户的目的。账户的结构是指在账户中怎样记录经济业务,也就是账户的借方与贷方登记的内容、余额的方向及表示内容。按账户的用途和结构分类是必要的,与账户按经济内容分类不同,它可以使我们明确各个账户的使用方法和具体作用。如"固定资产"和"累计折旧"账户,按经济内容分类,它们同属于资产类,但按照用途和结构分类,则分别属于盘存账户和调整账户。

账户按用途和结构可以分为 9 类,即盘存账户、结算账户、资本账户、调整账户、集合分配账户、成本计算账户、收入账户、费用账户和财务成果计算账户。账户按用途和结构的分类如图 4-44 所示。

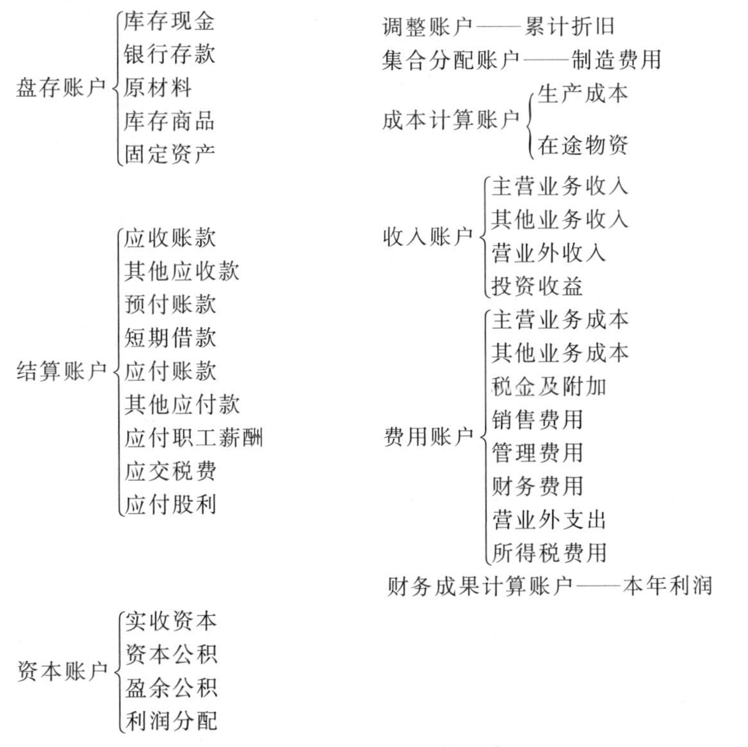

图 4-44 账户按用途和结构分类

一、盘存账户

盘存账户是用来核算、监督可以进行盘点的各种财产物资和货币资金增减变动及实存数额的账户。盘存账户的借方登记各种货币资金和财产物资的增加数;贷方登记各种货币资金和财产物资的减少数;余额在借方表示各种货币资金和物资的结存数额。盘存账户的结构如图4-45所示。

借方	盘存账户　　　　贷方
期初余额：货币资金、财产物资结存额 发生额：货币资金、财产物资的增加额	发生额：货币资金、财产物资的减少额
期末余额：货币资金、财产物资结存额	

图4-45　“盘存账户”的结构

属于盘存账户的主要有:“库存现金”、“银行存款”、“原材料”、“库存商品”、“固定资产”等账户。这类账户的特点是:

(1)可以通过财产清查的方法检查账面结存数是否与实存数相符,从而发现管理中出现的问题。

(2)财产物资的明细账除了提供价值指标以外,还应提供数量指标。

二、结算账户

结算账户是用来核算和监督企业同其他单位和个人之间的债权、债务结算关系的账户。由于结算业务的性质不同,因而结算账户又具有不同的用途和结构。按照账户的具体用途和结构,结算账户又可以分为债权结算账户、债务结算账户和债权债务结算账户三类。

(一)债权结算账户

债权结算账户是专门用来核算、监督企业同各个债务单位或个人之间的债权结算业务的账户。这类账户的借方登记债权的增加数,贷方登记债权的减少数,其余额一般在借方,表示期末尚未收回的债权。债权结算账户的结构如图4-46所示。

借方	债权结算账户　　　　贷方
期初余额：债权的期初实有数 发生额：本期债权的增加额	发生额：本期债权的减少额
期末余额：期末债权的实有数	

图4-46　“债权结算账户”的结构

属于债权结算账户的主要有:“应收账款”、“其他应收款”、“应收票据”、“预付账款”等账户。

(二)债务结算账户

债务结算账户是专门用来核算和监督企业同各个债权单位或个人之间的债务结算业

务的账户。这类账户的贷方登记债务的增加数，借方登记债务的减少数，其余额一般在贷方，表示尚未偿还的债务的实有数。债务结算账户的结构如图 4-47 所示。

借方　　　　　债务结算账户	贷方
发生额：本期债务的减少额	期初余额：债务的期初实有数 发生额：本期债务的增加额
	期末余额：期末债务的实有数

图 4-47　“债务结算账户”的结构

属于债务结算账户的主要有：“应付账款”、“其他应付款”、“短期借款”、“预收账款”等账户。

（三）债权债务结算账户

债权债务结算账户是用来核算、监督企业同其他单位或个人之间的往来结算业务的账户。某些与企业经常发生业务往来的单位，有时是企业的债权人，有时是企业的债务人。会计制度规定，预付账款不多的企业可以将预付账款直接记入“应付账款”的借方，也可以将预收账款直接记入“应收账款”的贷方，这样，“应付账款”账户、“应收账款”账户同时核算和监督预收账款和预付账款的增减变动情况，也是债权债务结算账户。对于债权债务类结算账户，其所属明细分类账的借方余额之和与贷方余额之和的差额，应当与有关的总分类账的余额相等。债权债务结算账户的结构如图 4-48 所示。

借方　　　　　债权债务结算账户	贷方
期初余额：债权大于债务的差额 发生额：本期债权的增加额 　　　　本期债务的减少额	期初余额：债务大于债权的差额 发生额：本期债权的减少额 　　　　本期债务的增加额
期末余额：债权大于债务的差额	期末余额：债务大于债权的差额

图 4-48　“债权债务结算账户”的结构

债权债务结算账户属于双重性质的账户，其借方余额或贷方余额只是表示债权债务增减变动后的差额，并不反映企业债权、债务的实际余额。因此，对于这类账户，在编制资产负债表时，应根据总分类账户所属明细分类账户余额的方向，来分析、判断余额的性质是资产还是负债，以便真实反映企业债权债务的实际情况。

三、资本账户

资本账户是用来核算和监督企业资本金或所有者权益的账户。这类账户的贷方登记各项资本金的增加数，借方登记各项资本金的减少数，其余额在贷方，表示各项资本金的实有数额。资本账户的结构如图 4-49 所示。

属于资本账户的有“实收资本”、“资本公积”、“盈余公积”等账户。

借方	资本账户	贷方
发生额：本期资本金的减少额		期初余额：期初结存的资本金实有数 发生额：本期资本金的增加额
		期末余额：期末资本金的实有额

图 4-49 “资本账户”的结构

四、调整账户

调整账户是用来调整被调整账户的账面余额以求得该账户的实际余额而设置的账户，在会计核算中，某些会计要素的具体项目，由于管理或其他方面的原因，需要对同一项目设置两个账户.用两种数字从不同的两个方面进行反映，其中一个反映原始数字，叫被调整账户，另一个账户反映对原始数字的调整数字，叫调整账户。将原始数字同调整数字相加或相减，就可以求得被调整后的实际余额，以满足信息使用者的需要。

按调整方式的不同，调整账户可以分为抵减账户、附加账户和抵减附加账户三类。

（一）抵减账户

抵减账户是用来抵减被调整账户的余额，以求得被调整账户实际余额的账户。其调整方式，用公式表示为：

被调整账户余额－抵减账户余额＝被调整账户实际余额

被调整账户的余额与抵减账户的余额方向必定相反，如果被调整账户的余额在借方(或贷方)，则抵减账户的余额一定在贷方(或借方)。例如，“累计折旧”账户是“固定资产”账户的抵减账户。固定资产账户的期末借方余额，表示固定资产的原始价值，“累计折旧”账户的期末贷方余额，表示固定资产的累计折旧额，两者相抵，即可求得固定资产的净值。而通过“固定资产”账户与“累计折旧”账户余额的对比分析，可以了解固定资产的新旧程度。这两个账户之间的关系及其抵减方式如下：

借方	固定资产	贷方
期末余额：1 000 000		

借方	累计折旧	贷方
		期末余额：200 000

固定资产原始价值	1 000 000
减：累计折旧	200 000
固定资产净值	800 000

（二）附加账户

附加账户是用来增加被调整账户的余额，以求得被调整账户实际余额的账户。其调整方式用公式表示为：

被调整账户余额＋附加账户余额＝被调整账户实际余额

被调整账户的余额与附加账户的余额一定在相同的方向。如果被调整账户的余额在借方(或贷方)，则附加账户的余额也一定在借方(或贷方)。两者之间的关系及附加方式如图 4-50、4-51 所示。

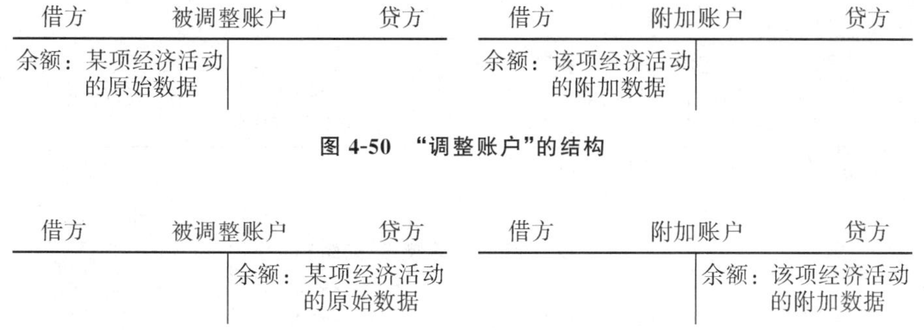

图 4-50　“调整账户”的结构

图 4-51　“调整账户”的结构

（三）抵减附加账户

抵减附加账户是既用来抵减又用来增加被调整账户的余额，以求得被调整账户的实际余额的账户。这类账户兼有抵减账户与附加账户的功能，但不同时起作用。是起抵减作用还是起附加作用，要取决于该账户的余额是否与被调整账户的余额方向一致：当余额与被调整账户的余额在相反方向时，其调整方式与抵减账户相同，起抵减账户的作用；当其余额与被调整账户的余额在相同方向时，其调整方式与附加账户相同，起附加账户的作用。

五、集合分配账户

集合分配账户是用来汇集和分配经营过程中某一阶段所发生的费用并按一定的标准分配计入有关成本计算对象的账户。设置集合分配账户的目的是为了核算和监督有关费用计划的执行情况和费用的分配情况。集合分配账户的借方登记费用的发生数，贷方登记费用的分配数，在一般情况下没有期末余额，因为本期发生的费用，一般应于期末全部分配出去。如“制造费用”账户就是这类账户。其借方登记、汇集企业在经营过程中发生的不能直接计入某个成本计算对象而应由各个成本计算对象共同负担的间接费用，然后按照一定的标准分配，从贷方转出计入各个成本计算对象，由有关的成本计算对象负担。集合分配账户的结构如图 4-52 所示。

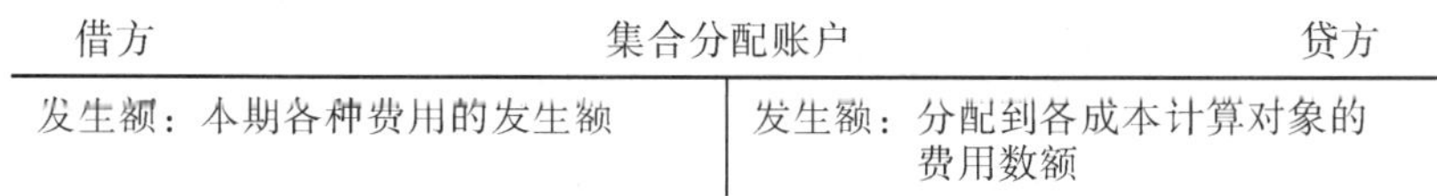

图 4-52　“集合分配账户”的结构

六、成本计算账户

成本计算账户是用来核算和监督经营过程中某一阶段发生的全部费用，并据以计算、确定各个成本计算对象的实际成本的账户。这类账户的借方登记经营过程中某个阶段所发生的应计入成本的全部费用，贷方登记转出已完成某个阶段的成本计算对象的实际成本，期末如有余额一定在借方，表示尚未完成某个阶段的成本计算对象的实际成本。成本计算账户的结构如图 4-53 所示。

借方	成本计算账户 贷方
期初余额：期初尚未完成某个阶段的成本 发生额：归集经营过程某个阶段所发生的全部费用额	发生额：结转已完成某个经营阶段的成算对象的实际成本
期末余额：尚未完成该阶段的成本计算对象的实际成本	

图 4-53 “成本计算账户”的结构

属于成本计算账户的有“生产成本”账户和“在途物资”账户。

七、收益账户

收益账户是用来核算和监督企业在一定期间所发生的各项收入、收益，用以计算本期的财务成果。这类账户的贷方归集本期各项收入、收益的发生数；借方登记各项收入、收益的转出数。结转后，这类账户无期末余额。收益账户的结构如图 4-54 所示。

借方	收益账户 贷方
发生额：各种收入、收益的转出数	发生额：各种收入、收益的发生数

图 4-54 “收益账户”的结构

属于收益账户的有“主营业务收入”、“其他业务收入”、“营业外收入”等账户。

八、费用账户

费用账户是用来核算和监督企业在一定期间内所发生的各项成本、费用、支出的账户。这类账户的借方登记各项成本、费用、支出的发生数；贷方登记各项成本、费用、支出的转出数。结转后，这类账户无期末余额。费用账户的结构如图 4-55 所示。

借方	费用账户 贷方
发生额：各种成本、费用支出的发生数	发生额：各种成本、费用支出的转出数

图 4-55 “费用账户”的结构

属于成本、费用、支出账户的主要有：“主营业务成本”、“税金及附加”、“其他业务成本”、“销售费用”、“管理费用”、“财务费用”、“营业外支出”、“所得税费用”等账户。

九、财务成果计算账户

财务成果计算账户是用来核算和监督企业在一定时期内财务成果的形成，计算最终成果的账户。这类账户的贷方登记一定时期内转入的主营业务收入、其他业务收入和营业外收入；借方登记一定时期内转入的主营业务成本、税金及附加、其他业务成本、期间费用、营业外支出和所得税费用。期末将借贷发生额进行比较，就可以得出本期的最终财务成果，如为贷方余额，表示本期实现的利润，如为借方余额，表示本期发生的亏损。这类账户的结构如图 4-56 所示。

借方　　　　　财务成果计算账户	贷方
发生额：反映转入的计算期间的各项成本、费用和支出	发生额：反映转入的各项收入的发生数
期末余额：亏损净额	期末余额：利润净额

图 4-56 “财务成果计算账户”的结构

属于财务成果计算账户的有“本年利润”账户。

小知识

原材料按照实际成本核算的企业，材料采购中形成的在途材料通过“在途物资”账户核算；原材料按照计划成本核算的企业，材料采购中形成的在途材料通过“材料采购”账户核算。以此区别两种不同的材料计价方法。

本章小结

本章以产品制造企业为例介绍借贷记账法的具体应用，并阐述账户按照用途和结构分类。

借贷记账法的应用主要通过对产品制造企业中资金筹集、供应过程、生产过程、销售过程以及财务成果的计算与分配各环节的会计核算为例分别作了介绍。

企业资金来源渠道有两类：接受投资与借入资金。前者形成企业的所有者权益，增加企业的实收资本或股本；后者形成企业的各种负债，增加企业的长短期借款等，对于借入的资金，企业会计核算除了对本金的核算，还要核算计提和支付的利息。

供应过程，企业应对取得的固定资产和所购材料的成本进行核算和计算。

生产过程，是物化劳动和活劳动的耗费过程。这一过程要对产品生产过程领用的材料物资、应付给职工的薪酬和发生的其他生产费用进行核算和计算。

销售过程的核算主要是收入实现的账务处理，以及根据配比原则相应的主营业务成本、销售费用、税金及附加等的核算。

财务成果形成与分配的核算，主要解决的问题是月末各种损益类账户的余额要结转到“本年利润”账户，计算企业实现的利润总额，年末要根据利润总额计算所得税费用，扣除所得税费用后形成的净利润构成了利润分配的主体。

账户按照账户的用途和结构分为盘存类账户、结算类账户、资本类账户、集合分配类账户、成本计算类账户、收益类账户、费用类账户、财务成果类账户和调整类账户等九类账户。

课后作业

一、思考题

1.企业资金的来源方式主要有哪些？分别对企业的财务状况有何影响？

2.成本项目有哪些？如何计入产品的成本？

3.账结法下利润形成和分配如何核算？

4.账户按用途和结构可以分为哪几类？

二、练习题

(一)单项选择题

1.“实收资本”账户的贷方登记(　　)。

A.所有者投资的增加额　　B.经营中取得的收入额

C.经营中取得的收益额　　D.对外投资取得的收益额

2.“长期借款”账户的余额表示(　　)。

A.期末尚未偿还的长期借款的本金

B.期末尚未偿还的长期借款的利息

C.期末尚未偿还的长期借款的本金和利息

D.期末已经偿还的长期借款的本金

3.在权责发生制下,预付下半年的保险费应记入(　　)。

A.“其他应付款”账户贷方　　B.“其他应收款”账户借方

C.“其他应付款”账户借方　　D.“其他应收款”账户贷方

4.企业购进材料发生的运杂费等采购费用,应与材料价款一起计入(　　)。

A.管理费用　　B.生产成本

C.材料采购成本　　D.制造费用

5.企业购进原材料,开出并承兑商业汇票一张,该款项应确认为企业的(　　)。

A.资产　　B.负债　　C.费用　　D.收入

6.下列费用中,不应计入产品成本的是(　　)。

A.直接材料费　　B.直接人工费　　C.管理费用　　D.制造费用

7.下列账户中,与“主营业务成本”账户借方发生对应关系的是(　　)。

A.“生产成本”账户　　B.“主营业务成本”账户

C.“库存商品”账户　　D.“本年利润”账户

(二)多项选择题

1.下列项目中,应计入材料采购成本的有(　　)。

A.买价　　B.运输费、保险费等

C.运输途中的合理损耗　　D.入库前的整理挑选费用

2.“应交税费——应交增值税”账户的结构是(　　)。

A.借方登记购买材料时缴纳的增值税进项税额

B.借方登记实际缴纳的增值税额

C.贷方登记销售产品时向购买单位收取的销项税额

D.如有借方余额,表示企业多交或尚未抵扣的增值税税金

3.下列项目中,应计入购建固定资产原始价值的有(　　)。

A.买价　　B.增值税　　C.运杂费　　D.包装费

4.下列账户中,与“在途物资”账户借方发生对应关系的有(　　)。

A.“银行存款”账户　B.“应付账款”账户　C.“应付票据”账户　D.“预付账款”账户

5.构成营业利润的内容有(　　)。

A.期间费用　　B.投资收益　　C.主营业务利润　　D.营业外收支净额

三、实训题

习题一

目的:练习会计业务处理。

资料:某企业某月份有关账户的期初余额,“实收资本”账户为 600 000 元,“短期借款”账户为 100 000 元。本月企业发生下列经济业务:

(1)收到国家追加投资投入的货币资金 200 000 元,已存入银行。

(2)收到海华公司投入的旧机器设备一台,双方确认价值为 78 000 元。

(3)取得短期借款 60 000 元,期限 6 个月,年利率 7.8%,利息每季度末结算一次,所得款已存入银行。

要求:

(1)根据上述经济业务编制会计分录。

(2)开设“实收资本”和“短期借款”两个账户,并根据有关的期初余额资料和会计分录进行登记,期末结出本期发生额及余额。

习题二

目的:练习编制会计分录。

资料:某企业某月发生下列经济业务:

(1)从凯龙公司购入甲种材料,该材料买价 38 000 元,增值税进项税额4 940元,购入材料运杂费 1 200 元。上述款项已用银行存款支付,材料已运达企业,并已验收入库。

(2)企业通过银行向琼山钢厂预付购买钢材的货款 28 000 元。

(3)企业收到琼山钢厂发运来的预付货款的钢材并已验收入库。材料买价 24 000 元,运杂费 1 050 元,增值税进项税额 3 120 元。不足部分用银行存款补付。

(4)购入一台需安装的设备,发票价格 160 000 元,增值税进项税额20 800元,运费 4 000元,款项均以银行存款支付。在安装过程中,共发生安装费用 12 000 元,其中耗用原材料 8 000 元,耗用人工 4 000 元。安装完毕,经验收合格交付使用。

要求:根据上述经济业务编制会计分录。

习题三

目的:练习编制会计分录。

资料:某企业二车间生产甲产品。月初在产品成本为 32 400 元,本月发生的经济业务如下:

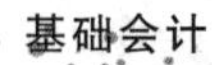

(1)本月生产车间领用材料 29 000 元,其中生产产品耗用 28 400 元,车间一般耗用材料 600 元。

(2)生产车间用现金购买办公用品 320 元。

(3)结算本月生产车间应付职工工资 46 000 元,其中生产工人工资36 000元,车间管理人员工资 10 000 元。

(4)从银行提取现金 46 000 元,以备发工资。

(5)以现金 46 000 元发放职工工资。

(6)月末,计提生产车间固定资产折旧费 5 600 元。

(7)月末,用银行存款支付生产车间固定资产的修理费 2 000 元。

(8)月末,用银行存款支付本月生产车间负担的保险费 2 400 元。

(9)月末,结转本月发生的制造费用。

(10)月末,甲产品未完工在产品成本 37 200 元。计算并结转已完工入库产品的生产成本。

要求:根据上述经济业务编制会计分录。

习题四

目的:练习会计业务处理。

资料:某企业某月生产 A、B 两种产品。有关的经济业务如下:

(1)本月生产车间领用材料及其用途汇总如下:

项　目	甲材料	乙材料	合　计
生产产品耗用	60 000	40 000	100 000
其中:A 产品	45 000	16 000	61 000
B 产品	15 000	24 000	39 000
车间一般耗用	800	300	1 100
合　计	60 800	40 300	101 100

(2)结算本月应付生产车间职工工资 31 000 元,其中 A 产品生产工人工资 18 000 元,B 产品生产工人工资 10 000 元,车间管理人员工资 3 000 元。

(3)按工资总额的 14%计提职工福利费。

(4)以银行存款支付车间电话费 900 元。

(5)计提本月生产车间固定资产折旧费 6 100 元。

(6)用银行存款支付本月应由生产车间负担的水电费共 3 800 元。

(7)月末,按生产工人工资比例分配结转本月发生的制造费用。

(8)月末,A 产品全部完工验收入库,B 产品全部未完工。计算并结转已完工入库 A 产品的生产成本。

要求:

(1)根据上述经济业务编制会计分录。

(2)开设"制造费用"和"生产成本"账户,根据有关会计分录登记这两个账户,并结算其本期发生额和期末余额。

习题五

目的:练习编制会计分录。

资料:某企业11月份发生下列销售业务:

(1)预收大兴公司购买甲产品的货款36 000元,存入银行。

(2)发出甲产品20件给东泰公司,每件售价920元,增值税销项税额2 392元,已收到东泰公司签发的6个月的商业承兑汇票一张,面值20 792元。

(3)向大兴公司发出甲产品35件,每件售价920元,增值税销项税额4 186元,除冲销原预收货款外,所差款项已收到大兴公司开来的转账支票。

(4)收到大宇公司开出的转账支票支付前欠货款60 000元,增值税7 800元,运费2 000元,共计69 800元。

(5)按照规定计算出本月应由销售产品负担的城市维护建设税等销售税金1 800元。

(6)期末,结转本月已销售产品的生产成本:甲产品55件,单位生产成本620元。

(7)预提本月短期借款利息3 200元。

(8)开出支票一张,购入行政管理部门的办公用品7 400元。

(9)收到罚款收入29 200元,存入银行。

(10)期末,结转本月各项收入、费用,计算本月实现的利润总额。

(11)按照利润总额的25%计算并结转应交所得税费用,确定本月实现的净利润。

(12)按净利润的10%,计算提取盈余公积金。

要求:根据上述经济业务编制会计分录。

表 5-1-1　增值税专用发票(真实版)

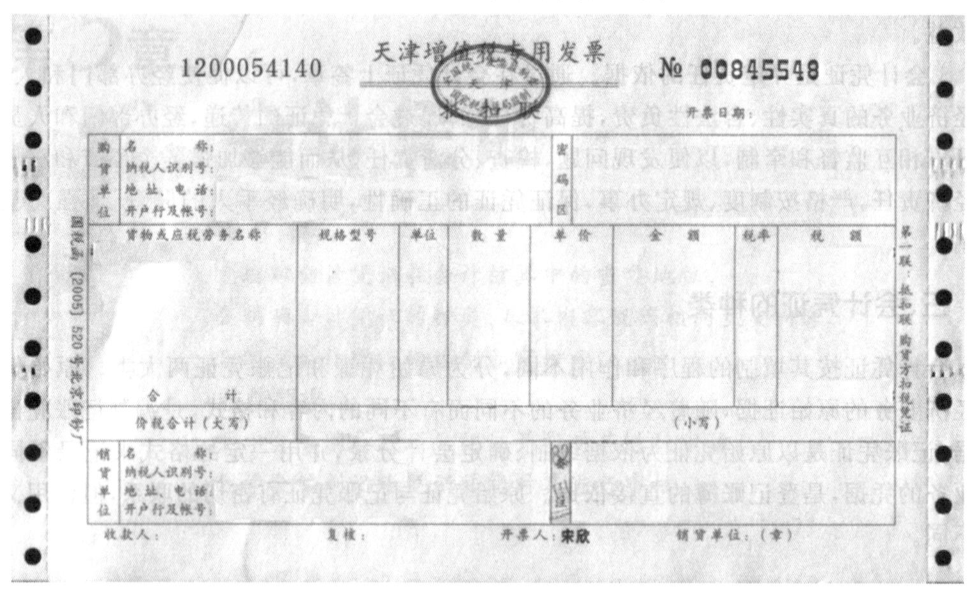

天津增值税专用发票

1200054140　№ 00845548

开票日期：

购货单位	名　　称： 纳税人识别号： 地 址、电 话： 开户行及帐号：	密码区	

货物或应税劳务名称	规格型号	单位	数 量	单 价	金 额	税率	税 额
合　　计							
价税合计(大写)					(小写)		

销货单位	名　　称： 纳税人识别号： 地 址、电 话： 开户行及帐号：	备注	

收款人：　复核：　开票人：宋欣　销货单位：(章)

国税函〔2005〕520号北京印钞厂

第一联：抵扣联　购货方扣税凭证

表 5-1-2　增值税专用发票(教学版)

开票日期：　20××年 12 月 10 日　N0.3919351

购货单位	名称	华达公司	纳税人登记号	××××
	地址、电话	××××	开户银行及账号	××××

货物或应税劳务名称	计量单位	数量	单价	金额									税率	税额								
				百	十	万	千	百	十	元	角	分	(%)	百	十	万	千	百	十	元	角	分
甲材料	公斤	50	20				1	0	0	0	0	0	13					1	3	0	0	0
合　计						¥	1	0	0	0	0	0					¥	1	3	0	0	0
价税合计(大写)	佰⊗拾⊗万壹仟壹佰叁拾零元零角零分												¥1130									

销货单位	名称	宏兴公司	纳税人登记号	××××
	地址、电话	××××	开户银行账号	××××

收款人：　开票单位(未盖章无效)

(2)自制原始凭证

自制原始凭证，是指在经济业务发生当时和完成后，由本单位内部经办部门的人员填制的凭证，如购入材料入库时的收料单，领用材料物资时的领料单等。如表 5-2 所示。

表 5-2　领料单

领料日期　　　　　　　　　　　　20××年 12 月 15 日

材料编号	材料名称及规格	计量单位	数量		单价	金额
			请领	实发		
0321	A 材料	公斤	100	100	20	2 000

记账:×××　　　　　　　　　发料:王五　　　　　　　　领料:张羽

2.一次凭证、累计凭证和汇总原始凭证

原始凭证按其填制次数和方法的不同,分为一次凭证、累计凭证和汇总原始凭证。

(1)一次凭证,是指对一项经济业务或若干项同类经济业务在其发生当时或完成后,一次填制完毕的一种原始凭证。外来原始凭证一般都是一次凭证,自制原始凭证大多也是一次凭证。

(2)累计凭证,是指在一定时间内,连续地在一张凭证中登记若干项同类经济业务,把期末累计额作为记账依据的一种原始凭证。如工业企业使用的限额领料单,就是比较典型的累计凭证。如表 5-3 所示。

表 5-3　闽发公司限额领料单

领料部门:机修车间　　　　　　　　　　　　　　　　　　　　编号:0110

用　　途:修理设备　　　　　　　20××年 12 月　　　　　　　发料仓库:1 号库

材料类型	材料编号	材料名称及规格	计量单位	单价	领用限额	全月实领	
						数量	金额
	0321	A 材料	公斤	20	400	400	8 000

日期	请领		实发			退料			限额结余
	数量	领料单位负责人	数量	发料人	领料人	数量	退料人	收料人	
2	200	×××	200	××	×××				200
10	100	×××	100	××	×××				100
21	70	×××	70	××	×××				30
25	30	×××	30	××	×××				0
合计	400		400						

供应部门负责人:　　　　　　　　生产计划负责人:　　　　　　　　仓库负责人:李四

(3)汇总原始凭证,是指根据一定时间内反映相同经济业务的多张原始凭证汇总编制,以集中反映某项经济业务总括发生情况的一种原始凭证。它既可简化会计核算工作,又便于进行经济业务的分析比较。如"工资汇总表"、"现金收入汇总表"、"发料凭证汇总表"等都是汇总原始凭证。如表 5-4 所示。

表 5-4 材料耗用汇总表

用 途	甲材料		乙材料		丙材料		合计金额
	数量（千克）	金额（元）	数量（千克）	金额（元）	数量（千克）	金额（元）	
一、产品生产耗用							
A 产品	2 000	160 000	200	10 000	100	10 000	180 000
B 产品	2 350	188 000	100	5 000			193 000
二、车间管理部门耗用			100	5 000	10	1 000	6 000
三、行政管理部门耗用			20	1 000			1 000
合 计	4 350	348 000	420	21 000	110	11 000	380 000

3.手工凭证和机制凭证

原始凭证按其填制手段不同可分为手工凭证和机制凭证两种。

传统的原始凭证都是由业务人员或会计人员手工填制的。随着经济的发展和计算机在经济领域的普及，越来越多的单位采用计算机制作原始凭证。例如车票、医疗费收据等。虽然现在手工凭证仍占多数，但机制凭证终将越来越多地取代手工凭证。

二、原始凭证的基本内容

原始凭证由于所反映的经济业务不尽相同，从而各个原始凭证的名称、格式和内容也是多种多样的。但是，所有原始凭证都必须载明经济业务发生情况，明确经办人员责任，所以原始凭证都应具备一些共同的基本内容，通常称为凭证要素，主要包括：

1.原始凭证的名称；

2.填制凭证的日期和编号；

3.接受凭证单位名称；

4.经济业务内容，数量、单价和金额；

5.填制凭证单位名称或者填制人姓名；

6.经办人员的签名或者盖章。

一些特殊的原始凭证，除应具备上述内容外，还应当符合一定的附加条件。

三、原始凭证的填制要求

要做好原始凭证的填制工作，首先，要求所有经办人员都能充分认识到原始凭证在经营管理中的重要作用；其次，要加强经营管理责任制，促使有关人员严格按财务会计制度和手续办事。

（一）记录要真实

原始凭证上记载的经济业务必须与实际情况相符合，绝不允许有任何歪曲或弄虚作假的现象发生。对于实物的数量、单价和金额都要进行严格的审核，确保凭证内容可靠。从外单位取得的原始凭证如有丢失，应取得原签发单位盖有“财务专用章”的证明，并注明原始凭证的号码、所载金额等内容，由经办单位负责人批准后可代作原始凭证；对于确定无法取得证明的，如火车票、轮船票、飞机票等，可由当事人写出详细情况，由经办单位负责人批准后也可代作原始凭证。

（二）手续要完备

原始凭证的填制手续，必须符合内部牵制原则的要求。

1.凡是填有大写和小写金额的原始凭证，大写与小写金额必须相符。

2.购买实物的原始凭证，必须有验收证明。实物的验收由掌管实物的人员负责办理，会计人员通过有关的原始凭证进行监督检查。不需要入库的实物，除经办人员在凭证上签章外，必须交给实物保管人员或者使用人员验收，并在凭证上签章。需要入库的实物，必须填写入库验收单，由实物保管人员验收后在入库单上如实填写实收数量，并加盖印章。总之，购买实物的原始凭证，必须有购买人取得的原始凭证和购买人以外的第三者查证核实的原始凭证或签章证明手续。其目的是为了证明经济责任，保证账实相符，防止盲目采购，避免物资短缺和流失。

3.支付款项的原始凭证，必须有收款单位和收款人的收款证明，不能仅以支付款项的有关凭证代替。如购买一批办公用品，开出一张转账支票，能够证明这项业务发生的原始凭证必须有转账支票的存根、购买办公用品的发票和有关人员的签章，不能只有转账支票或只有发货票。其目的是防止舞弊行为的发生。

4.一式几联的原始凭证，应当注明各联的用途，只能以一联作为报销凭证。一式几联的发票和收据，必须用双面复写纸（发票和收据本身具备复写纸功能的除外）套写，并连续编号。作废时应当加盖"作废"戳记，连同存根一起保存，不得撕毁。

5.职工公出借款凭据，必须附在记账凭证之后。收回借款时，应当另开收据或者退还借据副本，不得退还原借款收据。因为借款和还回借款，是有联系的两项经济业务，必须分别在会计账目上独自反映，因此，借款凭证和收回借款的收据都是原始凭证，都必须予以保留。

6.经上级有关部门批准的经济业务，应当将批准文件作为原始凭证附件；如果批准文件需要单独归档的，应当在凭证上注明批准机关名称、日期和文件字号，以便确认经济业务的审批情况和查阅。

7.销售货物发生销货退回的，除填制退货发票外，还必须有退货验收证明，退款时，必须取得对方的收款收据或者汇款银行的凭证，不得以退货发票代替收据。其目的是防止退货流失和发生舞弊行为。

（三）内容要齐全

凭证中的基本内容和补充内容都要详尽地填写齐全，不得漏填或省略不填。

1.如果项目填写不全，则不能作为经济业务的合法证明，也不能作为有效的会计凭证。

2.为了明确经济责任，原始凭证必须由经办部门或人员签章。

3.从外单位取得的原始凭证，必须有填制单位和人员的盖章或签字。

4.自制原始凭证必须有经办部门负责人或其指定人员的签名或盖章。

5.对外开出的原始凭证必须加盖本单位的公章或财务专用章或发票专用章。

(四)书写要规范

原始凭证上的文字,要按规定书写,字迹要工整、清晰,易于辨认,不得使用异体字或不规范的简化字。

1.阿拉伯数字应当一个一个地写,不得连笔写。阿拉伯金额数字前面应当书写货币币种符号或者货币名称简写和币种符号(用外币计价、结算的凭证,金额前要加注外币符号,如“HK$”、“US$”等),币种符号与阿拉伯金额数字之间不得留有空白。凡阿拉伯数字前写有币种符号的,数字后面不再写货币单位。

2.所有以元为单位(其他货币种类为货币基本单位,下同)的阿拉伯数字,除表示单价等情况外,一律填写到角分;无角分的,角位和分位可写“00”,或者符号“—”;有角无分的,分位应当写“0”,不得用符号“—”代替。

3.汉字大写数字金额如零、壹、贰、叁、肆、伍、陆、柒、捌、玖、拾、佰、仟、万、亿等,一律用正楷或者行书体书写,不得用〇、一、二、三、四、五、六、七、八、九、十等简化字代替,不得任意自造简化字。大写金额数字到元或者角为止的,在“元”或者“角”字之后应当写“整”字或者“正”字;大写金额数字有分的,分字后面不写“整”或者“正”字。

大写金额数字前未印有货币名称的,应当加填货币名称,货币名称与金额数字之间不得留有空白。

阿拉伯金额数字中间有“0”时,汉字大写金额要写“零”字;阿拉伯数字金额中间连续有几个“0”时,汉字大写金额中可以只写一个“零”字;阿拉伯金额数字元位是“0”,或者数字中间连续有几个“0”、元位也是“0”但角位不是“0”时,汉字大写金额可以只写一个“零”字,也可以不写“零”字。

4.原始凭证记载的各项内容均不得涂改。原始凭证有错误的应当由出具单位重开或者更正,更正处应当加盖出具单位印章。对于支票等重要的原始凭证,若填写错误,一律不得在凭证上更正,应按规定的手续注销留存,重新填写。

(五)编号要连续

各种凭证要连续编号,以便查找。如果凭证已预先印定编号,如发票、支票等重要凭证,在填错时应加盖“作废”戳记,妥善保管,不得撕毁。

(六)填制要及时

每笔经济业务发生或完成后,经办业务的有关部门和人员必须及时填制原始凭证,做到不拖延、不积压,并要按规定的程序将其送交会计部门。

四、原始凭证的审核

会计信息系统所具有的监督职能主要体现在原始凭证的审核上,通过原始凭证的审核,确保输入会计信息系统的数据真实、合法、合理,从而为会计信息系统最终所提供的财务会计报告信息的质量提供有效保证。为了保证会计记录真实、准确,充分发挥会计监督作用,一切原始凭证在正式记入账簿之前都应该进行审核。

(一)原始凭证审核的内容

原始凭证首先应由经办业务的有关人员审核,最后由会计部门进行认真的审核。其审核的主要内容如下:

1.审核原始凭证的真实性

原始凭证记载的经济业务必须真实、可靠。原始凭证反映的经济业务如有弄虚作假、营私舞弊、伪造涂改等情况，必须及时揭露并向领导及有关人员汇报以严肃处理。

2.审核原始凭证的合法性、合理性

审核经济业务的合法性主要是审核经济业务是否符合国家的政策、法令、制度和计划的规定，有无违反财经纪律的行为；审核经济业务的合理性主要是审核原始凭证所记录的经济业务是否符合企业的生产计划和有关预算，是否有利于企业生产经营活动，是否对企业的经济效益产生积极影响，是否符合节约的原则。原始凭证的审查就是对经济业务的事前审核和监督，对违反财经纪律的经济业务应及时防止、拒绝执行，必要时可向上级主管部门反映情况。

3.审核原始凭证的正确性、完整性

主要审核原始凭证规定的填写项目、内容是否完整、齐全，原始凭证所列数量、单价和金额的计算是否正确，文字书写是否清楚，有关经办人员是否签字盖章明确经济责任。对原始凭证手续不完备、数字计算不正确等，会计人员有权要求经办人员补办有关手续并更正错误，否则有权拒绝办理。

（二）原始凭证审核后的处理

在原始凭证审核中，如发现有不符合要求、错误或不完整之处，应当按照有关规定进行处理。

1.会计机构、会计人员对不真实的原始凭证有权不予受理，并向单位负责人报告，要求查明原因，追究当事人的责任。

2.对记载不准确、不完整的原始凭证予以退回，并要求经办人员按照国家统一的会计制度的规定进行更正、补充。

3.对有错误的原始凭证，要按照规定进行更正。

4.原始凭证记载的各项内容均不得涂改，凡涂改过的原始凭证均应视为无效凭证，不能作为填制记账凭证或登记会计账簿的依据。

5.原始凭证开具单位应当依法开具准确无误的原始凭证，对于有误的原始凭证负有更正或重新开具的法律义务，不得拒绝。

第三节　记账凭证

一、记账凭证及其种类

（一）记账凭证的概念

记账凭证，又称分录凭证，是由会计人员根据审核无误的原始凭证编制的，用来记录经济业务的简要内容，确定会计分录，作为登记账簿直接依据的会计凭证。

会计人员必须根据审核无误的原始凭证或原始凭证汇总表填制记账凭证，记账凭证是登记账簿的依据。账簿需要按照一定的会计科目和记账规则进行登记，而原始凭证中未写明会计科目和记账方向。为了做好记账工作,会计人员必须将各种原始凭证按其所反映的经济内容进行归类和整理,编制记账凭证。在记账凭证中,列明了会计科目,指明了记账方向,确定了会计分录。依据记账凭证就可以登记账簿。

记账凭证和原始凭证同属于会计凭证,但二者存在着以下差别:

1.原始凭证是由经办人员填制的;记账凭证一律由会计人员填制。

2.原始凭证是根据发生或完成的经济业务填制;记账凭证是根据审核后的原始凭证填制。

3.原始凭证仅用以记录、证明经济业务已经发生或完成;记账凭证要依据会计科目对已经发生或完成的经济业务进行归类、整理。

4.原始凭证是填制记账凭证的依据;记账凭证是登记账簿的依据。

(二)记账凭证的种类

记账凭证按其适用的经济业务不同,可以分为专用记账凭证和通用记账凭证两类。专用记账凭证按其所记录的经济业务是否与现金、银行存款收付有关,又可分为收款凭证、付款凭证和转账凭证三种(见表5-5、表5-6、表5-7)。

表5-5　收款凭证

总字第8号

借方科目:银行存款　　　　××年9月10日　　　　银收字第1号

摘　要	贷方科目		账　页	金　额
	总账科目	明细科目		
销售产品一批	主营业务收入			10 000
	应交税费	应交增值税		1 300
附原始凭证2张	合　计			11 300

财务主管:　　记账:　　复核:　　出纳:　　制表:张三

表5-6　付款凭证

总字第1号

贷方科目:银行存款　　　　××年9月2日　　　　银付字第1号

摘　要	借方科目		账　页	金　额
	总账科目	明细科目		
购入一批原材料	材料采购	甲材料		20 000
	应交税费	应交增值税		2 600
附原始凭证2张	合　计			22 600

财务主管:　　记账:　　复核:　　出纳:　　制表:张三

表 5-7　转账凭证

总字第 2 号

××年 9 月 30 日　　转字第 1 号

摘　要	总账科目	明细科目	借方金额	贷方金额	过账
材料验收入库	原材料	甲材料	10 000		
	材料采购	甲材料		10 000	
附原始凭证 1 张	合　计		10 000	10 000	

财务主管：　记账：　复核：　制表：张三

通用记账凭证的格式与转账凭证的格式相类似，具体见表 5-8 所示。

表 5-8　记账凭证

2021 年 7 月 31 日　　(总)字第______号

摘　要	总账科目	明细科目	借方金额	贷方金额	过账
从青山公司	材料采购	A 材料	80 000		
购进 A 材料	银行存款			80 000	
附原始凭证 2 张	合计		80 000	80 000	

财务主管：　记账：　复核：　出纳：　制表：张三

这种格式具有通用性，可以记录各种经济业务。实际工作中，货币资金的管理是财会人员的一项重要工作，为了单独反映货币资金收付情况，货币资金收付的业务量较多的单位，往往对货币资金的收付业务编制专用的记账凭证。否则，采用通用的记账凭证。

二、记账凭证的基本内容

(一)记账凭证的七要素

记账凭证种类甚多，格式不一，但其主要作用都在于对原始凭证进行分类、整理，按照复式记账的要求，运用会计科目，编制会计分录，据以登记账簿。因此，记账凭证必须具备以下基本内容：

1.记账凭证名称与填制单位名称。

2.记账凭证的编号。

3.记账凭证的日期。

4.经济业务的内容摘要。

5.会计科目(包括一级、二级和明细科目)的名称、记账方法和金额。

6.所附原始凭证的张数。

7.制证、审核、记账、会计主管等有关人员的签章，收款凭证和付款凭证还应由出纳人员签名或盖章。

(二)记账凭证的填制

1."摘要"栏是对经济业务内容的简要说明,要求文字说明要简练、概括,以满足登记账簿的要求。

2.应当根据经济业务的内容,按照会计制度的规定,确定应借、应贷的科目。科目使用必须正确,不得任意改变、简化会计科目的名称,有关的二级或明细科目要填写齐全。

3.记账凭证中,应借、应贷的账户必须保持清晰的对应关系。

4.一张记账凭证填制完毕,应按所使用的记账方法,加计合计数,以检查对应账户的平衡关系。

5.记账凭证必须连续编号,以便查找且避免凭证散失。

6.每张记账凭证都要注明附件张数以便日后查对。

(三)记账凭证填制的注意事项

记账凭证的填制,除应严格按照原始凭证的填制要求外,还应注意以下几个方面:

1.摘要内容简明、规范。凭证摘要一方面是对经济业务的简要说明,另一方面也是登记账簿的重要依据。因此,凭证的摘要必须正确填写。

2.科目运用准确。填制记账凭证时,必须按照会计制度统一规定的会计科目,根据经济业务的性质来编制会计分录。这样处理的目的,在于保证核算口径的一致。

3.填制记账凭证时,可以根据一份原始凭证单独填制,也可以根据同类经济业务的多份原始凭证汇总填制,还可以根据汇总原始凭证填制。

4.凭证顺序编号。记账凭证应在一个月内连续编号,以方便查核。

5.记账凭证的日期应规范、准确。一般而言,收付款凭证按货币资金收付的日期填写,转账凭证按收到原始凭证的日期填写。填写日期一般是填财会人员填制记账凭证的当天日期,也可以根据管理需要,填写经济业务发生的日期或月末日期:如报销差旅费的记账凭证填写报销当日的日期;现金收、付款记账凭证填写办理收、付现金的日期;银行收款业务的记账凭证一般按财会部门收到银行进账单或银行回执的戳记日期填写;当实际收到的进账单日期与银行戳记日期相隔较远,或次月初收到上月的银行收、付款凭证,按财会部门实际办理转账业务的日期填写;银行付款业务的记账凭证,一般以财会部门开出银行存款付出单据的日期或承付的日期填写;属于计提和分配费用等转账业务的记账凭证,应以当月最后的日期填写。

6.凭证附件完整。记账凭证所附的原始凭证必须完整,同时应注明所附的原始凭证张数,以便核对摘要及所编的会计分录是否准确无误。

7.在采用收款凭证、付款凭证和转账凭证等复式记账凭证的情况下,凡涉及货币资金的收款业务,均应编制收款凭证;凡涉及货币资金的付款业务,均应编制付款凭证;不涉及货币资金的业务,编制转账凭证。对于涉及现金和银行存款之间的划转业务,只编制付款凭证。

三、记账凭证的审核

记账凭证是登记账簿的直接依据,为了确保账簿记录的准确,监督款项的收付,记账凭证必须严格按照上述要求进行填制，同时要由专人对已填制的记账凭证进行审核。记账凭证会计工具——会计凭证的审核，除了对原始凭证进行复审外，还应注意以下几个方面：

1.记账凭证是否附有原始凭证，原始凭证是否齐全、内容是否合法，记账凭证所记录的经济业务与所附原始凭证所反映的经济业务是否相符。

2.技术性审核。即记账凭证的应借、应贷会计科目是否正确，账户的对应关系是否清晰，所使用的会计科目及其核算内容是否符合会计制度的规定，金额计算是否准确。

3.完整性审核。即审核凭证的摘要是否填写清楚、项目填写和有关人员签章是否齐全。

4.从方针、政策上审核凭证记录的经济业务是否合理合法。

第四节 会计凭证的传递与保管

会计凭证的传递，是指各种会计凭证从填制、取得到归档保管为止的全部过程，即在企业、事业和行政单位内部有关人员和部门之间传送、交接的过程。要规定各种凭证的填写、传递单位与凭证份数，规定会计凭证传递的程序、移交的时间和接受与保管的有关部门。

一、会计凭证传递的作用

会计凭证的传递，是指会计凭证从编制时起到归档时止，在单位内部各有关部门及人员之间的传递程序和传递时间。为了能够利用会计凭证，及时反映各项经济业务，提供会计信息，发挥会计监督的作用，必须正确、及时地进行会计凭证的传递，不得积压。正确组织会计凭证的传递，对于及时处理和登记经济业务，明确经济责任，实行会计监督具有重要作用。从一定意义上说，会计凭证的传递在单位内部经营管理各环节之间起着协调和组织的作用。会计凭证传递程序是企业管理规章制度重要的组成部分，传递程序的科学与否，说明该企业管理的程序是否科学。其作用如下：

1.有利于完善经济责任制度。经济业务的发生或完成及记录，是由若干责任人共同负责、分工完成的。会计凭证作为记录经济业务、明确经济责任的书面证明，体现了经济责任制度的执行情况。单位会计制度可以通过对会计凭证传递程序和传递时间的规定，进一步完善经济责任制度，使各项业务的处理顺利进行。

2.有利于及时进行会计记录。从经济业务的发生到账簿登记有一定的时间间隔，通过会计凭证的传递，使会计部门尽早了解经济业务发生和完成情况，并通过会计部门内部的凭证传递，及时记录经济业务，进行会计核算，实行会计监督。

二、会计凭证的保管

会计凭证是重要的会计档案和经济资料，每个单位都要建立保管制度，妥善保管。对各种会计凭证要分门别类、按照编号顺序整理，装订成册。封面上要注明会计凭证的名称、起止号、时间以及有关人员的签章。要妥善保管好会计凭证。在保管期间，会计凭证不得外借,对超过所规定期限(一般是15年)的会计凭证,要严格依照有关程序销毁。需永久保留的有关会计凭证,不能销毁。

三、会计凭证的装订

1.会计凭证装订前的准备

会计凭证装订前的准备,是指对会计凭证进行排序、粘贴和折叠。因为原始凭证的纸张面积与记账凭证的纸张面积不可能全部一样,有时前者大于后者,有时前者小于后者,这就需要会计人员在制作会计凭证时对原始凭证加以适当整理,以便下一步装订成册。对于纸张面积大于记账凭证的原始凭证,可按记账凭证的面积尺寸,先自右向后,再自下向后两次折叠。注意应把凭证的左上角或左侧面让出来,以便装订后,还可以展开查阅。

对于纸张面积过小的原始凭证,一般不能直接装订,可先按一定次序和类别排列,再粘在一张同记账凭证大小相同的白纸上,粘贴时宜用胶水。证票应分张排列,同类、同金额的单据尽量粘在一起;同时,在一旁注明张数和合计金额。如果是板状票证,可以将票面票底轻轻撕开,厚纸板弃之不用。对于纸张面积略小于记账凭证的原始凭证,可先用回形针或大头针别在记账凭证后面,待装订时再抽去回形针或大头针。有的原始凭证不仅面积大,而且数量多,可以单独装订,如工资单、耗料单等,但在记账凭证上应注明保管地点。原始凭证附在记账凭证后面的顺序应与记账凭证所记载的内容顺序一致,不应按原始凭证的面积大小来排序。会计凭证经过上述的加工整理之后就可以装订了。

2.会计凭证的装订方法

会计凭证的装订是指把定期整理完毕的会计凭证按照编号顺序,外加封面、封底,装订成册,并在装订线上加贴封签。在封面上,应写明单位名称、年度、月份、记账凭证的种类、起讫日期、起讫号数,以及记账凭证和原始凭证的张数,并在封签处加盖会计主管的骑缝图章。如果采用单式记账凭证,在整理装订凭证时,必须保持会计分录的完整。为此,应按凭证号码顺序还原装订成册,不得按科目归类装订。对各种重要的原始单据,以及各种需要随时查阅和退回的单据,应另编目录,单独登记保管,并在有关的记账凭证和原始凭证上相互注明日期和编号。

汇总装订后的会计凭证封面如表5-9所示。

表5-9 会计凭证装订封面

凭证种类		装订	科目汇总表 张
所属时间	年度 月份		银行存款对账单 张
起讫日期	自 日至 日止		银行存款余额调节表 张
装订册次	第 册共 册		出纳报告单 张
起讫编号	字第 号至第 号		备用金报账单 张

会计主管　　　　　　　　　　装订

会计凭证装订的要求是既美观大方又便于翻阅,所以在装订时要先设计好装订册数及每册的厚度。一般来说,一本凭证,厚度以1.5～2.0 cm为宜,太厚了不便于翻阅核查,太薄了又不利于戳立放置。凭证装订册数可根据凭证多少来定,原则上以月份为单位装订,每月订成一册或若干册。有些单位业务量小,凭证不多,把若干个月份的凭证合并订成一册就可以,只要在凭证封面注明本册所含的凭证月份即可。

为了使装订成册的会计凭证外形美观,在装订时要考虑到凭证的整齐均匀,特别是装订线的位置,如果太薄时可用纸折一些三角形纸条,均匀地垫在此处,以保证它的厚度与凭证中间的厚度一致。有些会计在装订会计凭证时采用角订法:装订起来简单易行,这也很不错。它的具体操作步骤如下:

1.将凭证封面和封底裁开,分别附在凭证前面和后面,再拿一张质地相同的纸(可以再找一张凭证封皮,裁下一半用,另一半为订下一本凭证备用)放在封面左上角,做护角包线头用。

2.在凭证的左上角画一边长为 5cm 的等腰三角形,用夹子夹住,用装订机在底线上分布均匀地打两个眼儿。

3.用大针引线绳穿过两个眼儿。如果没有针,可以将回形别针顺直,然后将两端折向同一个方向,将线绳从中间穿过并夹紧,即可把线引过来,因为一般装订机打出的眼儿是可以穿过的。

4.在凭证的背面打线结。线绳最好在凭证中端系上。

5.将护角向左上侧折,并将两侧剪开至凭证的左上角,然后抹上胶水。

6.向后折叠,并将侧面和背面的线绳扣粘死。

7.待晾干后,在凭证本的脊背上面写上"某年某月第几册共几册"的字样。装订人在装订线封签处签名或者盖章。现金凭证、银行凭证和转账凭证最好依次顺序编号,一个月从头编一次序号。如果单位的凭证少,可以全年顺序编号。

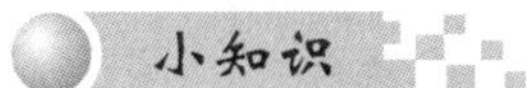

发票管理规定

《税收征收管理法》第 21 条和第 22 条规定:税务机关是发票的主管机关,负责发票印制、领购、开具、取得、保管、缴销的管理和监督。单位、个人在购销商品、提供或者接受经营服务以及从事其他经营活动中,应当按照规定开具、使用、取得发票。发票的管理办法由国务院规定。增值税专用发票由国务院税务主管部门指定的企业印制;其他发票,按照国务院税务主管部门的规定,分别由省、自治区、直辖市国家税务局、地方税务局指定的企业印制。未经前款规定的税务机关指定,不得印刷发票。

本章小结

填制和审核会计凭证是会计核算的基本方法,是发挥会计监督作用的重要手段。会计凭证是记录经济业务,明确经济责任的书面证明文件,是登记会计账簿的依据。会计凭证按其填制程序和用途不同,可以分为原始凭证和记账凭证两大类。

原始凭证是在经济业务发生或完成时填制或取得的,用以记载经济业务的发生和完成情况,明确经济责任,具有法律效力的书面证明。原始凭证按其取得来源不同,可分为外来原始凭证和自制原始凭证；按其填制手续和方法不同，可分为一次凭证、累计凭证、汇总凭证。原始凭证的基本内容包括凭证名称、接受单位和填制单位名称、填制日期和凭证编号、经济业务的内容、数量和金额、有关经办人员签章等。填制原始凭证要求做到内容完整、记录真实、表述准确、手续齐备、书写规范。为确保原始凭证提供信息的真实性，应从合法性、真实性、完整性、正确性等方面对原始凭证进行审核。

记账凭证是会计人员根据审核无误的原始凭证或原始凭证汇总表填制的，用来确定会计分录，并据以登记账簿的会计凭证。记账凭证按其适用业务范围不同，可分为专用记账凭证和通用记账凭证；按其记录经济业务的方式不同，可分为复式记账凭证和单式记账凭证；按其填制程序和汇总方式不同，可分为一次性记账凭证、汇总记账凭证和科目汇总表。记账凭证的基本内容包括凭证名称，填制单位名称，填制凭证日期和凭证编号，经济业务内容摘要，会计科目名称、方向和金额，记账符号，附件张数，有关会计人员签章等。填制记账凭证要求做到内容完整、摘要简明、连续编号、科目运用正确，数字准确无误，附件及会计人员签章齐全。为确保会计信息的正确性，必须从一致性、正确性、完整性等方面对记账凭证进行审核。

会计凭证传递是指会计凭证从取得或填制时起，经过审核、记账、整理、装订，到归档保管时止，在有关部门和人员之间，按照规定的时间、程序进行传递和处理的过程。

一、思考题

1.填制和审核会计凭证有何意义？

2.会计凭证的种类有哪些？

3.原始凭证的基本内容有哪些？填制原始凭证的基本要求是什么？

4.记账凭证应具备哪些基本内容？填制记账凭证有哪些基本要求？

5.记账凭证的审核内容有哪些？

6.如何进行会计凭证的传递和保管？

二、练习题

（一）判断题

1.各种记账凭证可以根据每一张原始凭证单独填制，但不能将若干张同类的原始凭证汇总编制。（　　）

2.属于货币资金收入的业务都应填制收款凭证。（　　）

3.记账凭证的“过账”栏用“√”表示已经审核完毕。（　　）

4.各种原始凭证都应由会计部门进行审核。（　　）

5.会计凭证的保管期限是根据其重要程度由有关部门加以规定，保管期满，直接将之销毁。（　　）

（二）单项选择题

1.证明经济业务已发生或已完成并作为原始依据的凭证是（　　）。

A.记账凭证　　B.原始凭证　　C.转账凭证　　D.收款凭证

2.收款凭证左上角借方科目应填列的项目是(　　)。

A.在途物资　　B.管理费用　　C.主营业务收入　　D.银行存款

3.将会计凭证分为原始凭证和记账凭证两大类的依据是(　　)。

A.凭证填制的时间　　B.凭证填制的方法

C.凭证填制的程序和用途　　D.凭证反映的经济内容

4.记账凭证按其填制方式不同,可以分为(　　)。

A.收款凭证、付款凭证和转账凭证　　B.单式记账凭证、复式记账凭证

C.汇总记账凭证、记账凭证汇总表　　D.一次凭证和累计凭证

5.“材料耗用汇总表”属于(　　)。

A.汇总记账凭证　　B.外来原始凭证　　C.汇总原始凭证　　D.自制记账凭证

6.收付款凭证适用于(　　)。

A.转账业务　　B.货币资金收付款业务

C.应收、应付款业务　　D.成本、费用结转业务

7.不在凭证左上角设置主体科目的记账凭证是(　　)

A.付款凭证　　B.转账凭证　　C.收款凭证　　D.原始凭证

8.将记账凭证分为收、付、转凭证的依据是 (　　)。

A.按反映的经济内容划分　　B.按凭证填制的手续划分的

C.按凭证的来源划分的　　D.按所包含的会计科目是否单一划分的

9.从银行提取现金,按规定应编制(　　)。

A.现金收款凭证　　B.银行存款收款凭证

C.现金付款凭证　　D.银行存款付款凭证

10.从银行提取现金的业务登记现金日记账的依据是(　　)。

A.现金收款凭证　　B.现金付款凭证

C.银行存款收款凭证　　D.银行存款付款凭证

11.会计机构,会计人员对不真实、不合法的原始凭证应(　　)。

A.不予受理　　B.要求更正,补充

C.自己更正,补充　　D.给予受理,但要报告给行政领导人

12.下列原始凭证中,属于外来原始凭证的是(　　)。

A.入库单　　B.收到的收款收据　　C.工资结算表　　D.差旅费报销单

13.收款凭证的左上角填写(　　)。

A.借方科目　　B.增加的科目余额　　C.贷方科目　　D.减少的科目余额

14.付款凭证的左上角填写(　　)。

A.借方科目　　B.借方科目与金额　　C.贷方科目　　D.贷方科目与金额

15.将现金存入银行时,应填制(　　)。

A.转账凭证　　B.现金付款凭证　　C.记账凭证　　D.银行存款付款凭证

16.转账凭证的右上角填制(　　)。

A.借方科目　　B.借贷方金额　　C.凭证字号　　D.贷方科目

17.销售一批产品,部分货款收回银行,部分货款对方暂欠时,应填制的记账凭证是(　　)。

A.收款凭证和转账凭证　　B.付款凭证和转账凭证

C.两张转账凭证　　D.收款凭证和付款凭证

18.下列单据中,不能作为原始凭证的是(　　)。

A.发货票　　B.领料单

C.银行存款余额调节表　　D.工资结算汇总表

19.下列单据中,属于原始凭证的是(　　)。

A.折旧计算表　　B.销售合同　　C.生产计划　　D.委托加工协议

20.记账凭证与所附原始凭证的金额(　　)。

A.必须相等　　B.可能相等　　C.可能不相等　　D.一定不相等

21.编制记账凭证时,对记账凭证所附原始凭证的张数(　　)。

A.可以不反映　　B.是否反映由领导决定

C.有的可以反映,有的不必反映　　D.必须反映

22.对于现金和银行存款之间的相互划转业务,为了避免重复记账,一般只编制(　　)。

A.收款凭证　　B.付款凭证　　C.转账凭证　　D.结算凭证

23.以下不属于一次原始凭证的是(　　)。

A.限额领料单　　B.领料凭证汇总表　　C.发货单　　D.收料单

24.以下可作为原始凭证的是(　　)。

A.购货合同　　B.车间派工单　　C.材料请购单　　D.产品成本计算表

25.企业的领料单、借款单不是(　　)。

A.原始凭证　　B.自制凭证　　C.累计凭证　　D.一次凭证

26.下列不属于记账凭证审核的主要内容的是(　　)。

A.与所附原始凭证的内容是否一致　　B.有关项目是否齐全一

C.会计科目与账户对应关系是否一致　　D.有关人员是否签字盖章

27.不属于填制记账凭证的依据有(　　)。

A.原始凭证　　B.原始凭证汇总表

C.自制原始凭证　　D.收、付、转账凭证

三、实训题

习题一

说明下列经济业务应编制哪种专用记账凭证。

(1)从银行提取现金。

(2)销售商品一批,货款暂未收到。

(3)购买一批材料,货款已经从银行账户上划走。

(4)车间领用原材料一批,生产产品。

(5)用银行存款支付广告费。

(6)销售产品一批,货款已经存入银行。

习题二

目的:练习记账凭证的填制。

资料:闽发公司 2021 年 10 月份发生下列经济业务:

(1)2 日,向大明公司购入材料 5 000 元,已验收入库,进项税额 850 元及货款未付。

(2)3 日,以银行存款支付上月税金 4 000 元。

(3)3 日,以现金预付车间职工李明探亲旅费 2 000 元。

(4)3 日,以银行存款支付车间生产用电费 4 500 元。

(5)3 日,从银行提取现金 500 元。

(6)4 日,以现金 150 元购买厂部办公用品。

(7)4 日,以银行存款支付前欠益闽公司货款 20 000 元。

(8)5 日,生产车间制造产品领用材料 4 500 元,一般耗用领用材料 1 000 元。

(9)8 日,向工商银行借入短期借款 50 000 元,存入银行。

(10)8 日,售给华丰公司产品 100 件,每件售价 350 元,货款及销项税额4 550元尚未收到。

(11)10 日,用银行存款购入不需安装的设备一台,价值为 30 000 元,当即交付生产车间使用。

(12)12 日,以银行存款支付电话费 800 元。

(13)13 日,售给泉州电器公司产品 300 件,每件售价 350 元,销项税额13 650元,款项均已收存银行。

(14)14 日,从银行提取现金 40 000 元备发工资。

(15)15 日,用现金发放职工工资 40 000 元。

(16)18 日,采购员王平出差回来,报销差旅费 450 元,原预支 500 元,现交来现金 50 元。

(17)20 日,向益闽公司购入材料 15 000 元,已验收入库,进项税额 1 950 元,款项当即以银行存款支付。

(18)20 日,以银行存款 5 000 元支付前欠大明公司的材料款。

(19)25 日,以银行存款 1 200 元支付照明用电费,其中公司管理部门照明耗用 800 元,车间照明耗用 400 元。

(20)26 日,售给华达公司产品 100 件,每件售价 350 元,销项税额 4 550 元,款项均未收到。

(21)28 日,收到华丰公司所欠货款 40 950 元,存入银行。

(22)31 日,将本月工资转账,其中生产工人工资 30 000 元,车间管理人员工资 3 000 元,厂部管理人员工资 7 000 元。

(23)31 日,按工资总额的 14%提取职工福利费。

(24)31 日,按规定计提本月固定资产折旧 15 000 元,其中车间固定资产折旧为 12 000元,厂部用固定资产折旧为 3 000 元。

(25)31 日,预提本月应负担的短期借款利息 1 000 元。

(26)31 日,摊销本月应负担的财产保险费 100 元。

(27)31 日,结转本月已完工的 480 件产品的实际生产成本 100 800 元。

(28)31 日,结转本月 500 件已销产品的销售成本 107 500 元。

(29)31 日,结转本月城市维护建设税 3 500 元。

(30)31 日,经计算,本月应交所得税为 67 000 元,予以登记。

要求:

(1)根据以上经济业务,分别填制收款凭证、付款凭证、转账凭证或通用记账凭证。

(2)指出上述记账凭证后应附哪些原始凭证。

第6章 会计账簿

学习目标：

1.了解会计账簿的意义。

2.明确会计账簿的设置和种类。

3.掌握登记会计账簿的一般规则要求。

技能要求：

1.学会会计账簿的登记方法。

2.学会错账的更正方法。

3.学会结账和对账的方法。

第一节　会计账簿的概念和分类

一、会计账簿的概念和作用

(一)会计账簿的概念

会计账簿简称账簿，是指由具有专门格式、相互联系的账页组成，按照会计科目开设账户、账页，以会计凭证为依据，连续、分类、系统、全面地记录和反映各项经济业务的簿籍。设置和登记账簿是会计核算专门方法之一。

通过上章内容的介绍，我们知道了通过填制和审核会计凭证，可以对生产经营过程中发生的全部经济业务进行初始的反映和监督，但由于会计凭证的种类和数量较多，每一张会计凭证只能反映某一项或某一类经济业务的具体情况，不能对会计主体在某一会计期间的经济业务进行连续、分类、系统、全面地反映和监督，不具有系统性，不能完全满足会计信息使用者管理和决策的需要。因此，必须在填制和审核会计凭证的基础上，把分散在会计凭证中的零散资料进行归集、整理，使之提供的信息能够满足使用者的需求。

设置账簿就是在一定格式的账页上填写会计科目名称，该账页成为反映和记录该会计科目所核算内容的账户。账页是账户的载体，账簿是账页的集合。登记账簿就是根据记账凭证中注明的会计科目名称、记账方向、金额等，将经济业务内容记入设立在账簿中的账户内，对会计核算资料进行分门别类的登记、核算。

(二)会计账簿的作用

设置和登记会计账簿是会计工作的一个重要环节，是会计核算的专门方法。科学地设置账簿和正确地登记账簿，对完成会计核算任务，加强企业管理起着非常重要的作用。

归纳起来,会计账簿的作用如下:

1.为经营管理提供连续、系统、完整的会计信息

通过设置和登记账簿,可以对经济业务进行序时的、分类的核算,将分散的核算资料系统化。账簿记录既可以提供总括的核算资料,也可以提供详细、分类的核算资料,还可以提供序时的核算资料。

2.有利于加强经济责任制,考核企业的经营情况

账簿提供了一定会计期间资产、负债、所有者权益的增减变动情况和结果及一定会计期间收入、费用、成本和财务成果等资料。通过账簿记录,可以了解经济活动的运营情况,掌握本单位的财务状况和经营成果,有利于加强财产物资的核算与管理,有利于增收节支,控制成本费用,有利于评价、考核会计主体的经营情况。

3.为编制财务会计报告提供资料

设置和登记账簿是编制会计报表的基础,会计主体编制的各种会计报表都是以账簿记录为依据的,账簿的设置和登记是否准确、真实、全面、及时,直接影响财务会计报告的质量。

二、会计账簿的分类

不同单位的经济业务都具有各自的特点,生产和经营的具体要求也不同,会计核算中应用的账簿种类繁多,为了更好地使用各种账簿,有必要对账簿按照不同的标准进行分类。常见的分类有以下几种:

(一)账簿按用途分类

账簿的用途是指账簿用来登记什么经济业务以及如何进行登记。账簿按用途不同可分为序时账簿、分类账簿和备查账簿三类。

1.序时账簿

序时账簿又称为日记账,是按照经济业务发生或完成时间的先后顺序,逐日逐笔进行登记的账簿。日记账又可分为普通日记账、转账日记账和特种日记账。普通日记账是用来记录全部经济业务的序时账簿,也称为分录簿;转账日记账是用来记录转账业务的序时账簿;特种日记账是用来登记内容相同的特定类别经济业务的序时账簿。在我国,大多数企业一般只设置库存现金日记账和银行存款日记账,而不设置普通日记账和转账日记账。

2.分类账簿

分类账簿是根据经济业务的性质和类别,按照总分类账户和明细分类账户设置的,对所有经济业务进行分类登记的账簿。按其提供会计信息的详细程度不同,分类账簿又可分为总分类账簿和明细分类账簿。总分类账簿简称总账,是根据总分类科目设置的,登记全部经济业务的账簿;明细分类账簿简称明细账,是根据总分类科目所属的明细分类科目开设的,用来登记某一类经济业务的账簿。总分类账簿提供总括核算资料,统驭明细分类账簿;明细分类账簿提供详细、具体的核算资料,对总分类账簿起补充说明的作用。

3.备查账簿

备查账簿又称为辅助账簿,是对某些在序时账簿和分类账簿等主要账簿中未能记载

或记载不全的经济业务进行补充登记的账簿。它可以为经营管理提供某些补充资料。例如,经营性租入固定资产、应收票据贴现备查账就是最典型的备查账簿。是否设置或设置多少备查账簿应视实际需要而定,一般在特定时间或发生特定经济业务时才设置。如对经营性租入的固定资产,会计主体对其没有所有权,因而不能在"固定资产"账户中进行核算,为加强实物资产管理,保证租入固定资产的安全完整,就需要设置租入固定资产备查账簿,对经营租入固定资产进行登记。备查账簿没有固定格式,与其他账簿没有依存关系。

备查账簿与序时账簿和分类账簿相比有以下不同之处:

一是登记依据不同。备查账簿登记不需要记账凭证,甚至不需要一般意义上的原始凭证;

二是账簿的格式和登记方法不同。备查账簿的主要栏目不记录金额,它更注重用文字来表述某项经济业务的发生情况。例如,租入固定资产备查账簿,其登记依据主要是租赁合同和企业内部使用单位收到设备的证明,登记该备查账簿时也不需要编制记账凭证,该账簿的登记内容主要有:出租单位名称、合同号数、设备名称、规格、编号、设备原值、净值、租用时间、租金数额、租金支付方式、租用期间修理和改造的有关规定、期满退租方式等。

(二)账簿按外表形式分类

账簿按外表形式不同可分为订本式账簿、活页式账簿和卡片式账簿。

1.订本式账簿简称订本账

指账簿启用前,即将具有一定格式的账页连续编号并装订成固定账册的账簿。其优点是能够避免账页散失和防止被抽换,保证账簿记录的安全完整;缺点是不便于会计人员分工记账,不便于合理准确预留账页,在会计电算化环境下,不利于计算机打印记账。订本式账簿主要适用于比较重要、发生频繁的业务,如总分类账、库存现金日记账、银行存款日记账。

2.活页式账簿简称活页账

指账簿启用前,暂不对账页连续编号,而是将零散的具有一定格式的账页装在账夹内,可以随时根据需要取放、增减账页的账簿。当账簿登记完毕之后(通常是一个会计年度结束之后),才将账页予以装订,并加具封面;并给各账页连续编号。该类账簿的优点是有利于分工记账,比较方便和灵活,适宜计算机打印记账;其缺点是由于年末之前不装订在一起,如果管理不善,极容易造成账页散失或被抽换。活页账主要适用于各类明细分类账。

3.卡片式账簿又称为卡片账

指使用一定格式的卡片作为账页,存放在卡片箱里作为账簿,可以随时根据需要取放、增减。该类账簿的作用类似于活页账,主要用于固定资产的核算和实物管理。固定资产明细账一般采用卡片式账簿,它具有可以长期使用,又可能经常转移使用部门,因此,设置卡片账便于账簿能够随实物资产使用部门改变或存放地点转移而重新排列的优点。少数企业在材料核算中也可使用材料卡片账。

(三)账簿按账页格式分类

按账页格式不同,账簿可分为两栏式、三栏式、多栏式和数量金额式等。

1.两栏式账簿只有借方和贷方两个基本金额栏目，普通日记账和转账日记账一般采用两栏式。

2.三栏式账簿设有借方、贷方和余额三个基本金额栏目，库存现金日记账、银行存款日记账、总分类账及资本、债权和债务明细账一般采用三栏式。

3.多栏式账簿在账簿的两个基本金额栏目借方和贷方下再按需要分设若干个专栏，但专栏设置在借方，还是设置在贷方，或是两方同时设置专栏，设多少专栏，应根据需要确定。收入、成本费用明细账一般采用多栏式。

4.数量金额式账簿在借方、贷方和余额三个栏内，分别设置“数量”、“单价”、“金额”三小栏，借以反映财产物资的实物数量和价值量。

5.横线登记式账簿实际也是一种多栏式明细账，其登记方法是采用横线登记，即将每一相关的经济业务登记在同一行，可依据每一行各个栏目的登记是否齐全来判别该项经济务的进展情况。材料采购业务、一次性备用金业务一般采用横线登记式。

会计账簿常见的分类情况可归纳如图 6-1 所示。

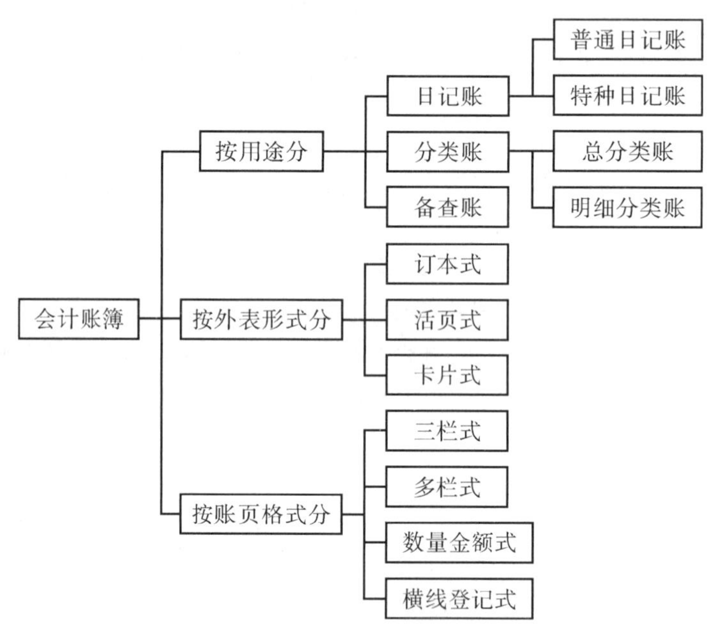

图 6-1 账簿分类图

第二节 会计账簿的内容、启用和登记规则

一、会计账簿的基本要素

由于会计反映的经济业务不同，会计账簿的格式多种多样，其包含的具体内容也不尽相同，但各种账簿一般应具备以下基本要素：

第一，封面。封面主要载明账簿名称和记账单位名称，如“总分类账”、“库存现金日记账”、“原材料明细账”等。

第二，扉页。扉页主要载明账簿启用和交接情况、科目索引等内容。

第三，账页。账页是构成账簿的核心内容，主要内容包括：账户名称、日期栏、凭证种类和号数栏、摘要栏、金额栏、总页数和分页数。其具体格式因反映经济业务的内容不同而有所不同。

二、会计账簿的启用规则

在启用账簿时，应在账簿的相应位置详细载明：单位名称、账簿名称、账簿编号、账簿页数（如为活页账应在装订成册后写明页数）和启用日期、记账人员和会计主管人员的姓名，并加盖公章和经管人员的名章。中途更换记账人员时，应认真填写交接日期、接办人员和监交人员，并签字或盖章，以明确责任。上述内容通常设置“账簿启用和经管人员一览表”（如表 6-1 所示），装订在账簿的扉页。

表 6-1　账簿启用和经管人员一览表

账簿名称——　　单位名称——
账簿编号——　　账簿册数——
账簿页数——　　启用日期——
会计主管——　　记账人员——

移交日期			移交人		接管日期			接管人		会计主管人员	

三、会计账簿的登记规则

为了保证账簿记录的正确和清晰，保证会计核算的质量，明确记账责任，记账时必须遵守以下规则。

第一，根据审核无误的会计凭证登记。为保证账簿记录的正确性，记账时必须根据审核无误的会计凭证，按账页项目要求和账页行次顺序连续登记。按岗位责任制和内部控制制度的要求，记账人员应对已审核的凭证进行再次审核，对发现的会计凭证中存在的问题，应向会计主管人员反映。不担任填制凭证工作的记账人员，不得自行更改记账凭证内容。

第二，登记账簿要及时。登记账簿的间隔时间没有统一规定，一般视会计主体采用的核算形式、经济业务的多少而定。总分类账一般定期汇总登记；明细分类账的登记时间间隔要短于总账，既可以每日逐笔登记，也可以每隔 3～5 天定期登记；现金日记账和银行存款日记账应每天登记，以满足货币资金日清月结的要求，随时掌握银行存款的余额，避免开出空头支票；债权债务明细分类账也应每天登记，以便随时与对方结算。

第三，内容要完整准确。根据会计凭证登记账簿时，应将会计凭证日期、编号、经济业务内容摘要、金额和其他有关资料逐项记入账簿，做到数字准确、摘要清楚、字迹工整。账簿记录中的日期，应该填写记账凭证上的日期。

第四，按顺序连续登记。各种账簿要按页码顺序连续登记，不得跳行、隔页。如发生跳行、隔页，应将空行、空页画对角线注销，注明“作废”字样，或注明“此行空白”、“此页空白”的字样，并加盖记账人员印章。对于订本式账簿，不得任意撕毁，对活页账簿也不得任意抽换账页。

第五，注明记账符号。账簿登记完毕，记账人员应在记账凭证上签名或盖章，并注明记账符号，以避免漏记、重记。

第六，登记账簿的书写要求。

一是登记账簿必须用蓝、黑墨水书写，不得使用圆珠笔(银行的复写账簿除外)或铅笔书写。

二是摘要栏应简明清晰，金额栏数字书写应清楚，账簿中书写文字和数字不要写满格，文字和数字上面要留有空隙，字体大小一般占格距的1/2，这样一旦发生错误，便于进行更正。

三是下列几种情况可使用红墨水记账：

①根据红字冲账的记账凭证，冲销错误记录。

②在不设借贷等栏的多栏式明细分类账页中，登记减少数。

③在三栏式账户的余额栏前，如未设余额方向栏，在余额栏登记负数余额。

④期末结账画线。

⑤会计制度规定的可以用红字登记的其他记录。

除上述情况外，不得使用红墨水登记账簿。

第七，结出余额。凡需要结出余额的账户，结出余额后，应当在“借或贷”等栏内写明“借”或者“贷”等字样。没有余额的账户，应当在“借或贷”栏内写“平”字，并在余额栏内用“0”表示，余额栏内的“0”应记入“元”位。

第八，过次承前。每一账页登记完毕结转下页时，应当结出本页合计数及余额，写在本页最后一行和下页第一行相应栏内，并在本页和下页摘要栏内注明“过次页”和“承前页”字样；也可以将本页合计数及金额只写在下页第一行有关栏内，并在摘要栏内注明“承前页”字样。

对需要结计本月发生额的账户，结计“过次页”的本页合计数应当为自本月初起至本页末止的发生额合计数；对需要结计本年累计发生额的账户，结计“过次页”的本页合计数应当为自年初起至本页末止的累计数；对既不需要结计本月发生额也不需要结计本年累计发生额的账户，可以只将每页末的余额结转次页。

第九，账簿记录发生错误时，不准涂改、挖补、刮擦或者用药水消除字迹，更不准重新抄写，应按规定的方法进行更正。

第三节 会计账簿的格式设置和登记方法

一、日记账的格式设置和登记方法

(一)特种日记账的格式设置与登记方法

特种日记账是指专门记录某一类经济业务的日记账。我国常用的特种日记账是库存现金日记账和银行存款日记账。

1.库存现金日记账的格式设置与登记方法

库存现金日记账是用来核算和监督库存现金每天收入、支出和结存情况的账簿。为了及时掌握库存现金的收付和结存情况,加强货币资金的管理,各个单位必须设置"库存现金日记账"。库存现金日记账外表形式必须采用订本式,账页格式可采用三栏式或多栏式。

库存现金日记账由出纳人员根据同现金收付业务有关的现金收款、现金付款记账凭证,以及与现金有关的银行付款记账凭证,按照时间先后顺序逐日逐笔登记,即收入栏根据现金收款凭证或与现金有关的银行付款凭证登记,支出栏根据现金付款凭证登记,每日业务终了,应分别结出当日现金收入和支出合计数及账面余额,结出的当日现金收入和支出合计数及账面余额应在当日最后一笔记录的下一行进行记录,不得跳行隔页,并在"摘要"栏注明"本日合计",在该行下面画一条通栏单红线,以便识别。库存现金账面余额计算公式如下:

库存现金本日余额=上日余额+本日收入合计-本日支出合计

每日结出的现金余额应与库存现金实有数核对相符,做到日清月结。

【例 6-1】华泰公司 2021 年 2 月 1 日,库存现金日记账余额为 856 元,当日发生三笔现金收付业务:从银行提取现金 5 200 元备用;报销差旅费 1 500 元;报销办公费 200 元。分别编制记账凭证如下:

银付 1 号:

借:库存现金　　5 200

　贷:银行存款　　　　5 200

现付 1 号:

借:管理费用　　1 500

　贷:库存现金　　　　1 500

现付 2 号:

借:管理费用　　200

　贷:库存现金　　　　200

根据上述记账凭证登记库存现金日记账如表 6-2 所示。

表 6-2 库存现金日记账

第 页

2021 年		凭证		摘 要	对方科目	收入	支出	结余
月	日	字	号					
2	1			期初余额				856.00
	1	银付	1	提取现金	银行存款	5 200.00		6 056.00
	1	现付	1	报销差旅费	管理费用		1 500.00	4 556.00
	1	现付	2	购买办公用品	管理费用		200.00	4 356.00
	1			本日合计		5 200.00	1 700.00	4 356.00

多栏式库存现金日记账是在三栏式的基础上演变发展起来的。采用多栏式账页，要在其收入栏、支出栏内均按对方科目设置专栏，即在收入栏设贷方科目(收入的来源)，在支出栏设借方科目(支出的用途)，登记账簿时，将对方科目填写在专栏内。月末结账时，可以结出各收入专栏和支出专栏的合计数，便于对库存现金收入、支出的合理性、合法性进行审核分析，检查财务收支计划的执行情况。其全月发生额还可以作为登记总账的依据。多栏式现金日记账的格式如表 6-3 所示。

表 6-3 库存现金日记账(多栏式)

第 页

年		凭证		摘要	收 入					支 出					结余
月	日	字	号		主营业务收入	应收账款	银行存款		合计	材料采购	管理费用	销售费用		合计	

2.银行存款日记账的格式设置与登记方法

银行存款日记账是反映银行存款收入、支出和结余情况的账簿。银行存款日记账格式与库存现金日记账的格式相同，可采用三栏式和多栏式两种。三栏式银行存款日记账的格式如表 6-4 所示。

表 6-4　银行存款日记账

第　　页

2021 年		结算凭证	凭证		摘要	对方科目	收入	支出	结余
月	日		字	号					
2	1				期初余额				150 000.00
	1	现金支票 010#	银付	1	提取现金	银行存款		5 000.00	145 000.00
	1	转账支票 223#	银收	1	收入存银行	主营业务收入	35 000.00		180 000.00
	1	转账支票 165#	银付	2	购买材料	材料采购		56 000.00	124 000.00
	1				本日合计		35 000.00	61 000.00	124 000.00

银行存款日记账由出纳人员根据同银行收付业务有关的银行收款、银行付款记账凭证，以及与银行存款有关的现金付款凭证，按照时间先后顺序逐日逐笔登记，即收入栏根据银行收款凭证或与银行有关的现金付款凭证登记，支出栏根据银行付款凭证登记，每日业务终了，应分别结出当日银行存款收入和支出合计数及余额。银行存款账面余额计算公式如下：

银行存款本日余额＝上日余额＋本日收入合计－本日支出合计

银行存款日记账应定期与银行对账单核对，每月至少核对一次。每月月末，本单位银行存款的账面余额与银行对账单余额如有差额，应查明原因进行处理，属未达账项造成的，应编制“银行存款余额调节表”试算调节相符。

（二）普通日记账的设置与登记

普通日记账是用来序时地登记全部经济业务的账簿，又称为分录簿。它一般只设置借方和贷方两个金额栏，以满足编制会计分录的需要。普通日记账的格式如表 6-5 所示。

表 6-5　普通日记账

2021 年		凭证号	摘　要	账户名称	记账	借方	贷方
月	日						
12	1	1	提取现金备用	库存现金 银行存款		1 000.00	 1 000.00
12	3	2	购买设备一批，款项暂欠	固定资产 应付账款—甲单位		20 000.00	 20 000.00

表 6-5 格式由于借贷方账户名称并没有分开，因此，在采用这种格式时，登记经济业务所涉及的账户名称要分两行（或多行）排列，并且借方在前，贷方在后，借贷方账户要错开。

企业设置使用普通日记账便于了解企业在一定时间内所发生的所有经济业务的全貌，把每一经济业务的应借应贷科目名称、金额汇于一处，并且有该项经济、业务的摘要可以考查,能够比较容易地发现记账错误;通过本月发生额合计,可以进行试算平衡。但普通日记账在记账时不便于分工合作,并且无法了解某一特定账户的发生额及余额的变化情况,记账工作量大。所以这种账簿适合规模较小,经济业务不多的企业。普通日记账在我国已很少使用。

二、总分类账的格式设置和登记方法

(一)总分类账的格式设置

总分类账是按照一级会计科目设置的,应用总分类账,可以全面、系统、总括地反映经济活动的情况和结果,可以为编制会计报表,会计分析提供总括的资料。因此,每一会计主体都必须设置总分类账。

总分类账一般采用订本式、三栏式账页。一本总分类账基本上包括了一个会计主体的所有一级账户。每个一级账户在总分类账中占有独立的账页,账页的多少,应视经济业务的多少而定。经济业务少的账户,只需一张账页,经济业务多的账户可以预留若干张账页。

三栏式总账的格式如表 6-6 所示。

表 6-6　总分类账

会计科目:　　　　　　　　　　　　　　　　　　　　　　　　　　　　第　　页

2021 年		凭证		摘　要	借方	贷方	借或贷	余额
月	日	字	号					

(二)总分类账的登记方法

总分类账的记账依据和登记方法取决于企业所采用的账务处理程序。目前,我国采用的账务处理程序主要有记账凭证账务处理程序、科目汇总表账务处理程序、汇总记账凭证账务处理程序等。企业应当根据本企业的实际情况选择相应的会计核算程序,并据以登记总账。无论采用何种登记方法,月份终了全部经济业务登记完毕后,必须结出本期借方发生额、贷方发生额和期末余额,并注明余额的性质。

例如:如果采用记账凭证账务处理程序,登记总账就是根据记账凭证逐笔连续登记各账户,即根据记账凭证的日期和编号,登记账户的"年月日"栏和"凭证字号"栏,写明"摘要",把应借、应贷的金额记入各该账户的借方栏或贷方栏,每日登记完毕应结出余额,并确定余额的性质(借或贷)。

三、明细分类账的设置和登记方法

明细分类账是根据总账所属的二级科目或明细科目开设的账簿，用以登记某一类经济业务，提供明细核算资料的账簿。它能够具体、详细地反映经济活动的情况和结果，有利于加强财产物资的管理，监督往来款项的结算，也能为编制会计报表提供必要的资料。因此，企业在设置总分类账的基础上，还应根据本单位经济业务的特点和企业管理的需要，设置必要的明细分类账。

明细分类账一般采用活页式账簿，其账页格式可根据各项经济业务的具体内容和经营管理的实际需要来设置。明细分类账的账页格式主要有三栏式、多栏式、数量金额式和横线登记式四种。

不同类型经济业务的明细账，可根据核算和管理的需要，依据记账凭证、原始凭证或原始凭证汇总表逐日逐笔或定期汇总登记。

(一)三栏式明细分类账

三栏式明细分类账账页格式与总分类账相同，一般只设“借方”、“贷方”和“余额”三个金额栏，如表 6-7 所示。这种明细分类账适用于只需要进行金额核算，不要求进行数量核算的明细账户，如“应收账款”、“应付账款”、“应交税费”、“实收资本”和“长期借款”等账户。

表 6-7　应收账款明细分类账

明细科目：　　　　　　　　　　　　　　　　　　　　　　　第　　页

2021 年		凭证		摘　要	借方	贷方	借或贷	余额
月	日	字	号					

三栏式明细分类账一般根据记账凭证及其所附原始凭证或原始凭证汇总表逐日逐笔登记或定期汇总登记，但应收、应付款等往来明细账应逐日逐笔进行登记。三栏式明细分类账中的“年月日”、“凭证字号”、“摘要”栏根据记账凭证相关栏目内容填写，“借方”金额和“贷方”金额栏根据记账凭证及其所附原始凭证或原始凭证汇总表中相关数字填写，并随时结出余额，并注明余额性质。月份终了时结算出本月发生额合计和期末余额。

(二)多栏式明细分类账

多栏式明细分类账是将属于同一总账科目下的各个明细科目在一张账页上进行登记的账簿。即多栏式明细分类账不按明细科目设置若干账页，而是在同一张账页上记录某一总分类科目下所属的各明细科目的内容。它适用于在总分类科目下分设有若干相对固定的明细科目或需要按经济业务明细项目提供详细资料的经济业务。

多栏式明细账有两种具体格式:第一种格式设有“借方”、“贷方”和“余额”三个基本栏,在“借方”和“贷方”栏再分别按明细科目设置专栏。这种格式适用于借方和贷方的经济业务发生都比较多的账户,如“生产成本”账户。“生产成本”多栏式明细账如表6-8所示。

表6-8 生产成本明细账

产品名称:A产品　　　　完工产品数量:

2021年		凭证		摘　要	借方(成本项目)				贷方	借或贷	余额
月	日	字	号		直接材料	直接人工	制造费用	合计			

第二种格式只设“借方”栏,不设“贷方”栏,在“借方”栏按明细科目分设专栏进行登记。这种格式适用于借方的经济业务发生比较多,而贷方的经济业务发生比较少的账户,如“制造费用”、“管理费用”、“销售费用”等成本费用账户。多栏式明细账的专栏数量应根据企业经营业务的特点、核算对象的内容、经营管理对核算指标数量、详细程度的要求和重要性原则确定,主要费用项目和经常发生的费用项目设专栏单独列示,不经常发生的或次要的费用项目可合并反映。由于这种格式的多栏式明细账只设“借方”栏在会计实务中已约定俗成,因而账页中省略“借方”字样。收入类总分类账户的明细科目较多时,也可采用只设“贷方”不设“借方”的多栏式明细账。

多栏式明细账登记时,借贷方发生额一般根据记账凭证上相应账户的借或贷金额逐笔登记,而对于只设借(或贷)栏,不设另一方金额栏及余额栏的账页,其减少金额通常用红字在相应的借(或贷)栏目中登记,以示与原发生额冲销。

例如,只设“借方”栏,不设“贷方”栏的“生产成本”多栏式明细账的格式如表6-9所示。

表6-9 生产成本明细账

产品名称:A产品　　　　完工数量:100件

2021年		凭证		摘　要	成本项目			合计
月	日	字	号		直接材料	直接人工	制造费用	

(三)数量金额式明细分类账

数量金额式明细分类账设置“借方”、“贷方”和“余额”三个基本栏目,每栏再分设“数量”、“单价”和“金额”三小栏,同时可以根据实际需要在账页的上端设置一些必要的项目。它以实物和货币两种计量单位同时核算经济业务所引起的实物数量变化和价值变化。

数量金额式明细分类账适用于既要进行金额核算,又要进行数量核算的明细分类账户,主要有“原材料”、“库存商品”、“固定资产”等财产物资账户。数量金额式明细分类账账页格式如表 6-10 所示。

表 6-10 原材料明细分类账

最高储量: 最低储量: 计量单位:
存放地点: 名称: 类别:

2021 年		凭证		摘 要	借方			贷方			余额		
月	日	字	号		数量	单价	金额	数量	单价	金额	数量	单价	金额

数量金额式明细分类账“借方”栏可根据记账凭证及其所附的原始凭证,逐笔登记数量、单价和金额,“贷方”栏和“余额”栏的登记因发出材料计价方法不同有差异,本书仅介绍购入物资单价完全相同情况下数量金额式明细账的登记方法。

(四)横线登记式明细分类账

横线登记式账簿实际也是一种多栏式明细账,其登记方法是采用横线登记,即将每一相关的经济业务登记在同一行,可依据每一行各个栏目的登记是否齐全来判别该项经济业务的进展情况。材料采购业务、一次性备用金业务一般采用横线登记式。如表 6-11 所示。

表 6-11 其他应收款——备用金明细账

2021 年		凭证	摘要	借方			年		凭证	摘要	贷方			余额
月	日	号		原借	补付	合计	月	日	号		报销	退款	合计	
3	6	7	王一	500										500
3	7	9	黎明	800		800	3	9	20	报销	700	100	800	0

四、总分类账与明细分类账的平行登记

所谓平行登记就是指对发生的经济业务,根据同一会计凭证,在同一会计期间内以相等的金额和相同的方向,既在有关总分类账户中进行总括登记,又在有关明细分类账户中

进行明细登记的方法。平行登记既可满足核算和管理上对总括会计信息和详细会计信息的需求，又可检查账簿记录的正确性和完整性。总分类账与明细分类账的平行登记要点可以概括为“依据相同，方向相同，期间相同，金额相等”。具体内容如下。

1.依据相同。依据相同是指登记总分类账户与登记其所属明细分类账户时应以相同的会计凭证为依据。

2.方向相同。一项业务的发生登记总分类账和明细账的方向必须一致。即在总分类账登记的是借方，那么在明细分类账中也应当登记在借方。

3.期间相同。期间相同是指同一会计期间，并非同时。即对发生的经济业务，在同一会计期间内，一方面记入有关总分类账，另一方面又记入其所属的明细分类账。

4.金额相等。金额相等是指记入总分类账的金额，应与记入其所属的明细分类账的金额合计数相等。

下面以“原材料”和“应付账款”为例说明总分类账与明细分类账之间的平行登记原理。

例：华泰公司 2021 年 3 月 1 日“原材料”、“应付账款”总分类账及其所属明细分类账的期初余额资料如表 6-12 和表 6-13 所示。

表 6-12　原材料总分类账与明细分类账期初余额

材料名称	计量单位	数　量	单　价	金　额
甲材料	千克	2 000	40	80 000
乙材料	千克	30	400	12 000
合　计				92 000

表 6-13　应付账款总分类账与明细分类账期初余额

债权人名称	应付账款贷方余额
东方公司	40 000
宏伟公司	10 000
合　　计	50 000

3 月份该公司发生下列经济业务（为举例方便下例暂不考虑增值税，材料核算不通过材料采购账户）：

（1）2 日，从东方公司购进甲材料 2 000 千克，货款 80 000 元，材料验收入库，货款暂欠。编制记账凭证转字 3 号如下：

借：原材料——甲材料　　80 000

　贷：应付账款——东方公司　　80 000

（2）10 日，从宏伟公司购进乙材料 15 千克，货款 6 000 元，材料验收入库，货款暂欠。

编制记账凭证转字 6 号如下：

借：原材料——乙材料　　6 000

　贷：应付账款——宏伟公司　　6 000

（3）16 日，用银行存款分别归还东方公司和宏伟公司材料款 70 000 元、10 000元。编制记账凭证银付 9 号如下：

借：应付账款——东方公司　　70 000

　　　　　　——宏伟公司　　10 000

　贷：银行存款　　80 000

(4)30 日，本月生产车间为生产产品领用材料汇总如表 6-14 所示。

表 6-14　领用材料汇总表

材料名称	计量单位	数　量	单　价	金　额
甲材料	千克	2 500	40	100 000
乙材料	千克	20	400	8 000
合　计				108 000

编制记账凭证转字 28 号如下：

借：生产成本　　108 000

　贷：原材料——甲材料　　100 000

　　　　　　——乙材料　　8 000

根据期初余额和上述会计分录登记“原材料”、“应付账款”总账及其所属明细账如表 6-15 和表 6-16、表 6-17、表 6-18、表 6-19、表 6-20 所示。

表 6-15　总分类账

账户名称：原材料　　　　第　　页

2021 年		凭证		摘　要	借方	贷方	借或贷	余额
月	日	字	号					
3	1			期初余额			借	92 000
	2	转	3	购入	80 000		借	172 000
	10	转	6	购入	6 000		借	178 000
	30	转	28	生产领用		108 000	借	70 000
	31			本期发生额及余额	86 000	108 000	借	70 000

表 6-16　原材料明细分类账

名称及规格：甲材料　　存放地点：略　　计量单位：千克　　第　　页

2021 年		凭证		摘要	借　方			贷　方			余　额		
月	日	字	号		数量	单价	金额	数量	单价	金额	数量	单价	金额
3	1			期初余额							2 000	40	80 000
	2	转	3	购入	2 000	40	80 000				4 000	40	160 000
	30	转	28	生产领用				2 500	40	100 000	1 500	40	60 000
	31			本月发生额及余额	2 000	40	80 000	2 500	40	100 000	1 500	40	60 000

表 6-17　原材料明细分类账

名称及规格:乙材料　　　　存放地点:略　　　　计量单位:吨　　　　第　　页

2021 年		凭证		摘要	借方			贷方			余额		
月	日	字	号		数量	单价	金额	数量	单价	金额	数量	单价	金额
3	1			期初余额							30	400	12 000
	10	转	6	购入	15	400	6 000				45	400	18 000
	30	转	28	生产领用				20	400	8 000	25	400	10 000
	31			本月发生额及余额	15	400	6 000	20	400	8 000	25	400	10 000

表 6-18　总分类账

账户名称:应付账款　　　　第　　页

2021 年		凭证		摘　要	借方	贷方	借或贷	余额
月	日	字	号					
3	1			期初余额			贷	50 000
	2	转	3	欠采购甲材料款		80 000	贷	130 000
	10	转	6	欠采购乙材料款		6 000	贷	136 000
	16	银付	9	归还欠材料款	80 000		贷	56 000
	31			本期发生额及余额	80 000	86 000	贷	56 000

表 6-19　应付账款明细分类账

账户名称:东方公司　　　　第　　页

2021 年		凭证		摘　要	借方	贷方	借或贷	余额
月	日	字	号					
3	1			期初余额			贷	40 000
	2	转	3	欠采购甲材料款		80 000	贷	120 000
	16	银付	9	归还欠材料款	70 000		贷	50 000
	31			本期发生额及余额	70 000	80 000	贷	50 000

表 6-20　应付账款明细分类账

账户名称:宏伟公司　　　　第　　页

2021 年		凭证		摘　要	借方	贷方	借或贷	余额
月	日	字	号					
3	1			期初余额			贷	10 000
	10	转	6	欠采购乙材料款		6 000	贷	16 000
	16	银付	9	归还欠材料款	10 000		贷	6 000
	31			本期发生额及余额	10 000	6 000	贷	6 000

将上述明细分类账发生额与余额表的数据与总分类账进行比较可以看出,“原材料”、“应付账款”两个总分类账户的期初余额、本期借方发生额、本期贷方发生额和期末余额,分别与其所属明细账户的期初余额合计数、本期借方发生额合计数、本期贷方发生额合计数和期末余额合计数相等,说明总分类账及其所属明细分类账户的平行登记正确。

第四节 对账和结账

一、对账

所谓对账是指会计人员对账簿记录所进行的核对工作。对账是企业内部会计控制的一个重要环节,会计人员不仅要做好记账、算账的工作,还应定期将会计账簿记录的有关数字与库存实物、货币资金、有价证券及往来单位或个人进行核对,通过对账可以发现和纠正账簿记录的错误,做到账证、账账和账实相符,保证账簿所提供的会计资料正确、真实、可靠。

(一)账证核对

由于会计账簿是依据会计凭证登记的,因此,记账完毕后,要将账簿记录与会计凭证核对。账证核对是指将各种账簿记录与记账凭证及其所附原始凭证进行核对。账证核对的主要内容是核对账簿记录与会计凭证的时间、凭证编号、内容、记账方向、金额是否一致。这种核对一般在日常编制凭证和记账过程中进行。如果会计期末发现账证不符,必须重新进行账证核对。这时的账证核对一般是通过试算平衡发现记账错误后,再按一定的线索进行。

(二)账账核对

各个会计账簿是一个有机的整体,既有分工,又有衔接,这种衔接关系为账账核对奠定了基础。账账核对是指对各种账簿之间的有关记录进行核对。账账核对一般是在账证核对的基础上进行的,账账核对的主要内容包括:

1.总分类账各账户的借方期末余额合计数与贷方期末余额合计数核对相符。总分类账各账户之间存在如下平衡关系:

总分类账各账户本期借方发生额合计应等于总分类账各账户本期贷方发生额合计;总分类账各账户本期借方余额合计应等于总分类账各账户本期贷方余额合计。通过这种平衡关系,可以检查总账记录是否正确、完整。这项核对工作通常通过编制“总分类账户发生额及余额试算平衡表”来完成。

2.总分类账与其所属明细分类账的核对。总分类账各账户的期末余额应与其所属的各明细分类账的期末余额之和核对。

3.总分类账簿与序时账簿的核对。总分类账中的“库存现金”、“银行存款”账户的记录与现金日记账和银行存款日记账的期初余额、本期借方发生额、本期贷方发生额和期末余额核对相符。

4.明细分类账簿之间的核对。会计部门的账簿与财产保管部门的账簿、使用部门的

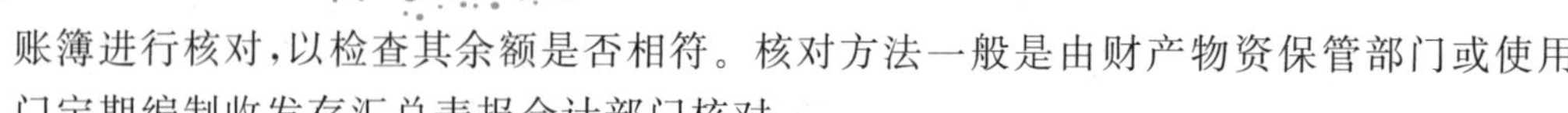

账簿进行核对，以检查其余额是否相符。核对方法一般是由财产物资保管部门或使用部门定期编制收发存汇总表报会计部门核对。

（三）账实核对

账实核对是指将各种财产物资明细账的期末余额与实际结存数之间的核对。账实核对是在账账核对的基础上进行的，一般结合财产清查进行，账实核对的主要内容包括：

1.库存现金日记账账面余额与库存现金实际库存数额核对是否相符。

2.银行存款日记账账面余额与银行对账单核对相符，每月至少核对一次。如果在月终核对发现不符，企业应编制“银行存款余额调节表”。

3.有关债权债务明细账账面余额与对方单位的账面记录核对，一般是编制往来款项对账单送交对方进行核对，必要时进行函证法进行核对。

4.各种财产物资明细分类账余额应与各种财产物资清查盘点的实际结存数核对相符。

二、结账

（一）结账的意义

结账就是将一定时期（月末、季末、年末）发生的经济业务在全部登记入账的基础上，按照规定的方法结算出各账户本期发生额和期末余额，以便能及时反映企业的财务状况、计算经营成果，编制会计报表。

（二）结账的程序

1.检查本期发生的应该办理会计手续的经济业务是否已全部入账，并保证其正确性。既不允许为了赶编报表提前结账，也不能把结账工作有意推迟。

2.按权责发生制原则的要求，将应由本期承担的费用和应计入当期的收入均已登记入账。编制有关的账项调整的记账凭证，并据以登记入账。

3.结平所有损益类账户。将损益类账户中各项收入和费用结转至“本年利润”账户。

4.计算出资产类、负债类和所有者权益类账户的本期发生额和期末余额，并结转下期。

（三）结账的方法

结账工作通常是按月进行，分月结、季结和年结三种。结账的时间应该在会计期末进行。结账的方法一般采用画线结账法进行。月结画通栏单红线，年结画通栏双红线。

1.库存现金、银行存款日记账和需要按月结计发生额的“收入”、“费用”等明细账，每月结账时，在最后一笔经济业务记录下面画一条单红线，在这条线下面一行的摘要栏写“本月合计”，分别结出本月借贷方发生额合计及期末余额，在这行下面再画一条通栏的单红线，以便与下月发生额相区别。

2.对于不需要月结的账户，如应收应付款项，每次记账后都要随时结出余额，每月最后一笔余额即为月末余额。结账时，在最后一笔记录下面画一条单红线，以示与下月记录相区别。需要结出本月发生额的账户，如果一个月内就一笔发生额，此时，只需在这笔记录下面画一条线即可，不必在下一行结计本月合计数。

3.对于需要结计本年累计发生额的某些明细账户，如“主营业务收入”、“主营业务成本”

明细账等，每月结账时，在月结的基础上，在下面一行的摘要栏写上“本年累计”，结出自年初至本页止的累计发生额，在累计数下面再画一条单红线，与下月区别。年末，年结时在累计数下面画通栏双红线，表示本年结账。

4.总账账户平时只结出月末余额，年终结账时，还需将所有总账账户结出全年发生额和年末余额，在摘要栏注明“本年合计”，并在合计数下画通栏双红线。

5.年度结账时，凡有余额的账户，其余额都需要转入下年，转入下年时，在摘要栏注明“结转下年”；在下年的新账页的第一页第一行摘要栏应注明“上年结转”字样。账簿跨年度使用的，不必写“上年结转”，直接在上年的双红线下面记录即可。

第五节　错账的查找和更正

在记账过程中，可能发生各种各样的错误，如出现错误，应迅速查找，并及时更正，不允许掩盖错误。为了迅速的查找错误并及时更正，首先必须运用合理的方法查找错账。错账的查找方法主要有差数法、倍数法、除九法等，然后再确定错账的类型；其次再对账簿中的错误按照错账更正的方法进行更正。

一、错账的查找方法

1.差数法

差数法就是指记账人员先确定错账的差异数，然后根据差异数在账簿中查找与这个差异数相同的数字的一种方法。有时，记账人员由于疏忽大意漏记某个数字，使得账与账之间不符，其差额即为漏记的数字。例如，接受投资者投入的设备，计入到固定资产的金额为 200 000 元，记账时漏记了“实收资本”账户。在试算平衡表上，资产总额为 13 000 000元，而负债和所有者权益方为 12 800 000 元，其差额 200 000 元是漏记的“实收资本”的金额。查错时就要特别留意金额为错误数的经济业务，看其是否被漏记。这种方法适用于重记、漏记账目形成的错账。

2.倍数法，又称为除二法

倍数法是指记账人员先算出借方和贷方的差额，再根据差额的一半查找错误的方法。例如，原银行存款余额为 1 000 000 元，销售一批商品取得收入 200 000 元存入银行，应计入银行存款账户的借方，期末余额应该是 1 200 000 元，但是记账人员将此业务错误的计入银行存款账户的贷方，致使期末余额变成了 800 000 元，相差 400 000 元，用这个差额数字除以 2 得 200 000，便是错误数。在查找时就应该着重注意有无 200 000 元的业务记反方向的情况。这种方法适用于记账方向错误形成的错账。

3.除九法

除九法是指记账人员先算出借方和贷方的差额，再将差额除以 9 查找错误的方法。该方法适用于数字错位、数字颠倒形成的错账。

数字错位是指把数字的位置写错，包括小数点向左滑动和小数点向右滑动两种情况。小数点向左滑动，如将 167.9 写为 16.79，其差数为 151.11。其查找方法为：以差数除以 9

后得出的商即为写错数字，商乘以 10 即为正确数字，如上例差数 151.11 除以 9 的商为 16.79 即为错数，16.79 乘以 10 的积 167.9 即为正确数字。小数点向右滑动，如将 167.9 写为 1 679，其差数为1 511.1。其查找方法为：以差数除以 9 后得出的商为正确的数字，商乘以 10 后的积为错误数字，上例差数 1 511.1 除以 9，所得的商 167.9 为正确数字，167.9乘以 10 的积 1 679 为错误数字。

数字颠倒是指相邻两个数字顺序颠倒，也称为“换位”，如将 26 500 元错记为 25 600 元，差异数是 900 元，将差异数被 9 除，商是 100 元，这表明数字颠倒发生在百位和千位之间。商数的首位是 1，颠倒的两个数字之间的差异是 1。因此，可以在账簿记录中查找千位数和百位数分别为 2 与 1、3 与 2、4 与 3、5 与 4、6 与 5、7 与 6、8 与 7、9 与 8 的数字，如 21、32、43 等，并查阅相应业务的记账凭证，核对记账时是否发生数字颠倒错误。

二、错账的更正

如账簿记录发生错误，不可随意涂改、挖补、刮擦或用化学药水等方法进行更改，应根据差错的发生情况采用规定的方法进行更正。更正错账的方法有三种：划线更正法、红字更正法和补充登记法。

（一）划线更正法

划线更正法是指用划线的方法将原账簿记录上的错误数字或文字用红线划去，表示注销。该方法一般适用于以下两种错误的更正：

一是结账前，记账凭证正确，只是过账时发生文字、数字、方向有误；

二是账簿中结计发生额或余额有误。

具体更正方法为：将错误的文字或数字划一条红色的横线注销，但必须使原有的字迹清晰可辨认，然后在划线上方或其他正确的位置，用蓝字填写正确的文字或者数字，并由记账人员在更正处盖章，以明确责任。对于错误的数字，应当全部划红线更正，不得只更正其中的个别错误数字；对于文字错误，可只划去错误的部分。

（二）红字更正法

红字更正法又称为红字冲销法，是指用红字冲销或冲减原记录数额以更正账簿记录错误的一种方法。该方法一般适用于以下两种情况：

一是记账后，发现记账凭证中应借应贷会计科目使用错误，但金额正确，从而导致登账错误。具体做法为：先用红字金额填写一张与错误记账凭证内容相同的记账凭证，并据以用红字登记入账，冲销原错误记录；再用蓝字重新编制一张正确的记账凭证，并据以用蓝字登记入账。

例：华泰公司计提车间的固定资产折旧 10 000 元，填制记账凭证时，做以下会计分录，并已登记入账。

借：管理费用　　10 000

　贷：累计折旧　　10 000

记账后发现会计科目使用有误。

更正时，应先用红字填写一张与错误记账凭证内容相同的记账凭证，并据以用红字登记入账。

借:管理费用　　　　10 000

　贷:累计折旧　　　　10 000

冲销原错误记录后,用蓝字编制一张正确的记账凭证,并用蓝字登记入账。

借:制造费用　　　　10 000

　贷:累计折旧　　　　10 000

二是记账后,发现所依据的记账凭证应借应贷会计科目并无错误,只是所记金额大于应记金额。具体做法为:按多记金额用红字编制一张与错误记账凭证应借应贷会计科目相同的记账凭证,并据以用红字登记入账,以冲减多记金额。

例:华泰公司收到客户电汇销售收入款 180 000 元,填制记账凭证时,做以下会计分录,并已登记入账。

借:银行存款　　　　200 000

　贷:主营业务收入　　　　200 000

记账后发现多记金额 20 000 元,更正时,按多记金额用红字编制一张与错误记账凭证内容相同的记账凭证,并据以用红字登记入账,冲减原多记金额。

借:银行存款　　　　20 000

　贷:主营业务收入　　　　20 000

(三)补充登记法

补充登记法是用增加差额以更正账簿记录错误的一种方法。记账以后,如果发现记账凭证中的会计科目无错误,而是所记金额小于应记的金额,导致账簿记录错误,可采用补充登记法进行更正。

具体更正法为:按少记金额用蓝字编制一张与错误记账凭证应借应贷会计科目相同的记账凭证,并据以用蓝字登记入账,以补充少记金额。

例:华泰公司收到客户电汇前欠货款 53 000 元,填制记账凭证时,做以下会计分录,并已登记入账。

借:银行存款　　　　50 000

　贷:应收账款　　　　50 000

记账后发现少记金额 3 000 元,更正时,按少记金额用蓝字编制一张与错误记账凭证应借应贷会计科目相同的记账凭证,并据以用蓝字登记入账,以补充少记金额。

借:银行存款　　　　3 000

　贷:应收账款　　　　3 000

使用红字更正法和补充登记法填制更正错误记录的记账凭证时,均应在记账凭证摘要栏注明原记账凭证的日期、编号和更正理由,以便日后查核,如“补记×月×日×号凭证少记金额”。

小知识

会计账簿中常见的虚假情况

1.不按规定设账、记账;2.涂改、销毁、损坏账簿;3.不正当挂账;4.收入不入账;5.结账作假;6.账证不符;7.账账不符;8.账实不符;9.账表不符;10.设置账外账。

本章小结

设置账簿是会计工作的一个重要环节，登记账簿是会计核算的基本方法之一，在会计信息处理过程中居于中心地位。

账簿是指由具有专门格式、相互联系的账页组成，以会计凭证为依据，连续、分类、系统、全面地记录和反映各项经济业务的簿籍。账簿按用途分类分为日记账、分类账和备查账；按外表形式分为订本账、活页账和卡片账；按账页格式不同分为两栏式、三栏式、多栏式和数量金额式等。

会计主体应根据经营特点、管理需要和核算对象的特点，设置一定种类的账簿，应该根据本单位所选用的账务处理程序来登记账簿。

会计人员还要做好对账工作，来保证会计账簿记录质量。对账包括账证核对、账账核对、账表核对、账实核对四方面内容。

在会计期末，会计人员还要结账。结账时发现错误还应正确的选用错账更正方法进行更正。错账更正方法有划线更正法、红字更正法、补充登记法三种。

课后作业

一、思考题

1.什么是会计账簿？会计账簿如何分类？

2.账簿的启用与登记有什么规则？

3.日记账、总账和明细账如何设置和登记？

4.总分类账和明细分类账平行登记的要点是什么？

5.如何查找错账？更正错账的方法有哪些？

6.什么是对账和结账？

二、练习题

(一)单项选择题

1.用于分类登记某一类交易或事项，提供有关明细核算资料的账簿是(　　)。

A.总分类账　　B.日记账　　C.明细分类账　　D.备查账簿

2.从银行提取现金，登记现金日记账的依据是(　　)。

A.现金收款凭证　　B.银行存款收款凭证

C.现金付款凭证　　D.银行存款付款凭证

3.登记账簿的依据是(　　)。

A.经济合同　　B.会计分录　　C.会计凭证　　D.会计报告

4.下列各项中，(　　)应设置备查账簿进行登记。

A.融资租入固定资产　　B.经营性租入固定资产

C.无形资产　　D.资本公积

5.下列账簿中,(　　)可以采用卡片式账簿。

A.固定资产总账　　B.日记账

C.固定资产明细账　　D.材料明细账

6.下列明细账中,不宜采用三栏式账页格式的是(　　)。

A.应收账款明细账　　B.生产成本明细账

C.固定资产明细账　　D.短期借款明细账

7.银行存款日记账和开户银行账目的核对,是(　　)。

A.账证核对　　B.账账核对　　C.账实核对　　D.账表核对

8.在结账前发现账簿记录有文字或数字错误,而记账凭证没有错误,可以采用(　　)予以更正。

A.红字更正法　　B.划线更正法　　C.补充登记法　　D.刮擦

9.银行存款日记账应由出纳人员根据审核无误的银行存款收付款凭证和有关的(　　)逐日逐笔的登记。

A.现金收款凭证　　B.现金付款凭证　　C.转账凭证　　D.专用凭证

10.补充登记法纠正错账时,应编制(　　)记账凭证

A.红色　　B.蓝色

C.红色或蓝色　　D.同时使用红、蓝色

(二)多项选择题

1.会计账簿按用途分为(　　)。

A.日记账　　B.订本账　　C.备查账　　D.分类账

2.下面适用多栏式格式的明细账有(　　)。

A.制造费用　　B.管理费用　　C.库存商品　　D.应收账款

3.下列对账工作中,属于账账核对的有(　　)。

A.银行存款日记账与银行对账单的核对

B.总账账户与所属明细账户的核对

C.应收账款明细账与债务人账项的核对

D.会计部门的财产物资明细账与财产物资保管、使用部门的明细账的核对

4.明细账可以根据(　　)登记。

A.原始凭证　　B.汇总原始凭证　　C.累计凭证　　D.记账凭证

5.可用于更正因记账凭证错误而导致账簿记录错误的方法有(　　)。

A.划线更正法　　B.红字更正法　　C.补充登记法　　D.挖补

(三)判断题

1.记账凭证是登记明细账的依据,原始凭证是登记总账的依据。(　　)

2.库存现金日记账可设可不设。(　　)

3.账簿记录正确就一定能保证账实相符。(　　)

4.会计人员不可以使用铅笔、圆珠笔来填制会计凭证,据以登记账簿。(　　)

5.备查账簿的填制必须有有关的会计凭证。(　　)

6.设置和登记账簿是编制财务报表的依据，是连接会计凭证与会计报表的中间环节。（　　）

7.三栏式明细账适用于进行数量和金额核算的账户。（　　）

8.库存商品明细账必须逐日逐笔登记，不许定期汇总登记。（　　）

9.出纳人员登记库存现金日记账和银行存款日记账。（　　）

10.所有账簿在新会计年度开始必须启用新账簿。（　　）

三、实训题

习题一

目的：练习日记账的登记方法。

资料：万和公司 2021 年 3 月初银行存款的余额为 100 000 元，库存现金的余额为 5 000元，3 月份发生下列业务：

3 月 1 日，向银行借款 60 000 元，存入银行，期限 3 个月。

3 月 3 日，从银行提取现金 2 000 元备用。

3 月 5 日，以银行存款购进 5 000 元的 A 材料，支付的增值税是 650 元。

3 月 8 日，销售产品一批取得收入 60 000 元，增值税额为 7 800 元，同时存入银行。

3 月 12 日以现金支付刘敏预借的差旅费 1 500 元。

3 月 17 日以银行存款 50 000 归还到期的银行长期借款。

3 月 20 日从银行提取现金 53 000 元以备发工资。

3 月 20 日以现金发放工资 53 000 元。

3 月 25 日收到上月一客户前欠销货款 30 000 元存入银行。

要求：根据上述业务编制收付款凭证。再根据收付款凭证登记现金日记账、银行存款日记账，并结算出本期发生额及期末余额。

库存现金日记账

××年		凭证号数	摘　要	对方科目	收入	支出	结余
月	日						

银行存款日记账

××年		凭证号数	摘要	结算凭证		对方科目	收入	支出	结余
月	日			种类	号数				

习题二

目的：练习错账的更正方法。

资料：华远公司 2021 年 8 月 31 日结账前各账户余额如下列试算表，但由于有错误，该表借、贷方合计不相等。

华远公司结账前试算平衡表

××年 8 月 31 日

账户名称	借方余额	账户名称	贷方余额
库存现金	1 000	短期借款	40 000
银行存款	35 000	应付账款	8 000
应收账款	8 000	实收资本	200 000
库存商品	46 000	主营业务收入	109 100
固定资产	200 000	累计折旧	10 000
主营业务成本	60 000		
管理费用	12 000		
销售费用	6 000		
合　计	368 000	合　计	367 100

经查核有关账证发现有下列错误：

(1)用银行存款支付管理部门水电费 2 340 元，过账时在管理费用账上误记为 3 240 元。

(2)以银行存款购进设备一台，买价 800 元，过账时误记为库存商品。

(3)赊购商品一批，计 4 340 元，误记入应收账款的贷方。

(4)以银行存款 21 000 元购进设备一台，原会计分录为借记“固定资产”2 100元，贷记“银行存款”2 100 元。

(5)赊销商品一批，售价 2 500 元，原会计分录为借记“应收账款”5 200 元，贷记“主营业务收入”5 200 元。(不考虑增值税)

要求：

(1)采用适当的错误更正方法更正错账。

(2)编制更正错张后的试算平衡表。

第7章 账务处理程序

学习目标：

1.理解和弄懂账务处理程序的含义。

2.熟悉主要的账务处理程序。

3.掌握记账凭证账务处理程序、科目汇总表账务处理程序的应用。

技能要求：

1.能根据不同单位的特点选择适当的账务处理程序。

2.能熟练运用记账凭证账务处理程序。

3.能正确编制科目汇总表和汇总记账凭证。

第一节　账务处理程序概述

一、账务处理程序的意义

账务处理程序又称会计核算组织程序，就是规定凭证、账簿的种类、格式和登记方法及各种凭证之间、账簿之间，各种报表之间和各种凭证与账簿之间，各种账簿与报表之间的相互联系及编制的程序。会计是一个信息系统，信息的形成主要包括填制和审核凭证、登记账簿、编制会计报表三个主要环节。在实际工作中，由于各单位的业务性质不一样，组织规模大小各异，经济业务又有繁简之别，它们需要设置的凭证、账簿的格式和种类也会有不同的要求。因此，不同的单位选择的会计凭证、账簿、报表种类、格式、程序不同，尤其是登记总分类账簿的程序不同，由此形成了不同的账务处理程序。

选用适当的账务处理程序，对于科学地组织本单位的会计核算工作具有重要的意义。它可以保证会计核算工作有条不紊地进行，准确、及时、完整地提供会计数据；减少不必要的核算环节和手续，降低会计核算工作成本，进而提高会计核算的工作效率；保证迅速形成财务信息，提供会计核算资料的质量，为单位经营管理提供准确的财务资料。各单位应根据自身的实际情况和具体条件，选用合适的凭证、账簿和会计报表，确定它们的格式、填制和登记的步骤和方法，设计并实施适合本单位经济业务特点的账务处理程序。

二、选择账务处理程序应注意的事项

选择一个科学的账务处理程序是开展单位会计核算工作的重要前提。不同的账务处理程序有各自的优缺点和适用范围，单位在选用和设计账务处理程序时应注意以下几个

事项：

1.充分考虑本单位的行业性质、规模大小、业务繁简等实际情况，选用合适的账务处理程序，有利于会计工作的分工协作和内部控制；

2.选用的程序能够准确、及时和完整地提供本单位的各方面会计信息，以满足企业内外部会计信息使用者的需求；

3.在保证会计信息质量的前提下，力求简化核算手续，节省核算时间和成本，提高会计工作的效率。

三、账务处理程序的种类

我国会计工作在长期的实践中，形成了五种主要的账务处理程序，即记账凭证账务处理程序、记账凭证汇总表账务处理程序、汇总记账凭证账务处理程序、多栏式日记账账务处理程序、日记总账账务处理程序。五种程序的最大区别点在于总分类账格式的选择和登记的依据上。单位在选用账务处理程序时，可根据实际情况对以上五种程序进行调整，设计出一套具有本单位特点的账务处理程序。

第二节 记账凭证账务处理程序

一、记账凭证账务处理程序的概念

记账凭证账务处理程序是指直接根据每一张记账凭证，逐笔登记总分类账的程序。它是最基本的账务处理程序，其他各种账务处理程序都是在此基础上，根据经济管理的需要发展形成的。其特点是总分类账必须根据记账凭证逐笔登记。

二、记账凭证账务处理程序的操作步骤

记账凭证账务处理程序的操作步骤流程如图 7-1 所示。

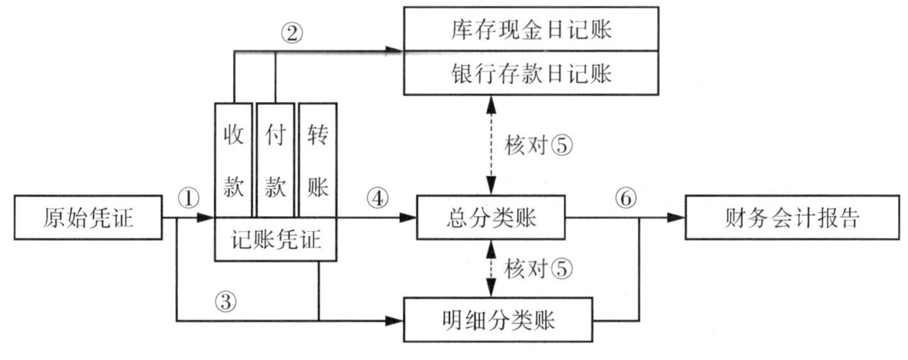

图 7-1 记账凭证账务处理程序

操作步骤说明：

①根据审核无误的原始凭证编制记账凭证。记账凭证一般采用专用的记账凭证，规模较小的单位也可以采用通用的记账凭证。

②根据收款凭证、付款凭证或通用记账凭证逐日、逐笔登记库存现金日记账和银行存款日记账。库存现金日记账和银行存款日记账一般采用收、付、余三栏式的日记账簿。

③根据原始凭证和转账凭证或通用的记账凭证登记各种明细分类账。明细分类账可以根据需要采用三栏式、数量金额式、多栏式或横线登记式。

④根据各种记账凭证逐笔登记总分类账。总分类账的格式一般采用借、贷、余三栏式的账簿。

⑤期末，将库存现金日记账、银行存款日记账和明细分类账的余额与总分类账的有关账户余额进行核对，以保证账账相符。同时，在对账的基础上编制工作底稿，以方便财务会计报告的编制。

⑥期末，根据总分类账和明细分类账编制财务会计报告。

三、记账凭证账务处理程序的优缺点及适应范围

记账凭证账务处理程序的优点是：由于总分类账是直接根据记账凭证逐笔登记，比较符合账务处理程序的一般规范操作方法，故该方法简单明了，易于理解；总分类账可以详细反映经济业务的发生情况、账户的对应关系和经济业务的来龙去脉，便于查账、对账。其缺点是：登记总分类账的工作量较大。因此，该种程序一般适用于规模小、业务量少、凭证不多的单位。

本章第七节有一个完整的记账凭证账务处理程序案例的介绍。

第三节　汇总记账凭证账务处理程序

一、汇总记账凭证账务处理程序的概念

汇总记账凭证账务处理程序是指定期将记账凭证汇总编制成汇总记账凭证，再根据汇总记账凭证登记总分类账的程序。其特点是总分类账是采用汇总登记的方法，而非逐笔登记。

二、汇总记账凭证账务处理程序的操作步骤

汇总记账凭证账务处理程序的操作步骤流程如图 7-2 所示。

操作步骤说明：

①根据审核无误的原始凭证编制记账凭证。为了便于编制汇总记账凭证，要求收款凭证按一个借方科目与一个或几个贷方科目相对应编制，付款凭证按一个贷方科目与一个或几个借方科目相对应编制，转账凭证按一贷一借或一贷多借的科目相对应编制。在编制通用记账凭证时，应使账户的对应关系保持一个贷方账户与一个或几个借方账户相

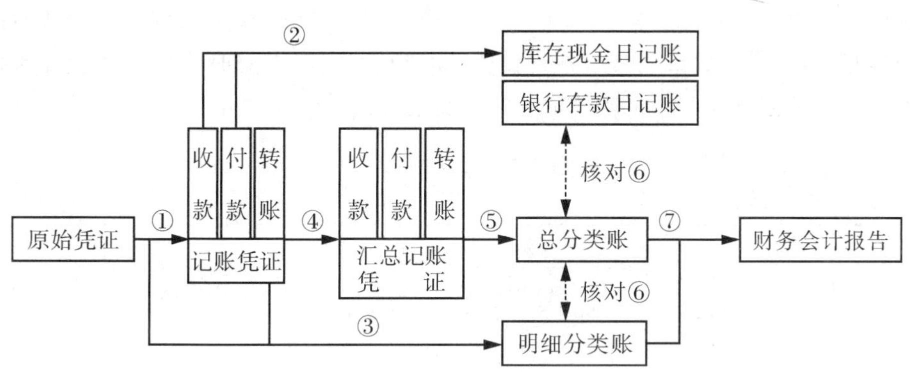

图 7-2　汇总记账凭证账务处理程序

对应，尽量避免一个借方账户或几个借方账户与几个贷方账户相对应。即编制的会计分录应为一借一贷或一贷多借，尽量避免一借多贷或多借多贷，否则会给汇总记账凭证的编制带来不便。

②根据收款凭证、付款凭证或通用记账凭证逐日、逐笔登记库存现金日记账和银行存款日记账。库存现金日记账和银行存款日记账一般采用收、付、余三栏式的日记账簿。

③根据原始凭证和转账凭证或通用的记账凭证登记各种明细分类账。明细分类账可以根据需要采用三栏式、数量金额式、多栏式或横线登记式。

④根据记账凭证编制汇总记账凭证。汇总记账凭证分为汇总收款凭证、汇总付款凭证、汇总转账凭证。

汇总收款凭证是根据一定时期的库存现金收款凭证和银行存款收款凭证汇总编制而成的。编制时，汇总收款凭证应按库存现金账户、银行存款账户的借方设置，并按其对应的贷方账户归类汇总。月终时，结计出汇总收款凭证的合计数，分别记入库存现金、银行存款总分类账户的借方以及各对应账户的贷方。汇总收款凭证的格式见表 7-1。

表 7-1　汇总收款凭证

借方科目：库存现金(或银行存款)　　　　年　　月　　　　汇收第　　号

贷方科目	金额				总账页数	
	1—10 日 收款凭证 第　号至第　号	11—20 日 收款凭证 第　号至第　号	21—31 日 收款凭证 第　号至第　号	合计	借方	贷方
合计						

汇总付款凭证是根据一定时期的库存现金付款凭证和银行存款付款凭证汇总编制而成的。编制时，汇总付款凭证应按库存现金账户、银行存款账户的贷方设置，并按其对应的借方账户归类汇总。月终时，结计出汇总付款凭证的合计数，分别记入库存现金、银行

存款总分类账户的贷方以及各对应账户的借方。在填制时，应注意库存现金和银行存款之间的相互划转业务，如果同时填制收款凭证和付款凭证，汇总时应以付款凭证为依据，收款凭证就不再汇总。汇总付款凭证的格式见表7-2。

表7-2 汇总付款凭证

贷方科目：库存现金(或银行存款)　　　　年　　月　　　　汇付第　　号

借方科目	金额				总账页数	
	1—10日 付款凭证 第　号至第　号	11—20日 付款凭证 第　号至第　号	21—31日 付款凭证 第　号至第　号	合计	借方	贷方
合计						

汇总转账凭证是根据转账凭证按月汇总编制而成的。转账凭证的借、贷方科目均无规律性，为避免混乱，规定汇总转账凭证一律按转账凭证的贷方科目分别设置，按与设置科目相对应的借方科目加以归类，定期汇总，按月编制。月终时，结计出汇总转账凭证中各借方科目的合计数，作为登记总分类账的依据。如果某一贷方科目的转账凭证数量不是很多，如损益类账户期末的结转，每月通常只有一张转账凭证，就可以不编制汇总转账凭证，直接根据转账凭证登记总分类账。汇总转账凭证的格式见表7-3。

表7-3 汇总转账凭证

贷方科目：　　　　年　　月　　　　汇转第　　号

借方科目	金额				总账页数	
	1—10日 转账凭证 第 号至第 号	11—20日 转账凭证 第 号至第 号	21—31日 转账凭证 第 号至第 号	合计	借方	贷方
合计						

⑤根据各种汇总记账凭证登记总分类账。总分类账的格式一般采用有设对方科目的借、贷、余三栏式的账簿。

⑥期末，将库存现金日记账、银行存款日记账和明细分类账的余额与总分类账的有关账户余额进行核对。

⑦期末，根据总分类账和明细分类账编制财务会计报告。

三、汇总记账凭证账务处理程序的优缺点及适应范围

汇总记账凭证账务处理程序的优点是:总分类账的登记是通过编制汇总记账凭证后汇总登记的,因此,大大减少了登记总账的工作量;汇总记账凭证按会计科目的对应关系汇总,能够反映账户之间的对应关系,方便了解经济业务的来龙去脉。其缺点是:汇总记账凭证是按每一个贷方科目汇总编制的,不考虑经济业务的性质,不方便会计核算的分工;当记账凭证较多时,编制汇总记账凭证的工作量就比较大。因此,该种账务处理程序一般适用于经济规模大、业务量多,特别是收、付款业务较多而转账业务较少的单位。

第四节 记账凭证汇总表账务处理程序

一、记账凭证汇总表账务处理程序的概念

记账凭证汇总表账务处理程序又称科目汇总表账务处理程序,是指定期将记账凭证汇总编制成记账凭证汇总表(即科目汇总表),再根据科目汇总表登记总分类账的程序。该核算程序与汇总记账凭证核算程序基本相同。

二、记账凭证汇总表账务处理程序的操作步骤

记账凭证汇总表账务处理程序的操作步骤流程如图 7-3 所示。

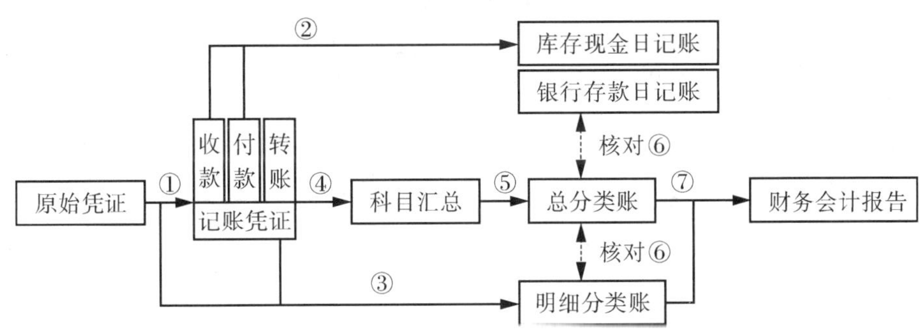

图 7-3 记账凭证汇总表账务处理程序

操作步骤说明:

①根据审核无误的原始凭证编制记账凭证。以销售为主的单位一般采用专用的记账凭证,以生产为主的单位一般采用通用的记账凭证。

②根据收款凭证、付款凭证或通用记账凭证逐日、逐笔登记库存现金日记账和银行存款日记账。库存现金日记账和银行存款日记账一般采用收、付、余三栏式的日记账簿。

③根据原始凭证和转账凭证或通用的记账凭证登记各种明细分类账。明细分类账可以根据需要采用三栏式、数量金额式、多栏式或横线登记式。

④根据记账凭证编制科目汇总表。将一定期间的全部记账凭证,按照相同的账户归

类，汇总计算每一账户的借方发生额和贷方发生额，并将发生额合计填入科目汇总表的相应栏目内。对于“库存现金”账户和“银行存款”账户的借方发生额合计和贷方发生合计可以直接根据库存现金日记账和银行存款日记账的收支合计数填列，而不再根据记账凭证归类汇总填列。科目汇总表的编制时间根据企业经济业务量的多少来确定，可以每 1 天、3 天、5 天、10 天汇总编制一次，业务量越多，编制次数越频繁。科目汇总表依据汇总天数而采取不同的格式，一般有表 7-4、表 7-5 两种格式。

表 7-4　科目汇总表（格式一）

编号：　　　　　　　　年　月　日至　　年　月　日

会计科目	本期发生额		会计科目	本期发生额	
	借方	贷方		借方	贷方
			合　计		

表 7-5　科目汇总表（格式二）

编号：　　　　　　　　年　　月

会计科目	1—10 日		11 日—20 日		21—30 日	
	借方	贷方	借方	贷方	借方	贷方
合　计						

格式二的科目汇总表适用于按旬汇总的单位，每月编制一张科目汇总表；其他时间编制科目汇总表多采用格式一，每月编制若干张科目汇总表。编制科目汇总表时，将每一科目汇总期内记账凭证上的借方发生额和贷方发生额相加，将其合计数填入科目汇总表。汇总完后，计算本期内所有科目的借方发生额合计和贷方发生额合计，如果两笔合计数额相等，说明记账凭证和科目汇总表编制基本正确，可以据此登记总分类账。

⑤根据科目汇总表登记总分类账。总分类账的格式一般采用借、贷、余三栏式的账簿。其登记日期依科目汇总表的编制日期而定。若采用格式二的汇总方式，可以选择按旬登记总分类账，或者于月末一次性登记总分类账。

⑥期末，将库存现金日记账、银行存款日记账和明细分类账的余额与总分类账的有关账户余额进行核对。

⑦期末，根据总分类账和明细分类账编制财务会计报告。

三、记账凭证汇总表账务处理程序应用举例

(一)资料

1.华泰公司20××年10月1日有关总分类账户的余额如表7-6所示。

表7-6　华泰公司10月初总账账户余额表

单位：元

账户名称	借方余额	账户名称	贷方余额
库存现金	72 000	短期借款	8 000
银行存款	673 000	应付账款	77 000
其他货币资金	66 000	应付职工薪酬	66 000
应收账款	50 000	应交税费	36 000
其他应收款	1 000	长期借款	100 000
原材料	93 000	实收资本	1 450 000
库存商品	180 000	资本公积	10 000
长期股权投资	80 000	盈余公积	90 000
固定资产	913 000	本年利润	240 000
无形资产	64 000	利润分配	87 000
		累计折旧	28 000
合　计	2 192 000	合　计	2 192 000

2.10月1日“原材料”明细账余额如表7-7所示。

表7-7　华泰公司10月初原材料明细账余额表

材料名称	数量(吨)	单价(元/吨)	金额(元)
甲材料	30	1 100	33 000
乙材料	40	1 500	60 000
合　计			93 000

3.10月份发生下列经济业务：

(1)2日，以银行存款支付广告宣传费50 000元。

(2)4日，收到顺昌公司购货欠款50 000元，存入银行。

(3)6日，原借入的半年期借款8 000元已到期，以银行存款转账支付。

(4)8日，购进甲材料10吨，每吨1 000元，乙材料10吨，每吨1 400元；发生运费2 000元(按材料重量比例分配)，进项税额3 120元，款项均以存款支付，材料已验收入库。

(5)10日，以银行存款上交上月消费税5 000元，增值税5 000元，城市维护建设税700元，教育费附加费300元，所得税25 000元。

(6)12日,销售A产品50件,每件售价1 200元,B产品60件,每件售价1 500元,销项税额19 500元,款已收存银行。

(7)14日,从银行提取现金66 000元,拟发放工资。

(8)16日,厂长李强报销旅费3 200元,原预借3 000元,余款用现金付讫。

(9)18日,以银行存款50 000元偿付前欠黄河公司货款。

(10)20日,购入设备一台,价值40 000元,发生运费、保险费1 000元,发票进项税额为5 200元,均以存款支付,设备当即交付使用。

(11)22日,销售给顺昌公司A产品15件,每件售价1 200元,B产品50件,每件售价1 500元:发票销项税额12 090元,货已发运,以银行存款代垫运费2 000元,已到银行办妥托收手续。

(12)24日,以现金支付销售B产品运费200元。

(13)26日,转账支付厂部办公水电费2 000元,车间水电费8 000元。

(14)30日,以银行存款支付罚款6 930元。

(15)30日,生产A产品领用甲材料20吨,单位成本1 100元,生产B产品领用乙材料30吨,单位成本1 500元。

(二)根据资料,按时间顺序填制记账凭证(如表7-8所示)

表7-8 记账凭证

单位:元

20××年		凭证号数	摘要	一级科目	明细科目	借方金额	贷方金额
月	日						
10	2	银付1	支付广告费	销售费用	广告费	50 000	
				银行存款			50 000
10	4	银收1	收到货款	银行存款		50 000	
				应收账款	顺昌公司		50 000
10	6	银付2	归还借款	短期借款		8 000	
				银行存款			8 000
10	8	银付3	购买材料	原材料	甲材料	11 000	
				原材料	乙材料	15 000	
				应交税费	应交增值税	3 120	
				银行存款			29 120
10	10	银付4	上交税费	应交税费	应交消费税	5 000	
					应交增值税	5 000	
					应交城建税	700	
					应交教育费附加	300	
					应交企业所得税	25 000	
				银行存款			36 000

续表

20××年		凭证号数	摘要	一级科目	明细科目	借方金额	贷方金额
月	日						
10	12	银收 2	销售商品	银行存款		169 500	
				主营业务收入	A 产品		60 000
					B 产品		90 000
				应交税费	应交增值税		19 500
10	14	银付 5	提取现金	库存现金		66 000	
				银行存款			66 000
10	16	现付 1 转 1	报销差旅费	管理费用		3 200	
				其他应收款	李强		3 000
				库存现金			200
10	18	银付 6	归还货款	应付账款	黄河公司	50 000	
				银行存款			50 000
10	20	银付 7	购买设备	固定资产		41 000	
				应交税费	应交增值税	5 200	
				银行存款			46 200
10	22	转 2	销售商品	应收账款	顺昌公司	105 090	
				主营业务收入	A 产品		18 000
					B 产品		75 000
				应交税费	应交增值税		12 090
	22	银付 8	代垫销售运费	应收账款	顺昌公司	2 000	
				银行存款			2 000
10	24	现付 2	支付销售运费	销售费用		200	
				库存现金			200
10	26	银付 9	支付水电费	管理费用	办公经费	2 000	
				制造费用	水电费	8 000	
				银行存款			10 000
10	30	银付 10	支付罚款	营业外支出		6 930	
				银行存款			6 930
10	30	转 3	生产领用材料	生产成本	A 产品	22 000	
					B 产品	45 000	
				原材料	甲材料		22 000
					乙材料		45 000

(三)根据收款凭证和付款凭证分别登记库存现金日记账和银行存款日记账

以库存现金日记账为例,见表 7-9 所示。

表 7-9 库存现金日记账

单位:元

20××年		凭证号数	摘 要	对方科目	收入	发出	结余
月	日						
10	1		期初余额				72 000
	14	银付 5	提取现金	银行存款	66 000		138 000
	16	现付 1	报销差旅费	管理费用		200	137 800
	24	现付 2	支付销售运费	销售费用		200	137 600
			本月合计		66 000	400	137 600

(四)根据记账凭证登记明细账

以原材料—甲材料为例,见表 7-10 所示。

表 7-10 原材料明细账

材料名称:甲材料　　　　计量单位:吨　单位:元

20××年		凭证号数	摘 要	收 入			发 出			结 存		
月	日			数量	单价	金额	数量	单价	金额	数量	单价	金额
10	1		期初余额							30	1 100	33 000
	8	银付 3	购买材料	10	1 100	11 000				40	1 100	44 000
	30	转 3	生产领用				20	1 100	22 000	20	1 100	22 000
			本月合计	10	1 100	11 000	20	1 100	22 000	20	1 100	22 000

(五)根据记账凭证编制记账凭证汇总表(如表 7-11 所示)

表 7-11 记账凭证汇总表

编号:　　　　20××年 10 月　　　　单位:元

会计科目	1—10 日		11—20 日		21—30 日	
	借方	贷方	借方	贷方	借方	贷方
库存现金			66 000	200		200
银行存款	50 000	123 120	169 500	162 200		18 930
应收账款		50 000			107 090	
其他应收款				3 000		
原材料	26 000					67 000
库存商品						
生产成本					67 000	

续表

会计科目	1—10日		11—20日		21—30日	
	借方	贷方	借方	贷方	借方	贷方
制造费用					8 000	
固定资产			41 000			
短期借款	8 000					
应付账款			50 000			
应交税费	39 120		5 200	19 500		12 090
主营业务收入				150 000		93 000
销售费用	50 000				200	
管理费用			3 200		2 000	
营业外支出					6 930	
合 计	174 420	174 420	342 500	342 500	194 940	194 940

(六)根据记账凭证汇总表登记总账

以库存现金总账为例,见表7-12所示。

表7-12 库存现金总账

单位:元

20××年		凭证号数	摘 要	借方	贷方	借或贷	结余
月	日						
10	1		期初余额			借	72 000
	20	汇总10	11日至20日业务汇总	66 000	200	借	137 800
	30	汇总10	21日至30日业务汇总		200	借	137 600
	30		本月合计	66 000	400	借	137 600

(七)在日记账、明细账、总账之间的进行核对账务(略)

(八)编制试算平衡表(略)

(九)编制财务会计报告(略)

四、记账凭证汇总表账务处理程序的优缺点及适应范围

记账凭证汇总表账务处理程序的优点是:该方法根据汇总后的记账凭证汇总表登记总账,故减少总账的登记工作量;还可以利用记账凭证汇总表进行试算平衡,便于及时发现错误,保证会计工作质量。其缺点是:按照相同科目归类的记账凭证汇总表只反映各科目的借、贷方金额,没有反应其对应账户,故无法了解经济业务的来龙去脉,不便于查对账目。因此,该种程序一般适用于经济业务量大、记账凭证多的单位。在现实操作中,该种程序得到普遍的应用。

第五节　多栏式日记账账务处理程序

一、多栏式日记账账务处理程序的概念

多栏式日记账账务处理程序是指将库存现金日记账和银行存款日记账的借贷方均根据对应科目开设多栏，然后根据日记账和转账凭证登记总分类账的一种程序。该方法与记账凭证账务处理程序的操作相类似，两者的主要区别点在于日记账的格式不同。

二、多栏式日记账账务处理程序的操作步骤

多栏式日记账账务处理程序的操作步骤流程如图 7-4 所示。

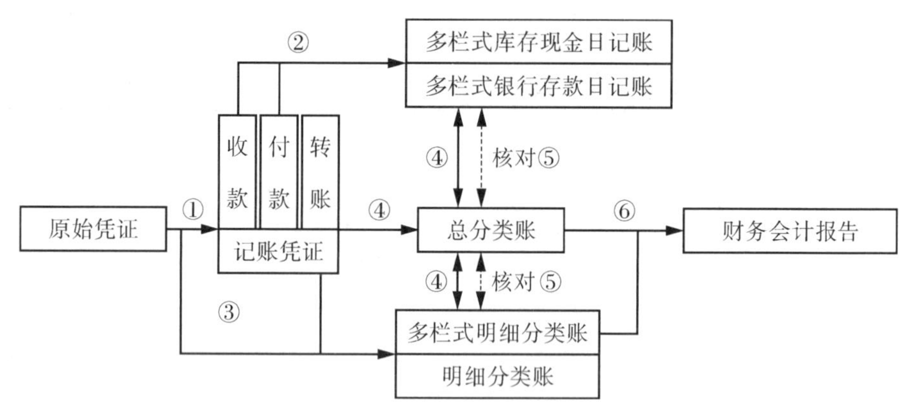

图 7-4　多栏式日记账账务处理程序

操作步骤说明：

①根据审核无误的原始凭证编制记账凭证。记账凭证一般采用专用的记账凭证。

②根据收款凭证、付款凭证逐日、逐笔登记库存现金日记账和银行存款日记账。库存现金日记账和银行存款日记账的收入栏和支出栏要求根据对应科目设置专栏，登记全部收付款业务。

③根据转账凭证登记各种明细分类账。为简化核算，明细分类账可以根据需要采用多栏式，如多栏式销售费用明细账，多栏式材料采购明细账等。

④根据日记账逐笔登记总分类账，不在日记账上的转账业务可以根据转账凭证或明细账登记总分类账。总分类账的格式一般采用借、贷、余三栏式的账簿。

⑤期末，将库存现金日记账、银行存款日记账和明细分类账的余额与总分类账的有关账户余额进行核对，以保证账账相符。

⑥期末，根据总分类账和明细分类账编制财务会计报告。

三、多栏式日记账账务处理程序的改进

多栏式日记账账务处理程序经过多年的实践，根据单位会计核算的需要，改进如下：

与原始的多栏式日记账账务处理程序相比，改进点主要体现在登记总分类账的方法不同，具体为以下两点：(1)总分类账不再采用逐笔登记的方法，而是定期将日记账中收入、付出发生额和各对应账户的发生额进行汇总，再根据汇总数字登记总账；(2)不在日记账中的转账业务，先根据转账凭证编制转账凭证汇总表，再根据转账凭证汇总表登记总分类账。具体流程见图 7-5。

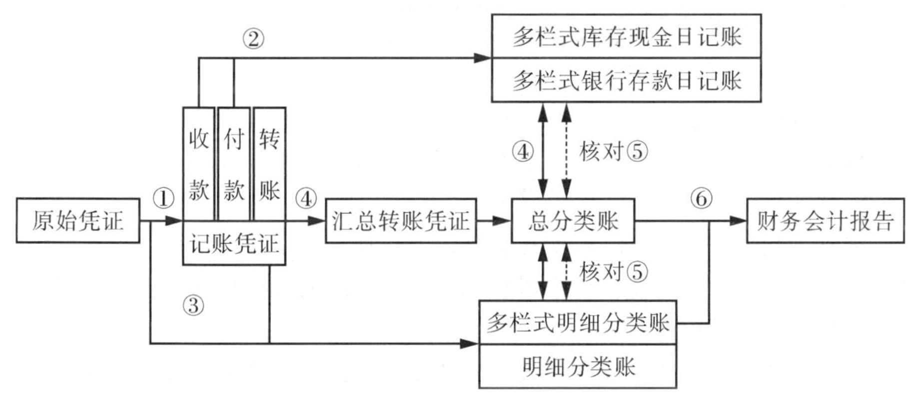

图 7-5　改进的多栏式日记账账务处理程序

四、多栏式日记账账务处理程序的优缺点和适用范围

多栏式日记账账务处理程序的优点是：日记账采用多栏式登记方式，能够集中反映资金的使用情况，便于查账、对账，进行财务分析；总分类账根据汇总后的日记账和转账凭证汇总表登记，减少了总账会计核算工作量。其缺点是：库存现金和银行存款在日常经济业务中的对应科目较多，一张账页往往难以揽括所有的对应账户，故给日记账账页的设置带来很大的麻烦。因此，该种程序一般适用于经济业务量少、类型单一的单位。

第六节　日记总账账务处理程序

一、日记总账账务处理程序的概念

日记总账账务处理程序是指设置总账日记形式，将所有账户的总分类核算都集中在一张账页上，根据所有记账凭证逐日逐笔登记日记总账。因此，日记总账是序时账和分类账合在一起的联合账簿。

二、日记总账账务处理程序的操作步骤

日记总账账务处理程序的操作步骤流程如图 7-6 所示。

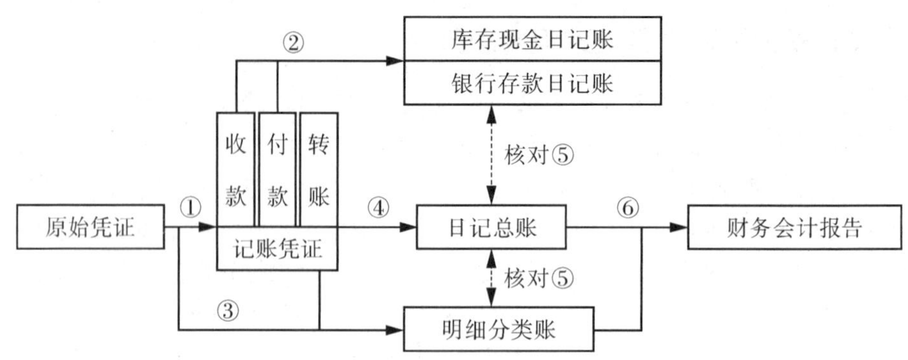

图 7-6　日记总账账务处理程序

操作步骤说明：

①根据审核无误的原始凭证编制记账凭证。记账凭证可以采用专用记账凭证或通用记账凭证。

②根据收款凭证、付款凭证逐日、逐笔登记库存现金日记账和银行存款日记账。库存现金日记账和银行存款日记账可以采用收、付、余三栏式的日记账，也可以采用收、付栏设有对方科目的多栏式日记账。

③根据原始凭证和记账凭证登记各种明细分类账。明细分类账可以根据需要采用三栏式、数量金额式、多栏式或横线登记式。

④根据各种记账凭证登记日记总账（日记总账的格式见表 7-13）。

表 7-13　日记总账

年		凭证号数	摘要	发生额	库存现金		银行存款		应收账款		预付账款		材料采购		原材料		…
月	日				借方	贷方	借方	贷方	借方	贷方	借方	贷方	借方	贷方	借方	贷方	
			合计														

日记总账的登记方法根据库存现金日记账和银行存款日记账的设置不同而采用不同的方法，主要有以下两种：(1)当库存现金日记账和银行存款日记账采用三栏式时，需根据所有的记账凭证逐日逐笔登记日记总账；(2)当库存现金日记账和银行存款日记账采用多栏式时，平时根据转账凭证逐日逐笔登记日记总账，月末，将库存现金日记账和银行存款日记账各科目汇总的数字一次性登入日记总账。两种方法在登记日记总账时，需将金额

填在有关科目的借方和贷方栏内，同时也要填在“发生额”栏内。月末结出各栏的合计数，计算各账户的余额。

⑤期末，将库存现金日记账、银行存款日记账和明细分类账的余额与日记总分类账的有关账户余额进行核对，以保证账账相符。

⑥期末，根据日记总账和明细分类账编制财务会计报告。

三、日记总账账务处理程序的优缺点和适用范围

日记总账账务处理程序的优点是：日记总账将所有的会计科目集中反映在同一张账页上，方便了解经济业务的来龙去脉，也方便了会计报表的编制工作；日记总账集分类账和序时账于一体，简化了记账手续，便于检查记账的准确性。其缺点是：日记总账的账页过长，记账容易串行，也不便于会计分工。因此，该种程序一般适用于经济业务少、业务简单，使用会计科目少的单位。

第七节　记账凭证核算形式实例

资料一：华泰公司20××年6月发生下列经济业务：

(1)6月1日，购入新机器一台，价款为25 000元，以银行存款支付。

(2)6月1日，开出支票归还短期借款10 000元。

(3)6月2日，收到东方公司账款48 000元，存入银行。

(4)6月3日，开出支票，支付上月应交税费13 270元。

(5)6月5日，从南星公司购入甲材料300吨，每吨买价为80元，货款及进项税额3 120元尚未支付，材料已验收入库。

(6)6月5日，开出支票，支付上述甲材料运杂费290元。

(7)6月5日，结转上述材料的实际采购成本。

(8)6月8日，开出支票偿还上月欠永丰公司的应付账款21 050元。

(9)6月12日，向东方公司销售B产品700只，每只售价50元，销项税额4 550元，款未收。

(10)6月15日，从银行提取库存现金500元。

(11)6月17日，用库存现金支付职工报销医药费454元。

(12)6月20日，向东方公司销售A产品300只，每只售价80元，销项税额3 120元，款项收到，存入银行。

(13)6月23日，开出支票支付车间办公费250元，厂部管理部门办公费464元。

(14)6月25日，以银行存款支付广告费用200元。

(15)6月30日，生产A产品领用甲材料200吨，单位成本81元；制造B产品领用乙材料150吨，单位成本54.18元。

(16)6月30日，开出支票支付生产用动力费，其中A产品应负担586元，B产品应负担453元。

(17)6月30日,结算本月工资,其中A产品生产工人工资3 000元,B产品生产工人工资2 000元,车间管理人员工资1 000元,厂部管理人员工资1 000元。

(18)6月30日,提取库存现金7 000元,备发工资。

(19)6月30日,以库存现金7 000元发放工资。

(20)6月30日,按工资总额的14%提取职工福利费。

(21)6月30日,计提本月固定资产折旧,其中车间用固定资产折旧2 600元,厂部用固定资产折旧624元。

(22)6月30日,计提车间用固定资产修理费1 010元,厂部用固定资产修理费320元。

(23)6月30日,摊销本月应负担的保险费152元。

(24)6月30日,预提本月应负担的利息费用350元。

(25)6月30日,结转本月发生的制造费用。(按生产工人工资分配)

(26)6月30日,本月生产的A产品590只全部完工,并验收入库,按其实际生产成本转账。

(27)6月30日,结转本月销售产品的实际生产成本。A产品的单位成本58元,B产品的单位成本40元。

(28)6月30日,经计算,本月城市维护建设税为2 950元。

(29)6月30日,将本月发生的各项收入和支出转入"本年利润"。

(30)6月30日,按规定结转应交所得税2 442元。

(31)6月30日,按规定提取法定盈余公积金992元。

(32)6月30日,按规定结转应付投资者的利润496元。

资料二:该企业20××年5月31日有关账户的余额如表7-14所示。

表7-14 账户余额表

单位:元

账户名称	借方余额	账户名称	贷方余额
库存现金	40	累计折旧	40 000
银行存款	76 585	短期借款	20 000
交易性金融资产	5 000	应付账款	21 050
应收账款	48 000	其他应付款	300
其他应收款	600	应交税费	13 270
原材料	16 237	应付利润	7 000
生产成本	8 350	应付职工薪酬	6 700
库存商品	53 544	应付利息	338
预付账款	1 240	长期借款	41 000

续表

账户名称	借方余额	账户名称	贷方余额
长期股权投资	62 000	实收资本	300 000
固定资产	284 000	盈余公积	81 000
利润分配	42 462	本年利润	67 400
合　计	598 058	合　计	598 058

资料三：该企业20××年5月31日有关明细账户的余额如下：

(1)甲材料100吨，单位成本81.10元，计8 100元。

(2)乙材料150吨，单位成本54.18元，计8 127元。

(3)A产品的在产品成本8 350元。其中：直接材料6 000元，直接人工1 400元，其他直接费用20元，制造费用930元。

(4)应收东方公司货款48 000元。

根据原始凭证(以经济业务代替)编制收款凭证、付款凭证和转账凭证，如表7-15、表7-16、表7-17、表7-18所示。

表7-15　收款凭证

借方科目：银行存款　　　　单位：元

20××年		凭证号数	摘　要	贷方账户		账页	金　额	
月	日			一级账户	二级或明细账户		一级账户	二级或明细账户
6	2	银收1	收到东方公司前欠账款	应收账款			48 000	
					东方公司			48 000
	20	银收2	出售A产品收到款项	主营业务收入			24 000	
					A产品			24 000
				应交税费			3 120	
					应交增值税			3 120

表7-16　付款凭证

贷方账户：库存现金　　　　单位：元

20××年		凭证号数	摘　要	贷方账户		账页	金　额	
月	日			一级账户	二级或明细账户		一级账户	二级或明细账户
6	17	现付1	支付职工报销医药费	应付职工薪酬			454	
					福利费			454
	30	现付2	发放工资	应付职工薪酬			7 000	
					工资			7 000

表 7-17　付款凭证

贷方账户：银行存款　　　　单位：元

20××年 月	日	凭证号数	摘　要	贷方账户 一级账户	二级或明细账户	账页	金额 一级账户	二级或明细账户
6	1	银付 1	购入新机器一台	固定资产			25 000	
					机器			25 000
	1	银付 2	归还短期借款	短期借款			10 000	
	3	银付 3	支付上月应交税金	应交税费			13 270	
6	5	银付 4	支付 300 吨甲材料运杂费	在途物资			290	
					甲材料			290
	8	银付 5	偿还欠永丰厂账款	应付账款			21 050	
					永丰公司			21 050
	15	银付 6	提现金	库存现金			500	
	23	银付 7	支付办公费	制造费用			250	
				管理费用			464	
	25	银付 8	支付广告费用	销售费用			200	
	30	银付 9	支付生产用动力费	生产成本			1 039	
					A 产品			586
					B 产品			453
	30	银付 10	提现金	库存现金			7 000	

表 7-18　转账凭证

单位：元

20××年 月	日	凭证号数	摘　要	应记账户 一级账户	二级或明细账户	账页	借方金额 一级账户	二级或明细账户	贷方金额 一级账户	二级或明细账户
6	5	转 1	向南星公司购入甲材料	在途物资	甲材料		24 000	24 000		
				应交税费	应交增值税		3 120	3 120		
				应付账款	南星公司				27 120	27 120
	5	转 2	结转甲材料成本	原材料	甲材料		24 290	24 290		
				在途物资	甲材料				24 290	24 290
	12	转 3	出售给东方公司 B 产品	应收账款	东方公司		39 550	39 550		
				主营业务收入	B 产品				35 000	35 000
				应交税费	应交增值税				4 550	4 550
	30	转 4	生产 A 产品	生产成本			24 327			
			领用甲材料 200 吨		A 产品			16 200		
			生产 B 产品领用甲材料 150 吨		B 产品			8 127		
				原材料					24 327	

续表

20××年		凭证号数	摘要	应记账户		账页	借方金额		贷方金额	
月	日			一级账户	二级或明细账户		一级账户	二级或明细账户	一级账户	二级或明细账户
					甲材料					16 200
					乙材料					8 127
	30	转5	结算应付工资	生产成本			5 000			
					A产品			3 000		
					B产品			2 000		
				制造费用			1 000			
				管理费用			1 000			
				应付职工薪酬					7 000	
					工资					7 000
	30	转6	计提职工福利费	生产成本			700			
					A产品			420		
					B产品			280		
				制造费用			140			
				管理费用			140			
				应付职工薪酬					980	
					福利费					980
	30	转7	计提固定资产折旧	制造费用			2 600			
				管理费用			624			
				累计折旧					3 224	
	30	转8	计提固定资产大修理费	制造费用			1 010			
				管理费用			320			
				应付账款					1 330	
	30	转9	摊销保险费	管理费用			152			
				预付账款					152	
	30	转10	预提借款利息	财务费用			350			
				应付利息					350	
	30	转11	结转制造费用	生产成本			5 000			
					A产品			3 000		
					B产品			2 000		
				制造费用					5 000	
	30	转12	结转完工产品成本	库存商品	A产品		31 556	31 556		
				生产成本	A产品				31 556	31 556
	30	转13	结转已销产品的生产成本	主营业务成本			45 400			

续表

20××年		凭证号数	摘　要	应记账户		账页	借方金额		贷方金额	
月	日			一级账户	二级或明细账户		一级账户	二级或明细账户	一级账户	二级或明细账户
				库存商品					45 400	
					A产品					17 400
					B产品					28 000
	30	转14	计算应交销售税金	税金及附加			2 950			
				应交税费	应交城市维护建设税				2 950	2 950
	30	15 $\frac{1}{2}$	结转各项收入	主营业务收入			59 000			
				本年利润					59 000	
	30	15 $\frac{2}{2}$	结转各项支出	本年利润			51 600			
				主营业务成本					45 400	
	30			税金及附加					2 950	
				销售费用					200	
				管理费用					2 700	
				财务费用					350	
	30	转16	计算应交所得税	所得税费用			2 442			
				应交税费					2 442	
	30	转17	提取盈余公积	利润分配			992			
				盈余公积					992	
	30	转18	向投资者分派利润	利润分配			496			
				应付利润					496	

根据收、付款凭证逐笔序时登记库存现金日记账和银行存款日记账，如表7-19、表7-20所示。

表7-19　库存现金日记账

单位:元

20××年		凭证号数	摘　要	对方科目	收入	支出	结存
月	日						
6	1		期初余额				40
	15	银付6	提取库存现金	银行存款	500		540
	17	现付1	职工报销医药费	应付职工薪酬		454	86
	30	银付10	提取库存现金	银行存款	7 000		7 086
		现付2	发放工资	应付职工薪酬		7 000	86
			本期发生额及余额		7 500	7 454	86

表 7-20　银行存款日记账

单位:元

20××年		凭证号数	摘　要	结算凭证		对方科目	收入	支出	结存
月	日			种类	号数				
6	1		期初余额						76 585
		银付 1	购入新机器一台			固定资产		25 000	51 585
		银付 2	归还短期借款			短期借款		10 000	41 585
	2	银收 1	收东方公司前欠账款			应收账款	48 000		89 585
	3	银付 3	支付上月应交税费			应交税费		13 270	76 315
	5	银付 4	支付 300 吨甲材料运费			在途物资		290	76 025
	8	银付 5	偿还永丰公司账款			应付账款		21 050	54 975
	15	银付 6	提库存现金			库存现金		500	54 475
	20	银收 2	出售 A 产品货款及销项税额			主营业务收入	24 000		78 475
						应交税费	3 120		81 595
	23	银付 7	支付办公费			制造费用		250	81 345
						管理费用		464	80 881
	25	银付 8	支付广告费			销售费用		200	80 681
	30	银付 9	支付生产用动力费			生产成本		1 039	79 642
	30	银付 10	提库存现金			库存现金		7 000	72 642
			本期发生额及余额				75 120	79 063	72 642

根据原始凭证及各种记账凭证逐笔登记各种明细分类账,如表 7-21、表 7-22、表 7-23 所示。为简化起见,此处只列举“原材料”、“生产成本”、“应收账款”三个账户的明细分类账户,其余从略。

表 7-21　原材料明细账

材料名称:甲材料　　　　单位:吨

20××年		凭证号数	摘　要	收　入			支　出			结　存		
月	日			数量	单价	金额	数量	单价	金额	数量	单价	金额
6	1		期初余额							100	81.1	8 110
	5	转 2	购入	300	80.97	24 290						
	30	转 4	发出				200	81	16 200			
			本期发生额及余额	300	80.97	24 290	200	81	16 200	200	81	16 200

材料名称:乙材料　　　　　　　　　　　　　　　　　　　　　　　　　　　　　　单位:吨

20××年		凭证号数	摘　要	收　入			支　出			结　存		
月	日			数量	单价	金额	数量	单价	金额	数量	单价	金额
6	1		期初余额							150	54.18	8 127
	30	转 4	发出				150	54.18	8 127			
			本期发生额及余额	0	0	0	150	54.18	8 127	0	0	0

表 7-22　生产成本明细账

产品名称:A 产品　　　　　　　　　　　　　　　　　　　　　　　　　　　　　　单位:元

20××年		凭证号数	摘　要	借　方				
月	日			直接材料	直接人工	其他直接费用	制造费用	合计
6	1		期初余额	6 000	1 400	20	930	8 350
	30	转 4	生产投料	16 200				16 200
		转 5	生产工人工资		3 000			3 000
		转 6	计提职工福利费		420			420
		银付 9	生产用动力费			586		586
		转 11	结转制造费用				3 000	3 000
		转 12	结转完工产品成本	−22 200	−4 820	−606	−3 930	−31 556
			本期发生额及余额	0	0	0	0	0

产品名称:B 产品　　　　　　　　　　　　　　　　　　　　　　　　　　　　　　单位:元

20××年		凭证号数	摘　要	借　方				
月	日			直接材料	直接人工	其他直接费用	制造费用	合计
6	1		期初余额	0	0	0	0	0
	30	转 4	生产投料	8 127				8 127
		转 5	生产工人工资		2 000			2 000
		转 6	计提职工福利费		280			280
		银付 9	生产用动力费			453		453
		转 11	结转制造费用				2 000	2 000
			本期发生额	8 127	2 280	453	2 000	12 860
			期末余额	8 127	2 280	453	2 000	12 860

表 7-23　应收账款明细账

户名:东方公司　　　　　　　　　　　　　　　　　　　　　　　　　　　　　　　单位:元

20××年		凭证号数	摘　要	借方	贷方	借/贷	余额
月	日						
6	1		期初余额			借	48 000
	2	银收 1	应收账款		48 000	平	0
	12	转 3	B 产品 700 只货款	39 550		借	39 550
			本期发生额及余额	39 550	48 000	借	39 550

根据记账凭证逐笔登记总分类账，总分类账的登记结果如表7-24、表7-25、表7-26、表7-27、表7-28、表7-29、表7-30所示。为简化起见，此处只列示“原材料”、“库存现金”、“银行存款”、“生产成本”、“制造费用”、“管理费用”、“应收账款”七个账户，其余从略。

表7-24　原材料

账户名称：原材料　　　　单位：元

20××年		凭证号数	摘　要	借方	贷方	借/贷	余额
月	日						
6	1		期初余额			借	16 237
	5	转2	购入	24 290		借	40 527
	30	转4	发出		24 327	借	16 200
			本期发生额及余额	24 290	24 327	借	16 200

表7-25　库存现金

账户名称：库存现金　　　　单位：元

20××年		凭证号数	摘　要	借方	贷方	借/贷	余额
月	日						
6	1		期初余额			借	40
	15	银付6	提库存现金	500		借	540
	17	现付1	支付医药费		454	借	86
	30	银付10	提库存现金	7 000		借	7 086
		现付2	发放工资		7 000	借	86
			本期发生额及余额	7 500	7 454	借	86

表7-26　银行存款

账户名称：银行存款　　　　单位：元

20××年		凭证号数	摘　要	借方	贷方	借/贷	余额
月	日						
6	1		期初余额			借	76 585
	1	银付1	购入新机器		25 000	借	51 585
	1	银付2	归还借款		10 000	借	41 585
	2	银收1	收到东方厂账款	48 000		借	89 585
	3	银付3	支付上月税金		13 270	借	76 315
	5	银付4	支付甲材料运杂费		290	借	76 025
	8	银付5	偿还欠永丰厂账款		21 050	借	54 975
	15	银付6	提库存现金		500	借	54 475

表 7-32　闽发公司 10 月初各账户余额

单位:元

账　户	借方余额	账　户	贷方余额
库存现金	2 600	短期借款	160 000
银行存款	92 000	应付账款	94 000
应收账款	94 000	应交税费	31 000
原材料	320 000	长期借款	91 000
生产成本	297 000	累计折旧	1 031 300
库存商品	161 000	实收资本	3 000 000
其他应收款	500	盈余公积	600 000
固定资产	4 110 200	资本公积	70 000
合　计	5 077 300	合　计	5 077 300

该公司 10 月发生下列经济业务。(注:见第五章实训题习题二资料和记账凭证)。

要求:

(1)开设三栏式总分类账户,登记期初余额。

(2)登记三栏式总账,并结出本期发生额及期末余额。

(3)编制总分类账户本期发生额及余额表。

习题二

目的:练习科目汇总表账务处理程序。

资料:见练习题一。

要求:

(1)根据练习题一中的业务,按记账凭证编制科目汇总表。

(2)根据练习题一中的业务资料开设相应三栏式总账。

(3)根据科目汇总表登记三栏式总账。

第8章 财产清查

学习目标：

1.了解财产清查的意义、分类及一般程序。

2.掌握各类财产物资清查的具体方法和银行存款余额调节表的编制方法。

3.理解永续盘存制、实地盘存制和存货计价的方法。

4.领悟财产清查结果的一般处理程序。

5.学会运用“待处理财产损溢”账户进行财产清查结果的账务处理。

技能要求：

1.会编制银行存款余额调节表。

2.会运用“待处理财产损溢”账户进行财产清查结果的账务处理。

第一节　财产清查的意义与种类

财产清查是一种重要的会计核算方法和内部控制制度，其不仅有利于保护财产物资的安全完整、加强资源的管理、提高财产物资的利用效率，同时对账实相符的真正实现、保证会计信息的真实性和可靠性具有非常重要的意义。

一、财产清查的意义

各企业在发生日常的经济业务之后，通常会及时填制、审核会计凭证，选择合适的账务处理程序，登记各种会计账簿，最后编制完成并对外提供会计报表。财产清查就是通过对各项财产物资、货币资金及债权债务进行盘点和核对，以查明各项财产物资、货币资金及债权债务的实存数，并与账面数进行核对，从而检查账实是否相符的一种专门的会计核算方法。财产清查不仅是会计核算的专门方法，也是内部控制制度中针对财产物资管理的一项重要控制制度。通过财产清查可以发现账面结存数和实际结存数是否存在差异，进而采用相应的会计方法进行调整，以保证账实相符，从一定程度上保证会计信息的真实性和可靠性。

各企业依据有关会计凭证登记各种账簿，并通过账证核对、账账核对等方法以保证账簿记录的准确性。但是仅仅账簿记录的正确还不能保证会计信息的真实可靠，很多主观和客观原因会导致各项财产的账面数额与实际结存数额产生差异，造成账实不符。具体包括：在物资的收发过程中，由于计量、检验不准确而造成品种、数量或质量上的差错；财定账面结存数量，再采用合适的盘点方法确定出实际结存数。然后对两者进行比较，以确定两者之间的差异，查找产生差异的原因，并进行调账和批准转销的账务处理。实物资产，由于其实物形态、体积、重量、存放方式等方面各有不同，因而对其采用的清查方法也有所不同。常用的实物资产的清查方法有实地盘点法、技术推算法和抽查盘点法。

实地盘点法即通过点数、过磅等方法来确定实物资产实存数量的一种方法。

技术推算法即利用技术方法对财产的实存数进行推算的一种方法。这种方法适用于一些散装、成堆或点数、过磅有困难的实物资产的清查。

抽查盘点法即对清查中包装完整的商品、物资按大件清点，并抽查细点的一种方法。

为了明确经济责任，进行财产清查时，有关实物保管人员必须在场，并参加盘点工作，对各项实物资产的盘点结果，应如实地登记在盘存单上，并由实物保管人员和有关参加盘点人员同时签字或盖章。盘存单是实物财产盘点结果的书面证明，也是反映实物财产实有数额的原始凭证。盘存单的一般格式如表 8-1 所示。

表 8-1　盘存单

单位名称：　　　　　　　　盘点时间：

财产类别：　　　　　　　　存放地点：　　　　　　　　编号：

编号	名称	计量单位	实存数量	单价	金额	备注

盘点人（签章）：　　　　　　　　实物保管人（签章）：

为了进一步查明盘点结果与账面结存余额是否一致，还应根据盘存单和账簿记录编制实存账存对比表。实存账存对比表是财产清查的重要报表，是调整账面记录的原始凭证，也是分析盈亏原因、明确经济责任的重要依据，其格式一般如表 8-2 所示。

表 8-2　实存账存对比表

单位名称：　　　　　　　　年　月　日

<table>
<tr><th rowspan="3">编号</th><th rowspan="3">类别及名称</th><th rowspan="3">计量单位</th><th rowspan="3">单价</th><th colspan="2" rowspan="2">实存</th><th colspan="2" rowspan="2">账存</th><th colspan="4">差异</th><th rowspan="3">备注</th></tr>
<tr><th colspan="2">盘盈</th><th colspan="2">盘亏</th></tr>
<tr><th>数量</th><th>金额</th><th>数量</th><th>金额</th><th>数量</th><th>金额</th><th>数量</th><th>金额</th></tr>
<tr><td></td><td></td><td></td><td></td><td></td><td></td><td></td><td></td><td></td><td></td><td></td><td></td><td></td></tr>
<tr><td></td><td></td><td></td><td></td><td></td><td></td><td></td><td></td><td></td><td></td><td></td><td></td><td></td></tr>
<tr><td></td><td></td><td></td><td></td><td></td><td></td><td></td><td></td><td></td><td></td><td></td><td></td><td></td></tr>
</table>

主管人员：　　　　　　会计：　　　　　　制表：

二、库存现金的清查

库存现金的清查方法是实地盘点法。由于企业现金的收支业务十分频繁，容易出现差错，因此在日常工作中现金出纳员应当每日清点库存现金实有数额，并及时与现金日记账核对。这种清查实际上是出纳员份内的职责。

原则上现金、有价证券的盘点应该在盘点当日的上班前或下班后进行。盘点前应将现金存放处封锁,并于核对账册后开启核对。在由专门清查人员进行的清查工作中,清查前出纳员应将现金收付款凭证全部登记入账。为了明确经济责任,清查时出纳人员必须在场。清查人员要认真审核收付款凭证和账簿记录,检查经济业务的合理和合法性。现钞应逐张查点,一切借条、白条、收据不允许抵充现金,并查明库存现金是否超过限额,有无坐支现金等问题。然后根据盘点结果编制库存现金盘点报告表。该表是重要的原始凭证,它既具有实物财产清查的盘存单作用,又有实存账存对比表的作用。库存现金盘点报告表填制完毕,应由盘点人员和出纳人员共同签章方能生效。库存现金盘点报告表的格式如表 8-3 所示。

表 8-3 库存现金盘点报告表

单位名称:　　　　年　月　日　　　　单位:元

实存数额	账存数额	实存与账存对比结果		备　注
		盘盈(长款)	盘亏(短款)	

盘点人(签章):　　　　出纳(签章):

有价证券主要包括国库券、其他金融债券、公司债券、股票等,其清查方法与现金相同。

三、银行存款的清查

银行存款的清查与实物、现金的清查方法不同。银行存款清查的基本方法是采用银行存款日记账与开户银行的对账单相核对的方法,即将单位登记的银行存款日记账与银行送来的对账单逐笔核对每笔增减数额和同一日期的余额。通过核对,往往会发现双方账目不一致,其主要原因有两个:一是正常的"未达账项",即一方已经入账,另一方由于凭证传递时间影响没有入账的事项;二是双方账目可能发生不正常的错账、漏账。

在同银行对账之前,应首先对本单位的银行存款日记账进行检查,如果发现错账、漏账,应及时查明更正,力求银行存款日记账的准确与完整,然后与银行送来的对账单逐笔核对。对于未达账项,应于查明后编制银行存款余额调节表,以检查双方的账目是否相符。

未达账项总的来说有两大类型:一是企业已经入账而银行尚未入账的账项,二是银行已经入账而企业尚未入账的账项。具体有以下几种情况:

有些账项,企业已经入账,但银行尚未入账,具体包括:企业已作银行存款增加入账,但银行尚未入账,如企业存入的款项;企业已作银行存款减少入账,但银行尚未入账,如企业开出的支票。

有些账项,银行已经入账,但企业尚未入账,具体包括:银行已作企业存款的增加入账,但企业尚未入账,如委托银行代收的款项;银行已作企业存款的减少入账,但企业尚未入账,如银行直接代付的款项。

上述任何一种情况的发生都会使双方的账面余额不一致。为了消除未达账项的影响,企业应根据核对后发现的未达账项,编制银行存款余额调节表,据以检查双方账面余额是否相符。

【例 8-1】假设某企业的银行存款日记账月末余额为 103 000 元,银行对账单同期余额为 123 000 元,经逐笔核对,发现有如下 4 笔未达账项:

(1)企业开出现金支票一张金额 8 000 元,收到支票的企业尚未到银行办理转账手续。

(2)企业委托银行代收外地销货款 20 000 元,银行已入账而企业尚未收到收款通知。

(3)银行代企业支付水电费 3 000 元,企业尚未收到付款通知。

(4)企业月末收到转账支票一张 5 000 元,企业已入账而银行未入账。

根据上述资料,编制银行存款余额调节表如表 8-4 所示。

表 8-4 银行存款余额调节表

20××年×月　　　　单位:元

项　　目	金　额	项　　目	金　额
企业银行日记账余额	103 000	银行存款对账单余额	123 000
加:银行已经入账企业尚未入账的增加款项	20 000	加:企业已经入账银行尚未入账的增加款项	5 000
减:银行已经入账企业尚未入账的减少款项	3 000	减:企业已经入账银行尚未入账的减少款项	8 000
调节后的存款余额	120 000	调节后的存款余额	120 000

从表 8-4 可以看出,表中左右两方调节后的金额相等,这说明企业的银行存款日记账的记账过程基本正确。否则,说明记账有错误,应该进一步查明原因,予以更正。经过调节后重新求得的余额,既不等于本单位账面余额,也不等于银行账面余额,而是企业银行存款的真正实有数。

这里需要注意的是对未达账项的会计处理。按照有关规定,对于未达账项不能以银行存款余额调节表为原始凭证来调整银行存款的账面记录。对于各项未达账项只能等到收到实际收付款原始凭证时方可入账。编制银行存款余额调节表只起对账的作用,不能将其作为调整账面记录的依据。

上述清查方法也适用于其他货币资金和银行借款。

四、往来款项的清查

往来款项主要包括应收款、应付款、暂收款、暂付款等款项。各项往来款项的清查与银行存款的清查一样,也是采取同对方单位核对账目的方法。清查前,应先将本单位往来账目核对清楚,确认准确无误后,再向对方填发对账单。对账单应按明细账逐笔抄列,一式两联,其中一联作为回单,对方单位如核对相符,应在回单上盖章后退回。如发现数字不符,应将不符情况在回单上注明或另抄对账单退回,作为进一步核对的依据。

往来款项对账单的格式和内容如下:

______________单位：

你单位200×年×月×日购入我单位×产品××台，已付款项×××元，尚有××××元货款未付，请核对后将回单联寄回。

核查单位：(盖章)

200×年×月×日

请沿此虚线裁开，将以下回单联寄回。

往来款项对账单(回单联)

______________单位：

你单位寄来的"往来款项对账单"已经收到，经核对相符(若不符，应注明具体内容和金额)。

××单位(盖章)

200×年×月×日

清查单位在收到对方的回单后，据此填制往来款项清查表，其格式如表8-5所示。

表8-5　往来款项清查表

总分类账户名称：　　　　　　　　200×年×月×日

明细分类账户		清查结果		核对不符的原因分析			备注
名称	账面余额	核对相符金额	核对不相符金额	未达账项金额	有争议款项金额	其他	

通过往来款项的清查，要及时催收该收回的款项，偿还该支付的款项。对呆账和有争议的款项应及时研究处理，加强对往来款项的管理，以减少坏账损失的发生。

第三节　存货的盘存制度

在会计核算中，确定实物资产账面结存数量的盘存制度，有永续盘存制和实地盘存制两种。

一、永续盘存制

永续盘存制又称账面盘存制，是指对财产物资的收入和发出，都必须根据会计凭证在有关账簿中进行连续登记，并随时结出各种财产物资账面结存数的一种方法。虽然在永续盘存制下，通过及时地在账面上登记实物资产的收入和发出，可以随时得出余额，管理上比较严密，但由于自然损耗、计量差错、管理疏漏等各种主客观原因的存在，依然会出现账面结存数与实际结存数之间不相符的情况。所以，采用永续盘存制仍需定期或不定期地对各种实物资产进行局部或全部的清查，且至少每年实地盘点一次，以检验账实是否相符。

在永续盘存制下，存货明细分类账能随时反映存货的结存数量，其计算公式为：

期末账面结存数量＝期初账面结存数量＋本期账面增加数量－本期账面减少数量

二、实地盘存制

实地盘存制又称以存计耗制或以存计销制，是指在会计核算过程中，对于各种实物资产平时只登记收入数而不登记发出数，期末通过财产清查确定实际结存数并作为账面结存数，再倒算出本期发出数量，最后将该发出数量补记入账的一种方法。实地盘存制下发出数量的计算公式为：

本期发出数量＝期初结存数量＋本期增加数量－期末实存数量

采用永续盘存制，平时既记收入数量，又记发出数量，能随时了解财产的结存状况，管理和核算的手续比较严密，但平时的核算工作量比较大。采用实地盘存制，平时只记收入数量，不记发出数量，将期末清查的结果作为账面结存数量，进而倒算出本期发出数量，平时账簿登记的工作量较小，核算手续比较简单，但采用这种方法无法及时了解实物的发出和结存情况。实地盘存制以存计销或以存计耗倒算发出成本，必然会将由于管理不善而导致的贪污、盗窃和非正常损耗全部混入发出的销售或生产成本中。这既会导致成本核算的不合理、不准确，也不利于实物资产的日常管理和控制。同时，在资产品种繁多的情况下，经常对存货进行清查需要消耗较多的人力、物力，不仅会影响正常的经营活动，其准确性也难以保证。因此，实地盘存制通常适用于规格、品种繁多，收发频繁，期末库存量较少，容易腐烂、损耗且价值较低的实物。为加强对财产物资的管理，企业应采用永续盘存制。采用永续盘存制一般不需要经常进行定期的清查，但为了确保期末财务会计报告的准确性，在会计期间终了时，应进行一次全面的清查。但对于有些价值较高或记录容易发生差错的物品，还需要经常进行清查。

无论是采用永续盘存制还是采用实地盘存制，都需要进行财产清查，区别在于两种盘存制度下，清查的目的、范围、时间不同。在实际工作中，一个企业不一定单纯使用一种盘存制度，而可以根据实物资产的品种和规格选择利于管理和便于核算的盘存制度，还可以将两种盘存制度结合起来使用。

小知识

进行财产盘点时，实物负责人（仓管员）一定要在场。盘点后所有参加盘点的人员均要在盘点表上签字，以示明确责任。

第四节 财产清查结果的处理

财产清查结果的处理是指对清查过程发现的账面结存数和实际结存数不相符合的情况进行的有关会计处理。通过财产清查发现的账实不符的各种情况，应按照国家的法律、法规及有关会计制度严肃认真地进行处理。对财产清查中发现的盘盈、盘亏、毁损和变质等情况，应在核实数字后，按照规定的程序上报，经研究批准后再行处理。对长期不清或有争议的财产项目，应指定专人负责查明原因，并限期清理。

一、财产清查结果处理的基本步骤

财产清查结果应按一定的步骤进行会计处理：

1.核实清查结果，查明原因。财产清查的结果通常填列在实存账存对比表等有关表中。在进行有关的处理之前，应对这些原始凭证中所记录的货币资金、财产物资及债权债务的盈亏数字进行全面的核实，并对各项差异产生的原因进行分析，以便明确经济责任；针对不同原因所造成的盈亏结果提出合理的处理意见，并呈报有关领导和部门批准；对于债权债务在核对过程中出现争议的账目应尽快查明原因；对于长期欠账应由专人重点催收，以减少坏账的发生；对于发现超库存积压物资，则应加强实物财产的日常管理。

2.调整账簿记录，实现账实相符。在核实结果，查明原因的基础上，就可以根据实存账存对比表等原始凭证编制记账凭证，并据以登记入账，调整各项财产物资、货币资金、债权债务的账面结存数，使之与实际结存数相符。调整账簿的原则是以“实存”为准，当盘盈时，调增账面记录；当盘亏时，调减账面记录。然后将所编制的实存账存对比表及针对清查结果编写的报告按规定的程序一并报送有关部门和领导批准。

3.报请批准，并按批准结果进行相应的账务处理。当有关部门和领导对所呈报的财产清查结果提出处理意见后，企业应按照批复意见编制有关记账凭证，进行批准后的账务处理，登记有关账簿。对因不同原因造成的财产损失应作出相应的会计处理；对因个人原因造成的损失应追究个人的责任。

二、财产清查结果的账务处理

（一）账户设置

为了全面反映财产清查的结果及其处理情况，企业应设置“待处理财产损溢”账户。“待处理财产损溢”账户属于资产类账户，用来核算企业在财产清查过程中发现的各项财产物资的盘盈、盘亏数以及经批准后的转销数。其借方登记财产物资的盘亏数和经批准盘盈的转销数；贷方登记清查中发现的财产物资的盘盈数和经过批准后盘亏的转销数。为了分别反映企业固定资产和流动资产的清查情况，在“待处理财产损溢”总账账户下，应分别设置“待处理流动资产损溢”和“待处理固定资产损溢”两个明细账户进行核算。

企业清查的各种财产损溢应于期末前查明原因，并根据企业的管理权限经股东大会或董事会或经理(厂长)会议或类似机构批准后,在期末结账前处理完毕,因此该账户期末通常无余额。

“待处理财产损溢”账户的结构如下:

借方	待处理财产损溢　　　　　　贷方
(1)清查时发现的盘亏数 (2)经批准后盘盈的转销数	(1)清查时发现的盘盈数 (2)经批准后盘亏的转销数

“待处理财产损溢”账户是一个过渡性账户,用于反映财产清查的结果及随后的批准处理过程,并且该账户只用于反映货币资金和财产物资的清查结果,往来款项的清查结果不通过该账户核算。这一账户期末通常无余额,若对盘亏或盘盈的实物资产的处理在会计期末尚未批准的,应按相关规定予以转销,并在会计报表附注中作出说明。如果其后批准处理的金额与已转销的金额不同,应按其差额调整会计报表相关项目的年初数。

(二)财产清查结果的会计处理

财产清查结果的会计处理通常分两步进行:第一步,根据清查所得的实存数调整记入“待处理财产损溢”及相关账簿,使之实现账实相符;第二步,根据批准处理结果,对“待处理财产损溢”账户进行转销处理。财产清查的对象不同,所采取的会计处理方法及所使用的账户也有所不同。

1.现金清查结果的会计处理

现金清查中发现现金长款(盘盈)或短款(盘亏),应根据现金盘点报告表以及有关的批准文件,通过“待处理财产损溢——待处理流动资产损溢”账户进行批准前和批准后的账务处理。

对于现金长款、短款在批准转销后应视不同的原因分别记入不同的账户。一般来说,对于无法查明原因的现金长款,其批准后的处理是增加营业外收入,对于应付其他单位或个人的现金长款,经批准后应记入“其他应付款——××单位或个人”账户。对于现金短款,如果是应由责任人赔偿或保险公司赔偿的,应转销记入“其他应收款——××”或“其他应收款——应收保险款”账户,如果现金短款是由于经营管理不善造成的非常损失或无法查明原因的,应增加企业的管理费用。

【例8-2】甲公司在年底的财产清查中发现现金短款1 600元,其中1 450元查明系因出纳人员王鹏错误所致,其余150元经反复查对原因不明。经批准,王鹏错误所致部分由其本人承担,原因不明部分列作管理费用。要求做出批准前和批准后的会计处理。

批准前,编制会计分录如下:

借:待处理财产损溢——待处理流动资产损溢　　1 600
　贷:库存现金　　1 600

批准后,编制会计分录如下:

借:其他应收款——王鹏　　1 450
　管理费用　　150
　贷:待处理财产损溢——待处理流动资产损溢　　1 600

【例8-3】乙公司在财产清查中发现现金长款1 000元,无法查明原因。经批准,作为营业外收入处理。要求做出批准前、后的会计处理。

批准前,编制会计分录如下:

借:库存现金　　1 000

　贷:待处理财产损溢——待处理流动资产损溢　　1 000

批准后,编制会计分录如下:

借:待处理财产损溢——待处理流动资产损溢　　1 000

　贷:营业外收入　　1 000

2.实物资产清查结果的会计处理

实物资产的清查结果也分批准前、后两个阶段进行。对盘盈或盘亏的流动资产通过"待处理财产损溢——待处理流动资产损溢"明细账户核算,批准前记入该账户的借方或贷方,并调增或调减相关的流动资产账户。报经有关部门批准后,按不同的原因分别转销记入相应账户。一般处理办法是:盘亏的流动资产,属于管理不善、收发计量不准确以及因自然损耗而产生的定额内的损耗,转销记入"管理费用"账户;由于责任人过失而产生的损耗,记入"其他应收款"账户,由过失人赔偿;因非常损失造成的短缺、毁损,在扣除保险公司的赔偿和残料价值后的净损失,列入营业外支出。盘盈的流动资产,经批准后通常冲减"管理费用"账户。

固定资产的盘亏通过"待处理财产损溢——待处理固定资产损溢"账户核算。对于盘盈的固定资产,应按照同类或类似固定资产的市场价格,减去按该项固定资产新旧程度估计的价值损耗后的净额直接记入"固定资产"账户的借方、"以前年度损益调整"账户的贷方。盘亏的固定资产批准转销前,应按其账面净值记入"待处理财产损溢——待处理固定资产损溢"账户的借方,将已提折旧全部转出记入"累计折旧"账户的借方,按账面原价记入"固定资产"账户的贷方。批准转销后,则按其账面净值扣除保险和个人责任后转入"营业外支出"账户的借方。

【例 8-4】丙公司在财产清查过程中发现盘亏机器一台,账面原值 80 000 元,已提折旧 50 000 元。盘点材料过程中发现盘亏材料 80 千克,每千克成本 100 元,其中 10 千克系因计量差错导致,其余 70 千克由仓库保管员张伟失职导致。经批准,盘亏机器作为营业外支出处理;盘亏材料因计量差错部分作为管理费用处理,失职导致部分由张伟个人承担。要求做出批准前、后的会计处理。

批准前,根据"实存账存对比表"所确定的盘亏数量,编制会计分录如下:

对于固定资产

借:待处理财产损溢——待处理固定资产损溢　　30 000

　　累计折旧　　50 000

　贷:固定资产　　80 000

对于原材料

借:待处理财产损溢——待处理流动资产损溢　　8 000

　贷:原材料　　8 000

批准后,编制会计分录如下:

对于固定资产

借：营业外支出　　30 000

　贷：待处理财产损溢——待处理固定资产损溢　　30 000

对于原材料

借：其他应收款——张伟　　7 000

　　管理费用　　1 000

　贷：待处理财产损溢——待处理流动资产损溢　　8 000

【例 8-5】丁公司在年末的财产清查中发现一台账外设备，同类设备的市场价格为50 000元，估计八成新。同时盘盈材料 80 千克，每千克成本 3 元。经批准，盘盈设备作营业外收入处理；盘盈材料冲减管理费用。要求做出批准前、后的会计处理。

批准前，根据“实存账存对比表”所确定的盘盈数量，编制会计分录如下：

对于固定资产，不做处理。

对于原材料

借：原材料　　240

　贷：待处理财产损溢——待处理流动资产损溢　　240

批准后，编制会计分录如下：

对于固定资产

借：固定资产　　40 000

　贷：以前年度损益调整　　40 000

对于原材料

借：待处理财产损溢——待处理流动资产损溢　　240

　贷：管理费用　　240

3.往来款项清查结果的会计处理

财产清查过程中发现的确实无法收回的应收账款，不通过“待处理财产损溢”账户核算，而是在原来账面记录的基础上，按规定程序报经批准后直接处理。无法收回的应收账款称为坏账，由于发生坏账而造成的损失称为“坏账损失”。对于坏账损失的核算有备抵法和直接转销法两种。在直接转销法下，将发生的坏账金额借记“管理费用”科目，直接贷记“应收账款”科目。在备抵法下，平时按照一定的方法计提坏账准备，借记“管理费用”科目，贷记“坏账准备”科目；当发生坏账时，借记“坏账准备”科目，贷记“应收账款”科目。按照我国现行会计制度的要求，我国企业单位应该采用备抵法核算坏账损失，计提坏账准备金。

【例 8-6】丙公司应收账款账上有应收甲公司货款 7 000 元，因甲公司破产，货款全部无法收回，经批准转作坏账损失。要求做出会计处理。

若企业采用直接转销法，编制会计分录如下：

借：管理费用　　7 000

　贷：应收账款——甲公司　　7 000

若企业采用备抵法，编制会计分录如下：

借：坏账准备　　7 000

　贷：应收账款——甲公司　　7 000

由于债权单位撤销或不存在等原因造成的应付而无法支付的款项，经批准予以转销。无法支付的款项在批准前不作处理，即不通过“待处理财产损溢”账户核算，按规定程序批准转销后，将应付账款直接转入当期损益。

【例 8-7】乙公司在财产清查中发现，由于供货单位丙公司早已被撤销，货款 15 000 元无法支付，经批准予以转销，编制会计分录如下：

借：应付账款——丙公司　　15 000
　贷：营业外收入　　15 000

本章小结

财产清查是一种重要的会计核算方法和内部控制制度，其不仅有利于保护财产物资的安全完整、加强资源的管理、提高财产物资的利用效率，同时对账实相符的真正实现、保证会计信息的真实性和可靠性具有非常重要的意义。

财产清查按清查范围不同，可以分为全部清查和局部清查；按清查的时间不同，可以分为定期清查和不定期清查。

常用的实物资产的清查方法有实地盘点法、技术推算法和抽查盘点法。

在会计核算中，确定实物资产账面结存数量的盘存制度有永续盘存制和实地盘存制两种。

通过财产清查发现的账实不符的各种情况，应按照国家的法律、法规及有关会计制度严肃认真地进行处理。对财产清查中发现的盘盈、盘亏、毁损和变质等情况，应在核实数字后，按照规定的程序上报，经研究批准后再行处理。对长期不清或有争议的财产项目，应指定专人负责查明原因，并限期清理。

课后作业

一、思考题

1.什么是财产清查？财产清查的意义是什么？

2.财产清查的原始凭证有哪些？其作用如何？

3.何为永续盘存制？何为实地盘存制？各自的特点和优缺点是什么？

4.何为未达账项？未达账项有哪几种？

5.“银行存款余额调节表”的作用是什么？

二、练习题

(一)单项选择题

1.下列情况中，需要进行全面清查的有(　　)。

A.发现未达账项　　B.年终决算　　C.更换财务人员　　D.发现现金短缺

2.在永续盘存制下，平时对各项财产物资在账簿中的登记方法是(　　)。

A 只登记增加数，不登记减少数　　B.只登记减少数，不登记增加数
C.增加数、减少数均不登记　　D.对增加数和减少数均要连续登记

3.清查库存现金采用的方法是（　　）。
A.实地盘点法　　B.技术推算盘点法
C.余额调节法　　D.核对账目法

4.银行存款的清查，主要是对下列会计资料之间的核对（　　）。
A.银行存款日记账与银行存款总分类账
B.银行存款日记账与银行存款收、付款凭证
C.银行存款总分类账与银行存款收、付款凭证
D.银行存款日记账与开户银行的对账单

5.“银行存款余额调节表”的作用是（　　）。
A.调节企业“银行存款日记账”余额的凭证
B.调节“银行对账单”余额的凭证
C.核对企业和银行的账簿记录
D.更正银行对账单错误的凭证

6.“现金盘点报告表”（　　）。
A.应由会计主管签章方能生效
B.应由出纳员签章方能生效
C.应由盘点人签章方能生效
D.应由盘点人和出纳员共同签章方能生效

（二）多项选择题

1.下列项目中，属于不定期清查的有（　　）。
A.更换仓库保管员时，对其所保管财产的清查
B.发生自然灾害时，对受灾财产的清查
C.年终决算时，对财产物资的清查
D.月末结账时，对银行存款的清查

2.财产清查工作中的原始凭证有（　　）。
A.盘存单　　B.现金盘点报告表
C.实存账存对比表　　D.银行存款余额调节表

3.财产清查按其清查的对象和范围不同，可分为（　　）。
A.全面清查　　B.局部清查　　C.定期清查　　D.不定期清查

4.下列项目中，属于全面清查对象的有（　　）。
A.货币资金　　B.固定资产、材料　　C.在途商品　　D.债权、债务

5.采用实地盘存制对各项财产物资记录的特点是（　　）。
A.平时根据会计凭证登记增加数　　B.平时根据会计凭证登记减少数
C.随时结出账面余额　　D.月末通过实地盘点确定减少数

三、实训题

习题一

目的:练习编制银行存款余额调节表。

资料:某工业企业 2021 年 6 月 30 日银行存款日记账的账面余额为 300 000 元,银行对账单同日的余额为 240 000 元,经逐项核对,发现存在以下未达账项:

(1)28 日,企业开出支付购料货款的转账支票 60 000 元,银行尚未入账。

(2)29 日,企业存入购货单位开来的转账支票 120 000 元,银行尚未入账。

(3)29 日,银行为企业代付电费 67 500 元,企业尚未入账。

(4)30 日,银行为企业代收销售产品的货款 75 000 元,企业尚未入账。

(5)30 日,企业开出预付房租的现金支票 22 500 元,银行尚未入账。

(6)30 日,银行为企业代付水费 30 000 元,企业尚未入账。

要求:根据以上资料编制银行存款余额调节表。

习题二

目的:练习财产清查会计处理。

资料:某工业企业 2021 年 9 月对材料和固定资产进行了清查,清查结果如下:

(1)盘亏钻床一台,其原价为 80 000 元,已提折旧 40 000 元,经批准,其净值作为营业外支出。

(2)发现账外机床一台,按同类设备市场价格减去按新旧程度估计的价值损耗后的余额为 45 000 元。经批准,其净值作为以前年度损溢调整。

(3)甲种材料盘亏 200 千克,价值 400 元,经查,系定额内的损耗,经批准列作管理费用。

(4)乙种材料毁损 1 000 千克,价值 2 000 元;残料估价 100 元,已验收入库,经查,乙种材料的毁损系暴风雨袭击仓库所致,经批准,其损失作为营业外支出。

(5)丙种材料盘盈 300 千克,价值 1 200 元,经查,系收发过程中计量误差所致,经批准冲减管理费用。

要求:根据以上资料,编制会计分录。

第9章 财务会计报告

学习目标：

1.了解财务会计报告的意义、组成内容和报送要求。

2.掌握资产负债表的结构、内容和编制方法。

3.掌握利润表的结构、内容和编制方法。

4.了解现金流量表的结构、内容和编制方法。

5.了解报表附注和财务情况说明书的内容和编制要求。

技能要求：

熟练掌握资产负债表和利润表的编制。

第一节 财务会计报告概述

一、财务会计报告的概念和意义

（一）财务会计报告的概念

财务会计报告是指企业对外提供的反映企业某一特定日期的财务状况和某一会计期间经营成果、现金流量等会计信息的书面文件。编制会计报告是会计核算工作的结果，是财务会计部门提供会计信息的一种重要手段，因此，编制财务会计报告是财务会计工作的一项重要内容。

（二）财务会计报告的意义

企业日常核算的会计资料较为分散，不概括，不便于理解和利用，无法满足会计信息使用者的需求。因此，有必要定期将企业分散的会计信息进行加工处理，通过编制财务会计报告综合反映企业的财务状况、经营成果、现金流量及其财务收支情况，以满足不同会计信息使用者的需求。

通过对财务会计报告的解读和分析，企业管理当局和各职能部门可以了解企业的财务状况和经济效益，以便评价和考核企业业绩，加强经营管理，制定经营策略；政府可以了解企业的社会贡献能力，制定宏观经济管理政策；投资者可以了解投资风险和投资报酬，进行投资决策；银行可以了解借款的安全性和利息的保障性，决定贷款去向；供应商可以了解货款能否按期收回，制定销售策略等。

二、财务会计报告的组成

财务会计报告主要包括会计报表、报表附注和其他应在财务会计报告中披露的相关信息和资料，会计报表是财务会计报告的核心和主体。具体结构见图 9-1。

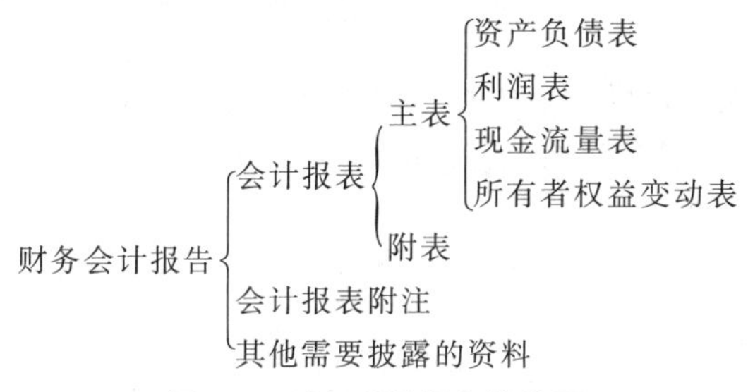

图 9-1 财务会计报告结构图

(一)会计报表

会计报表由主表和附表两部分组成。其中，主表包括资产负债表、利润表、现金流量表和所有者权益变动表。附表根据各行业的特点编制，企业的附表包括利润分配表、资产减值准备明细表、应交增值税明细表等。

(二)会计报表附注

报表附注是对在会计报表中列示的项目所做的文字说明，以及对未能在会计报表中列示的项目所做的表外说明等。会计报表附注应当披露会计报表的编制基础，相关信息应当与会计报表中列示的项目相互参照。其披露的内容主要有：

1.企业的基本信息。

2.会计报表的编制基础。

3.遵循企业会计准则的声明。

4.重要会计政策的说明，包括会计报表项目的计量基础和会计政策的确定依据。

5.重要会计估计的说明，包括下一个会计期间内可能导致资产、负债账面价值重大调整的会计估计的确定依据等。

6.会计政策和会计估计变更以及差错更正的说明。

7.会计报表重要项目的说明。

8.或有事项。

9.资产负债表日后事项。

10.关联方关系及其交易。

(三)其他需要披露的资料

企业还应针对会计信息使用者的需要披露其他相关的信息，如企业非财务性重大事项说明等。

三、财务会计报表的种类

(一)按其使用者不同分类

财务会计报表可以根据使用者不同，分为企业外部使用的会计报表和企业内部使用的会计报表两种。

1.外部报表:企业对外报送的财务会计报表,即外部报表。为了便于会计信息使用者对信息的汇总和对比,我国《企业会计准则》对外部报表的种类、格式、内容和编制要求做了详细的说明,每家企业都必须严格按照国家规定编制外部报表。本章主要阐述外部报表的编制。

2.内部报表:内部报表是供企业内部管理需要而编制的,它可根据各自的经营特点和管理需要自行设计,国家一般不作硬性规定。如:成本费用分析表、收入对比表等。

(二)按其编报时期分类

会计报表按其编报的时期可分成日报、周报、旬报、月报、季报、半年报和年报,一般前三种为企业内部管理使用的报表。这些报表所提供的指标灵活、具体、及时,便于计算。后四种一般为外部报表,分别在月末、季末、半年末和年末编制。其中,季报、半年报和年报应附有财务情况说明书,对报表反映的数据进行文字分析说明。至于哪些报表应按月编报,哪些报表应按季编报,哪些报表应按年编报,则应根据会计制度要求进行提供。

(三)按其编制单位分类

会计报表按编制单位可分为单位会计报表和汇总会计报表两种。单位会计报表是指一个独立核算单位以本单位为范围,根据本单位的账簿记录和其他会计资料编制的会计报表。汇总会计报表则是指上级主管部门、国民经济综合部门根据所属单位的会计报表逐级加以汇总编制的会计报表。

(四)按其反映的内容分类

外部会计报表按其反映的经济内容可分为:反映某一会计期末企业财务状况的资产负债表;反映企业某一会计期间经营成果的利润表;反映企业某一会计年度现金流入和现金流出情况的现金流量表;反映企业一定时期的财务状况变动及其原因的所有者权益变动表。

四、财务会计报告的编制要求

财务会计报告总括反映了会计主体某一时期经济活动的全貌。为了确保财务会计报告质量,充分发挥会计报告的作用,满足不同信息使用者的需要,在编制会计报告时必须严格做到以下几点:

(一)数字真实

会计核算应当以实际发生的经济业务为依据,如实反映财务状况和经营成果。每一个会计主体都应当按照国家统一的会计制度规定编制会计报告,不能用估计数字代替实际数,更不能弄虚作假,篡改数字,隐瞒谎报,以保证财务会计报告的真实性。

(二)内容完整

每一个会计主体必须按照国家统一会计制度规定的报表种类、格式和内容编制会计报告,以保证会计报告的完整性。对不同会计期间应当编报的各种会计报告,必须编报齐全;应当填列的报表指标,无论是表内项目还是补充资料,必须全部填列;应当汇总编制的所属各单位的会计报告,必须全部汇总,不得漏编和漏报。

(三)计算准确

会计报表项目中的金额主要来源于日常的账簿记录,但并不完全是账簿数字的简单转抄。有些报表项目的金额要对有关会计科目的期末余额进行分析,计算整理后才能填列,而且报表项目之间的数字存在着一定的数量勾稽关系。所以,要采用正确的计算方法,保证计算结果准确。计算准确并不排除谨慎性原则的运用,即在有不确定因素的情况下做出所要求的预计时,进行谨慎的判断,以便不抬高资产或收益,也不过分压低费用。

(四)编报及时

会计报告必须遵守国家或上级主管部门规定的期限和程序,及时编制、及时报送,以保证报告的及时性。但不能为赶编会计报告而提前结账,更不能为了提前报送而影响报表质量。

第二节 资产负债表

一、资产负债表的概念和作用

(一)资产负债表的概念

资产负债表是指反映企业某一特定日期财务状况的会计报表。某一特定日期是指编制报表这一天,如月末、季末、年末等,因此说它是静态报表。财务状况主要是指企业资产、负债、所有者权益的绝对数字,及各个项目之间的构成比例。资产负债表是根据"资产=负债+所有者权益"这一会计等式,依据一定的分类标准和顺序,将企业在一定日期的全部资产、负债和所有者权益项目进行适当分类、汇总、排列后编制而成的会计报表。每一会计主体都必须按月编制资产负债表。

(二)资产负债表的作用

资产负债表是财务会计报告的主要报表之一,它所提供的会计信息是国家宏观管理、企业内部管理、投资者、债权人等会计信息使用者进行决策所必需的资料。其表明了企业在资产、负债、所有者权益三方面的实力状况,反映了企业经营活动的规模及其发展潜力。资产负债表的具体作用如下:

第一,资产负债表提供了企业所掌握的经济资源及其分布的情况,经营者据此可以分析企业资产分布是否合理。

第二,资产负债表总括反映了企业资金的来源渠道和构成情况,投资者和债权人据此可以分析企业资本结构的合理性及其面临的财务风险。

第三,通过对资产负债表的分析,可以了解企业的财务实力、短期偿债能力和支付能力,投资者和债权人据此可以做出相应的决策。

第四,通过对前后期资产负债表的对比分析,可以了解企业资金结构的变化情况,经营者、投资者和债权人据此可以掌握企业财务状况的变化情况和变化趋势。

"应付账款"账户所属各明细账户的期末借方余额合计

"应付账款"项目="应付账款"账户所属各明细账户的期末贷方余额合计+"预付账款"账户所属各明细账户的期末贷方余额合计

"预收账款"项目="预收账款"账户所属各明细账户的期末贷方余额合计+"应收账款"账户所属各明细账户的期末贷方余额合计

(三)根据总账账户和明细账户余额分析计算填列

资产负债表中有些项目需要根据总账账户和明细账户余额分析计算填列。如"长期借款"项目,根据"长期借款"总账账户余额,扣除"长期借款"账户所属的明细账户中反映的、将于1年内到期,且企业不能自主地将清偿义务展期的长期借款后的金额计算填列。

(四)根据有关账户余额减去其备抵项目后的净额填列

根据有关账户余额减去其备抵项目后的净额填列,具体的项目有:

1."应收票据"项目,根据"应收票据"科目的期末余额,减去"坏账准备"科目中相关坏账准备期末余额后的金额填列。

2."应收账款"项目,根据"应收账款"科目的期末余额,减去"坏账准备"科目中相关坏账准备期末余额后的金额填列。

3."其他应收款"项目,根据"应收利息""应收股利"和"其他应收款"科目的期末余额合计数,减去"坏账准备"科目中相关坏账准备期末余额后的金额填列。

4."持有待售资产"项目,根据"持有待售资产"科目的期末余额,减去"持有待售资产减值准备"科目的期末余额后的金额填列。

5."债权投资"项目,应根据"债权投资"账户期末余额,减去"债权投资减值准备"账户期末余额后的金额填列。

6."存货"项目,根据扣除前的存货项目余额减去"存货跌价准备"账户期末余额后的金额填列。

7."长期股权投资"项目,应根据"长期股权投资"账户的期末余额,减去"长期投资减值准备"账户中有关股权投资减值准备期末余额后的金额填列。

8."投资性房地产"项目,应根据"投资性房地产"账户期末余额,减去"投资性房地产减值准备"账户期末余额后的金额填列。

9."固定资产"项目,应根据"固定资产"科目的期末余额,减去"累计折旧"和"固定资产减值准备"科目的期末余额后的金额,以及"固定资产清理"科目的期末余额填列。

10."在建工程"项目,根据"在建工程"科目的期末余额,减去"在建工程减值准备"科目的期末余额后的金额,以及"工程物资"科目的期末余额,减去"工程物资减值准备"科目的期末余额后的金额填列。

11."无形资产"项目,按照"无形资产"账户的期末余额减去"累计摊销"和"无形资产减值准备"账户期末余额后的净额填列。

(五)综合运用上述有关方法计算填列

资产负债表中有些项目需要根据若干个总账账户的期末余额计算填列。

1."货币资金"项目,根据"库存现金"、"银行存款"、"其他货币资金"账户期末余额合计填列。

2."存货"项目，根据"在途物资"、、"原材料"、"周转材料"、"自制半成品"、"库存商品"、"材料成本差异"、"发出商品"、"委托加工物资"、"生产成本"等账户的合计，减去"存货跌价准备"账户期末余额后的余额填列。

3."其他应付款"项目，应根据"应付利息""应付股利"和"其他应付款"科目的期末余额合计数填列。

4."未分配利润"项目，在月(季)报中，根据"本年利润"和"未分配利润"账户的余额计算填列(如该账户出现借方余额应以"一"号填列)。在年报中，直接根据"未分配利润"账户余额填列。

四、资产负债表的编制案例

(一)资料

宏兴公司 2021 年 4 月 30 日，总账和有关明细账余额如表 9-3 所示。

表 9-3 宏兴公司总账和有关明细账余额表

2019 年 4 月 30 日

单位:元

会计科目	总分类科目		明细分类科目	
	借方余额	贷方余额	借方余额	贷方余额
库存现金	7 300			
银行存款	514 300			
应收账款	132 000			
——顺昌公司			152 000	
——华泰公司				20 000
坏账准备		500		
原材料	135 600			
——甲材料			70 400	
——乙材料			65 200	
生产成本	110 406			
——A 产品			98 406	
——B 产品			12 000	
预付账款	9 600			
——伟达公司			12 000	
——翔安公司				2 400
库存商品	46 364			
——A 产品			6 000	
——B 产品			40 364	
固定资产	300 000			

续表

会计科目	总分类科目		明细分类科目	
	借方余额	贷方余额	借方余额	贷方余额
累计折旧		45 000		
无形资产	80 000			
累计摊销		450		
应付职工薪酬		28 400		
应付利息		6 020		
应付账款		241 680		
——弘发公司			44 000	
——江山公司				285 680
应交税费		94 220		
——应交增值税				63 720
——应交所得税				30 500
应付股利		30 000		
实收资本		433 000		
资本公积		20 000		
盈余公积		19 150		
本年利润		171 500		
利润分配		245 650		
合　计	1 335 570	1 335 570		

(二)编制方法

根据表 9-3 的资料编制宏兴公司 2021 年 4 月 30 日资产负债表如表 9-4 所示。

表 9-4　资产负债表

编制单位:宏兴公司　　　　2021 年 4 月 30 日　　　　单位:元

资　产	年初数	期末数	负债和所有者权益	年初数	期末数
流动资产			流动负债		
货币资金	147 560	521 600	短期借款		
交易性金融资产			交易性金融负债		
衍生金融资产			衍生金融负债		
应收票据			应付票据		
应收账款	102 000	151 500	应付账款	150 000	288 080
预付账款	9 000	56 000	预收账款		20 000
其他应收款			合同负债		
合同资产			应付职工薪酬	20 000	28 400

续表

资　产	年初数	期末数	负债和所有者权益	年初数	期末数
存货	320 000	292 370	应交税费	56 400	94 220
持有待售资产			其他应付款	15 160	36 020
一年内到期非流动资产			持有待售负债		
其他流动资产			一年内到期的非流动负债		
流动资产合计	578 560	1 021 470	其他流动负债		
非流动资产			流动负债合计	241 560	466 720
债权投资			非流动负债		
其他债权投资			长期借款		
长期应收款			应付债券		
长期股权投资			其中:优先股		
其他权益工具投资			永续债		
其他非流动金融资产			租赁负债		
投资性房地产			长期应付款		
固定资产	70 000	255 000	预计负债		
在建工程			递延收益		
生产性生物资产			递延所得税负债		
油气资产			其他非流动负债		
使用权资产			非流动负债合计		
无形资产	80 000	79 550	负债合计	241 560	466 720
开发支出			所有者权益		
商誉			实收资本	433 000	433 000
长期待摊费用			其他权益工具		
递延所得税资产			其中:优先股		
其他非流动资产			永续债		
非流动资产合计	150 000	334 550	资本公积	20 000	20 000
			减:库存股		
			其他综合收益		
			专项储备		
			盈余公积	10 000	19 150
			未分配利润	24 000	417 150
			所有者权益合计	487 000	889 300
资产合计	728 560	1 356 020	负债及所有者权益合计	728 560	1 356 020

表 9-4 中部分项目数字计算说明如下：

1."年初数"：数字来源于 2019 年 12 月 31 日的期末数字(上年度的资产负债表省略)。

2."货币资金"＝"库存现金"＋"银行存款"＝7 300＋514 300＝521 600(元)

3."应收账款"＝"应收账款"明细账借方金额－"坏账准备"

＝152 000－500＝151 500(元)

4."预付账款"＝"预付账款"明细账借方余额＋"应付账款"明细账借方余额

＝12 000＋44 000＝56 000(元)

5."存货"＝"原材料"＋"生产成本"＋"库存商品"

＝135 600＋110 406＋46 364＝292 370(元)

6."固定资产"＝"固定资产"－"累计折旧"＝300 000－45 000＝255 000(元)

7."无形资产"＝"无形资产"－"累计摊销"＝80 000－450＝79 550(元)

8."应付账款"＝"预付账款"明细账贷方余额＋"应付账款"明细账贷方余额

＝2 400＋285 680＝288 080(元)

9."预收账款"＝"应付账款"明细账贷方余额＝20 000(元)

10."其他应付款"＝"应付利息"＋"应付股利"6 020＋30 000＝36 020(元)

表格中除以上项目之外的其他项目，数字直接用表 9-3 项目对应的总账数字填列。

第三节　利润表

一、利润表的概念和作用

(一)利润表的概念

利润表是指反映企业某一特定期间经营成果的会计报表，也称损益表、收益表。某一特定期间是指编制利润表的所属期间，如一个月、一个季度、一个年度等，因此说它是动态报表。经营成果是指企业进行经营活动产生的结果，即收入、费用和利润的发生情况。利润表根据会计恒等式"收入－费用＝利润"这一平衡公式，按照一定的分类标准和顺序，将企业一定会计期间的各种收入、费用和利润进行适当分类、排列而成的。每一会计主体都必须按月编制利润表。

(二)利润表的作用

利润表是财务会计报告的主要报表之一，它有助于会计信息使用者全面了解企业一定时期实现的利润或发生的亏损，评价企业该时期经营业绩的好坏；有助于检查影响利润或亏损变动的原因，分析企业的盈利能力和经济效益。

二、利润表的内容和格式

(一)利润表的内容

利润表采取了收入扣除费用为利润的结果式结构。因此，利润表的内容，由收入、费用、利润三大要素组成。

(二)利润表的格式

利润表的格式实际上就是收益计算公式的表格化。目前根据利润表具体项目排列方式不同,利润表常见的格式一般有单步式和多步式两种。根据我国《企业会计制度》的规定,我国企业的利润表采用多步式结构。

1.单步式利润表

单步式利润表将本期所有的收入与收益加计一个总数,然后再把所有的费用和支出加计一个总数,两者相减,一次计算得出净利润。单步式简单易懂便于理解。其格式见表9-5。

表 9-5　单步式利润表

编制单位：　　　　年　月　　　　单位：

收入与收益	本期数	本年累计数
主营业务收入		
其他业务收入		
投资收益		
营业外收入		
费用与支出		
主营业务成本		
税金与附加		
销售费用		
管理费用		
财务费用		
其他业务成本		
营业外支出		
所得税费用		
净利润		

2.多步式利润表

多步式利润表是按照企业利润的构成内容,分层次、分步骤地逐步逐项计算编制而成的报表。它根据经营活动与非经营活动对企业利润的贡献情况排列编制。通常分为以下几步。

第一步:计算营业利润。

营业利润＝营业收入－营业成本－税金及附加－销售费用－管理费用－研发费用－财务费用＋其他收益＋投资收益＋公允价值变动收益＋信用减值损失＋资产减值损失＋资产处置收益

营业收入＝主营业务收入＋其他业务收入

营业成本＝主营业务成本＋其他业务成本

第二步:计算利润总额。

利润总额=营业利润+营业外收入-营业外支出

第三步:计算净利润。

净利润=利润总额-所得税费用

如果利润表的格式要求反映利润分配情况,还要增加以下两个步骤:

第四步:计算可供分配的利润。

可供分配的利润=净利润+前期未分配利润

第五步:计算未分配利润。

未分配利润=可供分配的利润-法定盈余公积金-任意盈余公积金-向投资者分配利润

如果利润表不反映利润分配情况,可在利润表之外单独编制利润分配表予以揭示。现行会计制度就是按照后一种方式来列示利润分配情况的,即利润分配另外编表说明。

多步式利润表可以突出表内各项目间的关系,有利于前后期各相应项目的比较,使企业管理者和各有关方面容易取得和分析企业的各项收入、费用、获利能力等详细情况,并据以进行预测和决策,因而被普遍采用。其具体格式见表9-6。

表9-6 利润表

会企02表

编制单位: 年 月 单位:元

项 目	本期金额	本年累计金额
一、营业收入		
减:营业成本		
税金及附加		
销售费用		
管理费用		
研发费用		
财务费用		
其中:利息费用		
利息收入		
加:其他收益		
投资收益(损失以"-"号填列)		
其中:对联营企业和合营企业的投资收益		
以摊余成本计量的金融资产终止确认收益(损失以"-"号填列)		
净敞口套期收益(损失以"-"号填列)		

续表

项　　目	本期金额	本年累计金额
公允价值变动收益(损失以"—"号填列)		
信用减值损失(损失以"—"号填列)		
资产减值损失(损失以"—"号填列)		
资产处置收益(损失以"—"号填列)		
二、营业利润(亏损以"—"号填列)		
加:营业外收入		
减:营业外支出		
三、利润总额(亏损总额以"—"号填列)		
减:所得税费用		
四、净利润(净亏损以"—"号填列)		
(一)持续经营净利润(净亏损以"—"号填列)		
(二)终止经营净利润(净亏损以"—"号填列)		
五、其他综合收益的税后净额		
(一)不能重分类进损益的其他综合收益		
1.重新计量设定受益计划变动额		
2.权益法下不能转损益的其他综合收益		
3.其他权益工具投资公允价值变动		
4.企业自身信用风险公允价值变动		
……		
(二)将重分类进损益的其他综合收益		
1.权益法下可转损益的其他综合收益		
2.其他债权投资公允价值变动		
3.金融资产重分类计入其他综合收益的金额		
4.其他债权投资信用减值准备		
5.现金流量套期储备		
6.外币财务报表折算差额		
……		
六、综合收益总额		
七、每股收益:		
(一)基本每股收益		
(二)稀释每股收益		

三、利润表的编制方法

利润表各个项目需填列的数字分为“本月金额”和“本年累计金额”两栏。其填制方法各有不同。

（一）“本月金额”项目的填列方法

“本月金额”栏反映各项目的本月实际发生数，主要应依据各相关账户的本月实际发生额编制。在编制中期（半年度）和年度利润表时，应将“本月金额”栏改成“上年数”栏，编制中期利润表时，本栏填列上年同期累计实际发生数，编制年度利润表时，本栏填列上年全年累计实际发生数。如果上年度利润表与本年度利润表的项目名称和内容不相一致，应对上年度利润表项目的名称和数字按本年度的规定进行调整，按调整后的数字填入本表“上年数”栏。具体填列方法有以下两种：

1.根据账户的发生额填列

利润表中的大部分项目都可以根据账户的发生额分析填列，具体有以下几项：

（1）“营业收入”项目，根据“主营业务收入”和“其他业务收入”账户发生额合计填列。

（2）“营业成本”项目，根据“主营业务成本”和“其他业务成本”账户发生额合计填列。

（3）“税金及附加”项目，直接根据“税金及附加”账户发生额填列。

（4）“销售费用”项目，直接根据“销售费用”账户发生额填列。

（5）“管理费用”项目，根据“管理费用”账户发生额扣除列入“研发费用”项目金额填列。

（6）“研发费用”项目，根据“管理费用”科目下的“研究费用”明细科目的发生额，以及“管理费用”科目下的“无形资产摊销”明细科目的发生额分析填列。

（7）“财务费用”项目，直接根据“财务费用”账户发生额填列。

（8）“财务费用”项目下的“利息费用”项目，根据“财务费用”科目的相关明细科目的发生额分析填列。该项目作为“财务费用”项目的其中项，以正数填列。

（9）“财务费用”项目下的“利息收入”项目，根据“财务费用”科目的相关明细科目的发生额分析填列。该项目作为“财务费用”项目的其中项，以正数填列。

（10）“其他收益”项目，应根据“其他收益”科目的发生额分析填列。

（11）“投资收益”项目，直接根据“投资收益”账户发生额填列。如损失以“－”号填列。

（12）“公允价值变动收益”项目，直接根据“公允价值变动收益”账户发生额填列。如损失以“－”号填列。

（13）“信用减值损失”项目，直接根据“信用减值损失”账户发生额填列。如损失以“－”号填列。

（14）“资产减值损失”项目，直接根据“资产减值损失”账户发生额填列。如损失以“－”号填列。

（15）“资产处置收益”项目，根据“资产处置收益”科目的发生额分析填列。如为处置损失，以“－”号填列。

（16）“营业外收入”项目，直接根据“营业外收入”账户发生额填列。

（17）“营业外支出”项目，直接根据“营业外支出”账户发生额填列。其中，处置非流动资产净损失，应当单独列示。

(18)“所得税费用”项目,直接根据“所得税费用”账户发生额填列。

(19)“基本每股收益”和“稀释每股收益”项目,根据每股收益准则规定计算的金额填列。

2.根据报表项目之间的关系计算填列

(1)利润表中的某些项目需要根据项目之间的关系计算填列,具体有以下几个项目:

“利润总额”项目,反映企业经营活动所取得的利润。根据公式“营业利润=营业收入-营业成本-税金及附加-销售费用-管理费用-研发费用-财务费用+其他收益+投资收益+公允价值变动收益+信用减值损失+资产减值损失+资产处置收益”填列。

(2)“利润总额”项目,反映企业实现的总利润金额。根据公式“利润总额=营业利润+营业外收入-减去营业外支出”填列。

(3)“净利润”项目,反映企业利润总额中属于本企业的部分利润。根据公式“净利润=利润总额-所得税费用”填列。

(二)“本年累计金额”项目的填列方法

本表“本年累计数”栏反映各项目自年初起至报告期末止的累计实际发生数。“本年累计金额”栏各项目的填列,有以下两种方法:

1.根据上月利润表“本年累计金额”栏中各项目的数额,加上本月利润表“本月数”栏内各项目的数额填列。

2.结出各相关账户的“本年累计发生额”,根据各账户的“本年累计发生额”填列。

四、利润表的编制案例

(一)资料

宏兴公司 2021 年 1—4 月份部分账户的发生额资料,见表 9-7。

表 9-7 宏兴公司损益类账户发生额汇总表

单位:元

账户名称	1—3 月累计发生额		4 月份发生额	
	借方	贷方	借方	贷方
主营业务收入		1 500 000		350 000
其他业务收入		270 000		88 000
主营业务成本	1 060 000		199 000	
其他业务成本	168 000		38 000	
税金及附加	230 000		70 500	
销售费用	50 600		17 500	
管理费用	110 580		20 640	
财务费用	15 160		3 860	
营业外收入		20 600		
营业外支出	5 600		3 000	
所得税费用	36 950		22 500	

(二)编制方法

根据表9-6中的资料,编制宏兴公司2021年4月的利润表,见表9-8。

表9-8 利润表

会企02表

编制单位:宏兴公司　　2021年4月　　单位:元

项　目	本期金额	本年累计金额
一、营业收入	438 000	2 208 000
减:营业成本	237 000	1 465 000
税金及附加	70 500	300 500
销售费用	17 500	68 100
管理费用	20 640	131 220
研发费用		
财务费用	3 860	19 020
其中:利息费用		
利息收入		
加:其他收益		
投资收益(损失以“-”号填列)		
其中:对联营企业和合营企业的投资收益		
以摊余成本计量的金融资产终止确认收益(损失以“-”号填列)		
公允价值变动收益(损失以“-”号填列)		
净敞口套期收益(损失以“-”号填列)		
信用减值损失(损失以“-”号填列)		
资产减值损失(损失以“-”号填列)		
资产处置收益(损失以“-”号填列)		
二、营业利润(亏损以“-”号填列)	88 500	224 160
加:营业外收入		20 600
减:营业外支出	3 000	8 600
三、利润总额(亏损总额以“-”号填列)	85 500	236 160
减:所得税费用	22 500	59 450
四、净利润(净亏损以“-”号填列)	63 000	176 710
(一)持续经营净利润(净亏损以“-”号填列)		
(二)终止经营净利润(净亏损以“-”号填列)		
五、其他综合收益的税后净额		

续表

项　　目	本期金额	本年累计金额
(一)不能重分类进损益的其他综合收益		
1.重新计量设定受益计划变动额		
2.权益法下不能转损益的其他综合收益		
3.其他权益工具投资公允价值变动		
4.企业自身信用风险公允价值变动		
……		
(二)将重分类进损益的其他综合收益		
1.权益法下可转损益的其他综合收益		
2.其他债权投资公允价值变动		
3.金融资产重分类计入其他综合收益的金额		
4.其他债权投资信用减值准备		
5.现金流量套期储备		
6.外币财务报表折算差额		
……		
六、综合收益总额		
七、每股收益		
(一)基本每股收益		
(二)稀释每股收益		

第四节　现金流量表

一、现金流量表的概念和作用

(一)现金流量表的概念

由于利润表中的收入、费用是按照权责发生制原则确认计量的,因此利润额并不反映企业实际赚取的现金数。现金流量的正常与否,对企业的经营活动至关重要。因此,会计除了提供财务状况、经营成果的信息外,还需要提供现金流动情况的信息。

现金流量表是以现金为基础编制的,反映企业一定会计期间内有关现金和现金等价物的流入和流出情况的会计报表。这里的现金是广义的现金,包括现金、可以随时用于支付的银行存款和其他货币资金。现金等价物是指企业持有的期限短、流动性强、易于转换为已知金额现金、价值变动风险很小的投资。现金等价物虽然不是现金,但当企业需要时

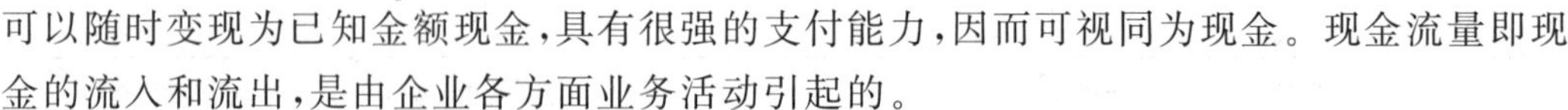

可以随时变现为已知金额现金，具有很强的支付能力，因而可视同为现金。现金流量即现金的流入和流出，是由企业各方面业务活动引起的。

（二）现金流量表的作用

现金流量表完全以现金的收支为基础，是对资产负债表和利润表的重要补充，是会计报表中第三张主要会计报表。现金流量表的作用主要有：

第一，现金流量表可以提供企业的现金流量信息，从而对企业整体财务状况做出客观评价。

第二，现金流量表是在以营运资金为基础编制的财务状况变动表的基础上发展起来的，它提供了新的信息。营运资金是流动资产和流动负债的差额。假设一个企业现金大幅度减少，但应收账款和存货却大量增加，这时营运资金不一定会减少，反而可能增加，因此就会给人一种错觉，似乎企业的财务状况不错。如果应收账款和存货的质量有问题，就会误导会计信息的使用者。而现金流量信息则可以避免这种缺陷，投资者和债权人通过现金流量表，可以对企业的支付能力和偿债能力，以及企业对外部资金的需求情况做出较为可靠的判断。

第三，通过现金流量表，不但可以了解企业当前的财务状况，还可以预测企业未来的发展情况。

第四，现金流量表有助于评价企业支付能力、偿债能力和周转能力。

第五，编制现金流量表，便于和国际惯例接轨。

二、现金流量表的内容和格式

（一）现金流量表的内容

现金流量表具体包含五部分内容：

1.经营活动的现金流量：经营活动是指企业投资活动和筹资活动以外的所有交易和事项。就企业来说，主要包括：销售商品、提供劳务、购买商品、接收劳务、缴纳税款、广告宣传等。

2.投资活动的现金流量：现金流量表中的投资概念和一般会计核算中的投资概念是不一样的。这里的投资不仅包括对外取得或收回股票、债券投资和其他投资，还包括企业内部长期资产的购建和处置。

3.筹资活动的现金流量：筹资活动是指导致企业资本及债务规模和构成发生变化的活动，包括吸收投资、发行股票债券、向金融机构借款、分配利润、偿还债务等。

4.汇率变动对现金的影响额。

5.现金及现金等价物净增加额。

（二）现金流量表的格式

现金流量表由表首、正表和补充资料三部分组成。

表首部分标明报表名称、企业的名称、会计期间、金额单位和报表编号。正表部分是现金流量表的主体，主要列示经营活动、投资活动和筹资活动产生的现金流量。补充资料部分包括三方面内容：一是不涉及现金收支的投资和筹资活动；二是将净利润调节为经营活动的现金流量；三是现金及现金等价物增加情况。

1.现金流量表正表中的项目设置及其数据的填列

正表中的项目设置及其数据的填列体现了现金流量表的编制基础，即现金和现金等价物。现金流量表是按照收付实现制原则编制的，凡在本会计期间内已经实际收到的或已经实际支付的现金和现金等价物，都必须包含在正表之中，以不同项目列示出来。

2.现金流量的分类

现金流量表的项目分为经营活动产生的现金流量、投资活动产生的现金流量和筹资活动产生的现金流量三类。这三类活动的现金流量都分别按照现金流入和流出的总额分项列示。现金流入量减去现金流出量的差额，称为现金流量净额。现金流量净额如果为负数，则以"－"号列示。具体格式及内容见表9-9。

表9-9 现金流量表

编制单位： 年度 单位：

项　目	本期金额	上期金额
一、经营活动产生的现金流量		
销售商品、提供劳务收到的现金		
收到的税费返还		
收到的其他与经营活动有关的现金		
经营活动现金流入小计		
购买商品、接受劳务支付的现金		
支付给职工以及为职工支付的现金		
支付的各项税费		
支付的其他与经营活动有关的现金		
经营活动现金流出小计		
经营活动产生的现金流量净额		
二、投资活动产生的现金流量		
收回投资所收到的现金		
取得投资收益所收到的现金		
处置固定资产、无形资产和其他长期资产所收回的现金净额		
收到的其他与投资活动有关的现金		
投资活动现金流入小计		
购建固定资产、无形资产和其他长期资产所支付的现金		
投资支付的现金		
取得子公司及其他营业单位支付的现金净额		
支付的其他与投资活动有关的现金		
投资活动现金流出小计		

续表

项　　目	本期金额	上期金额
投资活动产生的现金流量净额		
三、筹资活动产生的现金流量		
吸收投资所收到的现金		
借款所收到的现金		
收到的其他与筹资活动有关的现金		
筹资活动现金流入小计		
偿还债务所支付的现金		
分配股利、利润或偿付利息所支付的现金		
支付的其他与筹资活动有关的现金		
筹资活动现金流出小计		
筹资活动产生的现金流量净额		
四、汇率变动对现金的影响		
五、现金及现金等价物净增加额		
加：期初现金及现金等价物余额		
六、期末现金及现金等价物余额		

三、现金流量表的基本编制方法

在编制现金流量表时，确定经营活动的现金流量有两种基本方法，即直接法和间接法。它们通常也被称之为现金流量表的编报方法。

1.直接法

直接法是指按现金收入和现金支出的主要类别直接反映经营活动产生的现金流量，即直接从利润表中将权责发生制为基础的收入与费用项目直接转换成以收付实现制为基础的收入与费用。在实务中，一般以利润表中的收入为起算点，调整与经营活动各项目有关的增减变动。然后分别计算出经营活动各现金流量。例如，正表中当期通过产品销售或提供劳务收到的现金可用下式确定：

销售产品或提供劳务收到的现金 = 期初应收账款余额 + 本期营业收入可收现金总额 + 本期营业收取增值税销项税额 − 期末应收账款余额

= 本期营业收入 + 本期营业收取增值税销项税 + 本期应收账款减少数 − 本期应收账款增加数

2.间接法

间接法是将净利润调整为经营活动现金流量的方法，即以本期净利润为起算点，调整不涉及现金的收入、费用、营业外收支等有关项目，提出投资活动、筹资活动对现金流量的影响，据此计算出经营活动产生的现金流量。

现金流量表在正表中采用直接法列报经营活动产生的现金流量，同时还要在补充资料中采用间接法列报经营活动产生的现金流量。而且，正表中经营活动产生的现金流量净额与补充资料第三项经营活动产生的现金流量净额必须相等。这样，正表和补充资料中的经营活动产生的现金流量就可以起到相互佐证的作用。

小知识

会计报表至少应当包括资产负债表、利润表、现金流量表等报表。小企业编制的会计报表可以不包括现金流量表。

第五节　所有者权益变动表

一、所有者权益变动表的概念和作用

所有者权益变动表应当反映构成所有者权益的各组成部分当期的增减变动情况。当期损益、直接计入所有者权益的利得和损失以及与所有者的资本交易导致所有者权益变动，应分别加以列示。

二、所有者权益变动表的内容和格式

所有者权益变动表至少应当单独列示反映下列信息的项目：

1.净利润。

2.直接计入所有者权益的利得和损失项目及其总额。

3.会计政策变更和差错更正的累积影响金额。

4.所有者投入资本和向所有者分配利润等。

5.按照规定提取的盈余公积。

6.实收资本、资本公积、盈余公积、未分配利润的期初和期末余额及其调整情况。

所有者权益变动表的具体格式见表 9-10。

三、所有者权益变动表列示说明

所有者权益变动表反映企业年末所有者权益变动的情况。本表应在一定程度上体现企业综合收益的特点，除列示直接计入所有者权益的利得和损失外，同时包含最终属于所有者权益变动的净利润，从而构成企业的综合收益。

所有者权益变动表各项目应当根据当期净利润、直接计入所有者权益的利得和损失项目、所有者投入资本和向所有者分配利润、提取盈余公积等情况分析填列。在本表中，直接计入当期损益的利得和损失应包含在净利润中。直接计入所有者权益的利得和损失项目，主要包括可供出售金融资产公允减值变动净额、权益法下被投资单位其他所有者权益变动的影响等，这些项目要单独列示。

表 9-10　所有者权益变动表

编制单位：　　　　　　　　　　　　　　年度　　　　　　　　　　　　　　单位：

项　目	本年金额						上年金额					
	实收资本(或股本)	资本公积	减:库存股	盈余公积	未分配利润	所有者权益合计	实收资本(或股本)	资本公积	减:库存股	盈余公积	未分配利润	所有者权益合计
一、上年年末余额												
加:会计政策变更												
前期差错更正												
二、本年年初余额												
三、本年增减变动金额(减少以“－”号填列)												
(一)净利润												
(二)直接计入所有者权益的利得和损失												
1.可供出售金融资产公允价值变动净额												
2.权益法下被投资单位其他所有者权益变动的影响												
3.与计入所有者权益项目相关的所得税影响												
4.其他												
上述(一)和(二)小计												
(三)所有者投入和减少资本												
1.所有者投入资本												
2.股份支付计入所有者权益的金额												
3.其他												
(四)利润分配												
1.提取盈余公积												
2.对所有者(或股东)的分配												
3.其他												
(五)所有者权益内部结构												
1.资本公积转增资本(或股本)												
2.盈余公积转增资本(或股本)												
3.盈余公积弥补亏损												
4.其他												
四、本年年末余额												

本章小结

财务会计报告的编制是会计核算工作的最后一个环节，是对有关凭证、账簿等会计资料进行系统加工与按规定的程序进行报告的过程。财务会计报告的报告方式、内容及其准确性对财务信息的价值具有重要的影响。

一套完整的财务会计报告体系包含会计报表、报表附注和其他应在财务会计报告中披露的相关信息和资料。会计报表是财务会计报告的核心和主体，包括资产负债表、利润表、现金流量表和所有者权益变动表四大报表及报表附注。

资产负债表根据"资产＝负债＋所有者权益"这一会计等式进行编制，反映企业某一特定日期财务状况的会计报表。资产负债表表明了企业在资产、负债、所有者权益三方面的实力状况，反映了企业经营活动的规模及其发展潜力。企业须按月编制资产负债表。

利润表根据"收入－费用＝利润"这一会计等式进行编制，反映企业某一特定期间经营成果的会计报表。利用利润表，可以检查企业一定时期实现的利润或发生的亏损，评价企业该时期经营业绩的好坏；检查影响利润或亏损变动的原因，分析企业的盈利能力和经济效益等。企业须按月编制利润表。

现金流量表是以现金的收支为基础编制的，反映企业一定会计期间内有关现金和现金等价物的流入和流出情况的会计报表。现金流量表是对资产负债表和利润表的重要补充，有助于评价企业支付能力、偿债能力和周转能力。企业按年编制现金流量表。

课后作业

一、思考题

1.财务会计报告的含义是什么？

2.我国财务会计报告是由哪几个部分构成的？

3.编制会计报表的作用是什么？

4.编制会计报表有哪些要求？

5.什么叫资产负债表？编制资产负债表的作用是什么？如何编制？

6.什么叫利润表？编制利润表的作用是什么？如何编制？

7.编制现金流量表的作用是什么？

二、练习题

（一）单项选择题

1.下列属于静态报表的是（　　）。

A.资产负债表　　B.现金流量表　　C.利润表　　D.利润分配表

2.资产负债表中的"存货"项目，是指（　　）的期末余额。

A.周转材料　　　　B.库存商品、在途物资和原材料

C.生产成本　　　　D.全部

3.编制资产负债表中应付账款项目时,应考虑(　　)的期末余额。

A.“应付账款”总账户

B.“应付账款”各明细账户

C.“应付账款”各明细账户与“预付账款”各明细账户

D.“应付账款”与“预付账款”总账户

4.如果企业本月利润表中的主营业务收入为1 000万元,其他业务收入为500万元,主营业务成本为600万元,其他业务成本为400万元,管理费用为100万元,财务费用为50万元,销售费用为50万元,“投资收益”账户贷方余额50万元,则其营业利润应填(　　)。

A.500万元　　B.400万元　　C.350万元　　D.300万元

5.月末,若宏兴公司“固定资产”账户余额为100万元,“累计折旧”账户余额为40万元,“固定资产减值准备”余额为10万元,则该企业资产负债表中“固定资产”项目数应填列(　　)。

A.100万元　　B.50万元　　C.140万元　　D.150万元

6.以下属于对账中账证核对的内容是(　　)。

A.银行存款日记账账面余额与开户银行账目定期核对

B.总分类账户各账户期末余额与银行存款日记账和各明细账户期末余额核对

C.现金日记账与某日收款凭证核对

D.银行存款日记账账面余额与银行存款余额调节表核对

7.以下属于对账中账实核对的是(　　)。

A.银行存款日记账账面余额与开户银行账目定期核对

B.总分类账户各账户期末余额与银行存款日记账和各明细账户期末余额核对

C.银行存款日记账与某日付款凭证核对

D.银行存款日记账账面余额与银行存款余额调节表核对

8.在(　　)情况下不可以使用红笔。

A.月结时　　　　B.年结时

C.对账时　　　　D.记账后,发现原记账凭证的数字错误

9.属于企业月报的会计报表有(　　)。

A.资产负债表　　B.利润表　　C.现金流量表　　D.A、B报表

10.能反映企业一定期间现金及现金等价物流入、流出情况的报表有(　　)。

A.资产负债表　　B.利润表　　C.现金流量表　　D.A、C报表

11.下列选项中,属于内部报表的有(　　)。

A.资产负债表　　　　B.车间资产负债表

C.利润表　　　　D.A和C均正确

12.依照我国的有关会计准则与行业会计制度规定,利润表的格式为(　　)。

A.单步式　　B.多步式　　C.混合步式　　D.独步式

13.资产负债表内各项目分类与排列的依据是(　　)。

A.项目的经济性质　　B.项目的流动性

C.项目金额的大小　　D.A 和 B 均正确

14.会计报表中报表项目的数字,其直接来源是(　　)。

A.原始凭证　　B.记账凭证　　C.记账　　D.账簿记录

(二)多项选择题

1.会计报表的使用者一般包括(　　)。

A.企业管理人员　　B.政府有关部门

C.银行及其他商业债权人　　D.投资者

2.属于企业资产负债表的项目内容(　　)。

A.投资收益　　B.应交税费　　C.未分配利润　　D.所得税费用

E.长期待摊费用

3.属于企业账账核对的内容包括(　　)。

A.各种账簿与会计凭证核对

B.总分类账中各账户的本期借方发生额与本期贷方发生额核对

C.总账中各账户的期末余额与其所属明细账户的期末余额核对

D.企业银行账与其开户银行账目核对

E.银行存款日记账与收付款凭证核对

4.(　　)属于对账中账实核对的内容。

A.现金日记账账面余额与现金实际库存数额的核对

B.银行存款日记账与其开户银行账目的核对

C.各种物资明细分类账的结存数量与实存数量核对

D.各种往来明细账账面余额,与有关债权、债务单位的账面余额核对

E.现金日记账与有关收付款凭证的核对

5.目前,我国企业资产负债表和利润表采用的格式分别是(　　)。

A.报告式　　B.账户式　　C.平衡式　　D.单步式

E.多步式

6.在资产负债表中,资产和负债的项目分类不是按(　　)划分的。

A.数额大小　　B.发生时间顺序

C.流动性强弱　　D.经济业务的不同

E.上级要求

7.编制资产负债表中的“预收账款”项目,应依据(　　)账户分析填列。

A.预收账款　　B.应付账款　　C.预付账款　　D.应收账款

E.其他应付款

8.企业在编制利润表时,利润总额是在营业利润基础上,加或减(　　)后计算填写。

A.投资收益　　B.其他业务利润　　C.营业外收入　　D.营业外支出

E.财务费用

9.利润表中的营业利润,是由(　　)因素构成。

A.主营业务收入　　B.管理费用
C.主营业务成本　　D.税金及附加
E.营业外收入

10.现金流量表中的现金是指广义的现金,它包括(　　)。
A.库存现金　　B.银行存款
C.其他货币资金　　D.现金等价物
E.应收账款

(三)判断题

1.资产负债表反映企业在一定期间经营成果的报表,所以它是一张动态报表。(　　)

2.利润表是反映企业在某一特定日期(月末、季末、年末)财务状况的会计报表,所以是一张静态报表。(　　)

3.资产负债表资产类存货栏一般包括企业的全部流动资产。(　　)

4.会计报表是用来反映一定时期企业经济活动及其成果的报告文件,其各项目的数据都是根据报告期有关账户的期末余额分析、计算填列的。(　　)

5.虽然资产负债表中的项目,有些是根据账簿记录直接填列,有些是根据账簿记录计算填列,但它们共同之处即都是来源于账簿的期末余额。(　　)

6.资产负债表可以总括揭示企业在一定时日的财务状况,但如欲总括了解企业在一定时期的经营成果,则有赖于利润表。(　　)

7.利润表中的"本月数"即本月实际发生数,它不包括上月实际发生数。(　　)

8.如果按顺序划分,结账应在编制会计报表之后进行。(　　)

9.企业的结账工作通常是按月进行,一般分月结、季结、半年结、年结,结账时一般都规定有结账的标记,并以红线显示。(　　)

10.资产负债表中的"应交税费"、"应付股利"、"未分配利润"均是根据有关账户即"应交税费"、"应付股利"、"利润分配"账户记录的期末余额直接填列的。(　　)

11.内部会计报表的编制时间、内容和格式都可以根据企业内部管理的实际需要而定,完全不受国家统一规定的限制。(　　)

12.企业对外报送的会计报表应当由企业的负责人和主管会计工作的负责人签名;设总会计师的企业,还须由总会计师签名,不用加盖单位公章。(　　)

三、实训题

习题一

目的:资产负债表各项目之间的关系练习。

资料:宏兴公司 2021 年 12 月 31 日期末资产总计比期初多 200 000 元。

要求:编制资产负债表。

资产负债表

2021 年 12 月 31 日

编制单位：宏兴公司　　　　金额单位：元

资　产	年初数	年末数	负债及所有者权益	年初数	年末数
流动资产			流动负债		
库存现金	21 000	20 000	短期借款	300 000	300 000
银行存款	299 000	280 000	应付账款	60 000	（　　）
应收账款	（　　）	90 000	应交税费	40 000	30 000
存货	380 000	（　　）	流动负债合计	（　　）	（　　）
长期待摊费用	20 000	30 000	长期负债		
流动资产合计	（　　）	1 070 000	长期借款	250 000	200 000
固定资产			负债合计	（　　）	（　　）
固定资产原值	500 000	（　　）	所有者权益		
累计折旧	200 000	150 000	实收资本	300 000	300 000
固定资产净值	（　　）	（　　）	盈余公积	370 000	170 000
			所有者权益合计	670 000	470 000
资产总计	（　　）	（　　）	负债及所有者权益合计	1 320 000	（　　）

习题二

目的：练习在不设“预收账款”和“预付账款”科目的情况下，资产负债表中的“应收账款”、“应付账款”、“预收账款”、“预付账款”项目的填列。

资料：宏兴公司未设“坏账准备”科目，坏账损失直接计入“管理费用”科目。月末有关科目余额如下（单位：元）：

会计科目	借方余额	贷方余额	会计科目	借方余额	贷方余额
应收账款	6 500		应付账款		7 400
—A 工厂	3 800		—甲公司		4 200
—B 公司	4 500		—乙工厂		5 300
—C 工厂		1 800	—丙公司	600	
			—丁工厂	1 500	

要求：计算填列资产负债表中的“应收账款”、“应付账款”、“预收账款”和“预付账款”项目的金额。

3.健全经济责任制度

内部经济责任制是单位进行内部管理的有效手段，而会计工作为企业提供了进行业绩评价和经济决策的相关会计信息，可见，正确组织会计工作，使会计提供的信息更可靠，可以更好地加强企业内部各部门的经济责任制，促使各部门少花钱、多办事，以提高其经济效益。

二、组织会计工作应遵循的原则

组织会计工作应遵循以下原则：

1.遵守国家的现行管理和要求

符合国家对会计工作的统一要求，也叫统一性原则。会计工作所提供的信息，既要反映企业、单位遵守国家方针、政策、计划的情况和结果，同时又是国家制定相关方针和政策、编制预算的主要依据。因此，会计工作只有符合国家的统一要求，才能充分发挥会计工作加强经营管理、维护社会主义市场秩序的作用。

2.遵守经营特点

根据各单位生产经营特点组织会计工作，也叫适用性原则。就是各单位可以根据自身的经营特点和规模大小等情况，制定国家统一规定的有关方针、政策和准则等的具体办法和补充规定，灵活采用本单位适用的账簿组织、记账方法和成本核算方法等。

3.遵守质量与效率

既要保证核算工作的质量，又要节约费用、提高工作效率，也叫效率性原则。是指会计机构的设置，会计凭证、账簿、报告的设计，以及会计人员的配备与分工等，必须本着力求精简合理的原则，节约会计工作的时间和费用，以较少的人力、物力和财力的消耗，提供相关、可靠的会计信息，提高工作效率。

第二节　会计机构和会计人员

一、会计机构

（一）会计机构的设置

会计机构是企业组织机构中一个相对独立的管理机构，是由会计人员组成的、直接从事会计工作的职能部门。建立和健全会计机构，是保证做好会计工作和有效发挥会计职能的重要条件。

《会计法》第 36 条规定：各单位应当根据会计业务的需要设置会计机构，或者在有关机构中设置会计人员并指定会计主管人员；不具备条件的，应当委托经批准设立的从事会计代理记账业务的中介机构代理记账；国有大、中型企业必须设置总会计师。

为了科学、合理地开展会计工作，保证本单位正常的经济核算，充分发挥会计工作在经济管理中的作用，各单位原则上应设置会计机构，会计机构在厂长、经理及总会计师的领导下，负责企业的会计工作，此外，会计机构还应无条件地接受其业务主管部门、税务部门、审计部门以及财政部门等的监督。若单位规模较小、经济业务简单,可不单独设置会计机构,但应在有关机构中配备专职会计人员进行会计工作,处理会计业务。

我国基层企业、单位一般设置财务处、科、股、室等专门会计机构。在规模较大的企业里,通常在财务部门下分设职能部门,配备相应的财务会计人员。

具体来讲,在设置会计机构时应考虑以下问题。

(1) 考虑会计主体自身的特点,要能充分适应本单位会计工作的需要。

(2) 要遵循成本效益原则。

(3) 要使设置的会计机构能够高效工作。

(4) 必须满足社会经济对会计工作的要求,并与国家的会计管理体制相适应。

(二)会计机构的主要任务

会计机构的主要任务是:认真执行会计法规、制度的有关规定;组织和处理本企业、本单位的各项会计工作;加强经济核算,及时有效地为有关部门提供会计信息,促进经济效益的提高;严格执行会计监督,保证投资者和债权人的合法权益。

(三)会计工作的组织形式

会计工作的组织形式是指企业会计机构的设置层次与会计资料的整理和提供方式,根据企业的具体情况不同可分为集中核算和分散核算两种。

1.集中核算

集中核算就是企业只设一个厂级会计部门,将经济业务的明细核算、总分类核算、会计报表编制和各有关项目的考核分析等会计工作,集中由厂级会计部门进行;而其他职能部门、车间、仓库的会计组织或会计人员,当经济业务发生时,只负责填制和取得原始凭证并对原始凭证进行适当的整理,定期送交厂级会计部门,为其进一步核算提供资料。

采用集中核算形式,便于会计人员进行合理分工,在核算过程中运用现代化手段,可以简化和加速会计核算,提高核算效率,节约核算费用,并可根据会计部门的记录,随时了解企业内部各部门的生产经营活动情况。其缺点是各部门领导不能随时利用核算资料检查和控制本部门的工作。

2.分散核算

分散核算就是企业把某些业务的凭证填制、明细核算、有关会计报表、尤其是适应企业内部单位日常管理需要的内部报表的编制和分析,分散到直接从事该项业务的车间、部门进行,如材料的明细核算由供应部门及其所属的仓库进行;厂级会计部门只负责登记总账和部分明细账,并汇总编制整个企业的会计报表。厂级会计部门还对企业内部各单位的会计工作进行业务上的指导和监督。

采用分散核算可以使企业内部各部门随时利用有关核算资料检查本部门的工作,随时发现问题,解决问题。其缺点是对厂级会计部门而言,会计人员的合理分工会受到一定的限制,就整个企业来看,核算的工作总量有所增加,核算人员的编制加大,因而相应的核算费用也会增多。

企业、单位采用集中核算还是分散核算并不是绝对的,一个单位可以对某些业务采用集中核算,而对另一些业务采用分散核算,具体核算形式的选择,应根据单位的特点和管理要求,以有利于加强经济管理、加强经济核算为标准。

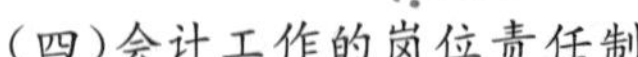

（四）会计工作的岗位责任制

会计工作的岗位责任制，就是在会计机构内部按照会计工作的内容和会计人员的配备情况，进行合理的分工，使每一项会计工作都有专人负责，每个会计人员都明确自己的职责。这种分工要体现内部控制制度的要求，做到相互牵制，防止舞弊和错误。

《会计基础工作规范》第十一条规定，会计工作岗位可以分为：会计机构负责人、出纳、财产物资核算、工资核算、成本费用核算、财务成果核算、资金核算、往来核算、总账报表、稽核、档案管理等。这些岗位可以一人一岗，也可以一人多岗或一岗多人。但需要注意的是，会计工作的分工设岗应贯彻内部牵制的要求，不相容职务必须分工。在《会计法》中就明确规定：出纳人员不得兼职稽核、会计档案保管和收入、支出、费用、债权债务账目的登记工作。

对大中型企业来说，通常是按照经常发生的、工作量较大的会计事项分设若干专业组，比如材料组、工资组、综合组等，配备必要的会计人员，分别负责各自业务的核算工作。其中，综合组负责办理不属于其他专业组的会计事项，并组织企业的总分类核算，定期编制会计报表；其他各组的会计人员也要有明确的分工，并规定各工作岗位的职责。在会计机构内部还应当建立稽核制度，以对会计凭证的合法性、账簿记录和报表编制的正确性进行严格的审核。

上述会计工作岗位的设置并非是固定的模式，企业单位可以根据自身的需要进行设置。总而言之，应做到各项会计工作有岗有责、各司其职，必要时可以将各岗位人员进行适当地轮换，以便提高会计人员的综合能力，也有利于各岗位之间的相互协调与配合。实施会计电算化和管理会计的单位，可以根据需要设置相应的工作岗位，也可以与其他工作岗位相结合。

二、会计人员

（一）会计人员的一般要求

会计人员从事会计工作，应当符合下列要求：

(1)遵守《会计法》和国家统一的会计制度等法律法规。

(2)具备良好的职业道德。

(3)按照国家有关规定参加继续教育。

(4)具备从事会计工作所需要的专业能力。

在我国，国家机关、社会团体、公司、企业、事业单位和其他组织从事下列会计工作的人员，应当具备从事会计工作所需要的专业能力：(1)会计机构负责人；(2)出纳；(3)稽核；(4)资本、基金核算；(5)收入、支出、债权债务核算；(6)工资、成本费用、财务成果核算；(7)财产物资的收发、增减核算；(8)总账；(9)财务会计报告的编制；(10)会计机构内会计档案管理。

（二）会计专业职务与继续教育

1.会计专业职务

根据 2019 年 1 月 11 日人力资源社会保障部、财政部《关于深化会计人员职称制度改革的指导意见》(人社部发 2019〕8 号)会计人员职称层级分为初级、中级、副高级和正高级。初级职称只设助理级，高级职称分设副高级和正高级，形成初级、中级、高级层次清晰、相互衔接、体系完整的会计人员职称评价体系。初级、中级、副高级和正高级职称名称依次为助理会计师、会计师、高级会计师和正高级会计师。

2.会计人员继续教育

会计人员继续教育,是指对取得会计从业资格的人员持续接受一定形式的、有组织的理论知识、专业技能和职业道德的教育和培训活动,以不断提高和保持其专业胜任能力和职业道德水平。

根据规定,会计人员继续教育的对象为具有会计专业技术资格的人员或不具有会计专业技术资格但从事会计工作的人员。会计人员继续教育分为高级、中级、初级三个级别。继续教育的内容主要包括会计理论、政策法规、业务知识、技能训练和职业道德等。会计人员继续教育采取学分制管理制度,每年参加继续教育取得的学分不得少于90学分。

(三)会计人员的职责与权限

1.会计人员的职责

根据《会计法》的规定,会计人员的主要职责具体包括以下几个方面:

(1) 进行会计核算。这一方面的工作主要有:填制或取得原始凭证应进行审核;根据审核无误的原始凭证编制记账凭证;设置会计科目和账簿,并按规定记账;建立财产清查制度,并定期清查财产;在账实相符的基础上编制会计报表。

(2) 实行会计监督。这一方面的工作主要有:对不真实、不合法的原始凭证不予受理;对记载不准确、不完整的原始凭证予以退回,并要求更正、补充;当发现账簿记录与实物、款项不符时,应按照有关规定进行处理,无权自行处理的应向企业、单位负责人提出书面意见,要求处理;对违法的收支不予受理;对严重违法、损害国家和社会公众利益的收支,应向主管单位或财政、审计、税务机关报告,请求处理。

(3) 拟定企业、单位处理会计事务的具体办法。企业、单位的会计主管人员应根据会计法规制度,结合企业、单位的实际情况,建立健全企业、单位内部的会计核算制度,如企业会计制度、内部牵制制度、内部稽核制度、会计人员岗位责任制度、成本计算办法、费用开支报销手续制度等。

(4) 参与拟定经济计划、业务计划,考核分析预算计划的执行情况。会计人员要参与计划的拟定,就要深入生产实际,了解具体情况,挖掘增产节约、增收节支的潜力,考核资金使用效果,分析预算、计划的执行情况,发现问题,解决问题,及时进行信息反馈。

(5) 处理其他会计事务。处理除以上各项以外的会计事务,如妥善保管会计凭证、会计账簿以及会计报表等会计档案资料。

2.会计人员的权限

为了保障会计人员能够顺利履行自己的职责,国家对会计人员赋予了必要的权限,主要有以下几方面:

(1) 会计人员有权要求本单位有关部门和人员认真执行国家批准的计划、预算,遵守国家财经纪律以及各项财政、财务、会计的法规和制度。

(2) 会计人员有权参与本单位编制计划、制定定额、对外签订经济合同,以及参与有关的生产、经营管理会议和业务会议。

(3) 会计人员有权监督、检查本单位内部有关部门的财务收支、资金使用以及财产保管、收发、计量、检验等情况，有关部门要提供资料，如实反映情况。

(四)会计人员职业道德

会计人员职业道德是指在会计活动中应当遵循的、体现会计职业特征的、调整会计职业关系的职业行为准则和规范。其主要包括以下内容：

1.爱岗敬业

爱岗敬业是会计职业道德的基础，指的是忠于职守的事业精神，“爱岗”是“敬业”的前提，“敬业”是“爱岗”的升华。

2.诚实守信

诚实守信是做人的基本准则，是人们在古往今来的交往中产生的最根本的道德规范，是会计职业道德的精髓。

3.廉洁自律

廉洁自律是会计职业道德的前提，也是会计职业道德的内在要求。会计人员只有做到自身廉洁、严格自律，才能严格要求自己，才能有效地阻止他人侵占集体利益，也才能防止腐败和其他不良现象的发生。

4.客观公正

客观公正是会计职业道德所追求的理想目标，客观是公正的基础，公正是客观的反映。公正不仅仅是诚实、真实、可靠，还包括在真实、可靠中作出公正的选择，这种选择尽管是建立在客观的基础之上的，还需要在主观上作出公平合理的选择。是否公平、合理，既取决于客观的选择标准，也取决于选择者的道德品质和职业态度。

5.坚持准则

坚持准则是会计职业道德的核心，会计人员在处理业务过程中，要严格按照会计法律制度办事，不为主观或他人意志所左右。

6.提高技能

会计工作是一门专业性和技术性很强的工作，从业人员必须具备一定的会计专业知识和技能，才能胜任会计工作。作为一名会计工作者必须不断地提高其职业技能，这既是会计人员的义务，也是在职业活动中做到客观公正、坚持准则的基础，是参与管理的前提。

7.参与管理

简单地讲，参与管理就是参加管理活动，为管理者当参谋，为管理活动服务。

8.强化服务

强化服务就是要求会计人员具有文明的服务态度、强烈的服务意识和优良的服务质量。

第三节　会计工作交接与会计档案的管理

一、会计工作交接

1.会计工作交接的要求

《会计法》第 41 条规定：“会计人员调动工作或者离职，必须与接管人员办清交接手

续。"《会计工作基础规范》对会计工作交接作了比较具体的规定,其内容如下:

(1)会计人员工作调动或因故离职,必须与接替人员办理交接手续,并将本人所经管的会计工作在规定期限内移交清楚。会计人员临时离职或因事、因病不能到职工作的,会计机构负责人、会计主管人员或单位领导必须指定人员接替或代理。没有办清交接手续的,不得调动或者离职。

(2)接替人员应认真接管移交的工作,并继续办理移交的未了事项。移交后,如果发现原经管的会计业务有违反会计制度和财经纪律等问题,仍由原移交人负责。接替的会计人员应继续使用移交的账簿,不得自行另立新账,以保持会计记录的连续性。

(3)交接完毕后,交接双方和监交人要在移交清册上签名或者盖章,并应在移交清册上注明单位名称、交接日期、交接双方以及监交人的职务和姓名、移交清册页数,以及需要说明的问题和意见等。移交清册一般应填制一式三份,交接双方各执一份,存档一份。

(4)单位撤销时,必须留有必要的会计人员,会同有关人员办理清理工作,编制决算,未移交前,不得离职。接收单位和移交日期由主管部门确定。

2.会计工作的监交

会计人员办理交接手续,必须有监交人负责监交。其中一般会计人员办理交接手续,由会计机构负责人监交;会计机构负责人办理交接手续,由单位负责人监交,必要时主管单位可以派人会同监交。移交清册应当经过监交人员审查和签名、盖章,作为交接双方明确责任的证据。

交接工作完成后,移交人员应当对所移交的会计资料的真实性、完整性负责,即便是接替人员在交接时因疏忽而没有发现所接会计资料在真实性、完整性方面的问题。

二、会计档案管理

(一)会计档案的概念及作用

1.会计档案的概念

会计档案是指单位在进行会计核算等过程中接收或形成的,记录和反映单位经济业务事项的,具有保存价值的文字、图表等各种形式的会计资料,包括通过计算机等电子设备形成、传输和存储的电子会计档案。会计档案是国家经济档案的重要组成部分,是各单位在处理会计事务中形成的记录企业经济业务的会计资料,这些资料是对经济业务进行的客观具体的描述和记载,是一种客观记录,是会计活动的客观产物,是检查各单位遵守财经纪律情况的客观依据,也是各单位总结经营管理经验的重要参考资料。

单位应当加强会计档案管理工作,建立和完善会计档案的收集、整理、保管、利用和鉴定销毁等管理制度,采取可靠的安全防护技术和措施,保证会计档案的真实、完整、可用、安全。

按照《会计档案管理办法》的规定,企业、单位的会计档案包括以下具体内容:

(1)会计凭证,包括原始凭证、记账凭证;

(2)会计账簿,包括总账、明细账、日记账、固定资产卡片及其他辅助性账簿;

(3)财务会计报告,包括月度、季度、半年度、年度财务会计报告;

(4)其他会计资料,包括银行存款余额调节表、银行对账单、纳税申报表、会计档案移交清册、会计档案保管清册、会计档案销毁清册、会计档案鉴定意见书及其他具有保存价值的会计资料。

预算、计划、制度等文件材料,应当执行文书档案管理规定,不适用《会计档案管理办法》。

2.会计档案的作用

加强会计档案的管理有很重要的作用,具体表现在以下几个方面:

(1)会计信息直接反映会计工作过程,一方面可以利用它来检查机关、企事业单位的经济活动和财务收支情况;另一方面可以利用会计档案了解经济业务的有关情况。

(2)利用会计档案提供的有关经济活动的会计信息,有助于单位进行经济前景的预测、进行经营决策、编制财务收支及成本计划、开展会计分析。

(3)会计档案是落实政策,打击经济领域犯罪活动,清理债权、债务,解决经济纠纷的重要依据,是检查、监督经济活动的重要工具。

(二)会计档案的管理

2015 年 12 月 11 日财政部和国家档案局联合修改通过《会计档案管理办法》,自 2016 年 1 月 1 日起施行。1998 年 8 月 21 日财政部、国家档案局发布的《会计档案管理办法》(财会字〔1998〕32 号)同时废止。

1.会计档案的保管

单位的会计机构或会计人员所属机构(以下统称单位会计管理机构)按照归档范围和归档要求,负责定期将应当归档的会计资料整理立卷,编制会计档案保管清册。

当年形成的会计档案,在会计年度终了后,可由单位会计管理机构临时保管一年,再移交单位档案管理机构保管。因工作需要确需推迟移交的,应当经单位档案管理机构同意。

单位会计管理机构临时保管会计档案最长不超过三年。临时保管期间,会计档案的保管应当符合国家档案管理的有关规定,且出纳人员不得兼管会计档案。

单位应当严格按照相关制度利用会计档案,在进行会计档案查阅、复制、借出时履行登记手续,严禁篡改和损坏。

单位保存的会计档案一般不得对外借出。确因工作需要且根据国家有关规定必须借出的,应当严格按照规定办理相关手续。会计档案借用单位应当妥善保管和利用借入的会计档案,确保借入会计档案的安全完整,并在规定时间内归还。遇有特殊需要,如与单位经济业务相关方面需要查阅与其业务相关的会计凭证或公检法等监察部门需要查询与案件有关的会计资料等,经本单位负责人批准,在不拆散原卷册的前提下,可以提供查阅或者复制,但必须办理登记手续,登记查阅人或复制人姓名、单位、查阅或复制档案的卷号和内容等,以便备查。

根据《会计档案管理办法》的规定,会计档案的保管期限分为永久、定期两类。定期保管期限一般分为 10 年和 30 年。会计档案的保管期限,从会计年度终了后的第一天算起。有关会计档案的保管期限如表 10-1 所示。

表 10-1 企业和其他组织会计档案保管期限表

序号	档案名称	保管期限	备　注
一	会计凭证		
1	原始凭证	30 年	
2	记账凭证	30 年	
二	会计账簿		
3	总账	30 年	
4	明细账	30 年	
5	日记账	30 年	
6	固定资产卡片		固定资产报废清理后保管 5 年
7	其他辅助性账簿	30 年	
三	财务会计报告		
8	月度、季度、半年度财务会计报告	10 年	
9	年度财务会计报告	永久	
四	其他会计资料		
10	银行存款余额调节表	10 年	
11	银行对账单	10 年	
12	纳税申报表	10 年	
13	会计档案移交清册	30 年	
14	会计档案保管清册	永久	
15	会计档案销毁清册	永久	
16	会计档案鉴定意见书	永久	

2.会计档案的鉴定

单位应当定期对已到保管期限的会计档案进行鉴定，并形成会计档案鉴定意见书。经鉴定，仍需继续保存的会计档案，应当重新划定保管期限；对保管期满，确无保存价值的会计档案，可以销毁。

会计档案鉴定工作应当由单位档案管理机构牵头，组织单位会计、审计、纪检监察等机构或人员共同进行。

3.会计档案的销毁

根据《会计档案管理办法》的规定，经鉴定可以销毁的会计档案，应当按照以下程序销毁：

(1)编制会计档案销毁清册。由单位档案管理机构编制会计档案销毁清册，列明拟销毁会计档案的名称、卷号、册数、起止年度、档案编号、应保管期限、已保管期限和销毁时间等内容。

（2）签署意见。单位负责人、档案管理机构负责人、会计管理机构负责人、档案管理机构经办人、会计管理机构经办人在会计档案销毁清册上签署意见。

（3）专人负责监销。单位档案管理机构负责组织会计档案销毁工作，并与会计管理机构共同派员监销。监销人在会计档案销毁前，应当按照会计档案销毁清册所列内容进行清点核对；在会计档案销毁后，应当在会计档案销毁清册上签名或盖章。

电子会计档案的销毁还应当符合国家有关电子档案的规定，并由单位档案管理机构、会计管理机构和信息系统管理机构共同派员监销。

对于保管期满但未结清的债权债务会计凭证和涉及其他未了事项的会计凭证不得销毁，纸质会计档案应当单独抽出立卷，电子会计档案单独转存，保管到未了事项完结时为止。单独抽出立卷或转存的会计档案，应当在会计档案鉴定意见书、会计档案销毁清册和会计档案保管清册中列明。

正在建设期间的建设单位会计档案，无论其是否保管期满，都不得销毁，必须妥善保管，等到项目办理竣工决算后按规定的交接手续移交给项目的接受单位进行妥善保管。

第四节　会计法规体系

会计法规是指组织会计工作、处理会计事务应遵循的有关法律、制度、规章的总称。从横向上看，会计法规体系包括的内容如下。

（1）会计核算方面的法规，如《企业会计准则》、《企业会计制度》、《企业财务会计报告条例》等。

（2）会计监督方面的法规，如《财政部门实施会计监督办法》等。

（3）会计机构和会计人员方面的法规，如《总会计师条例》、《会计职称条例》、《会计证管理办法》等。

（4）会计工作管理方面的法规，如《会计档案管理办法》、《会计电算化管理办法》、《会计基础工作规范》等。

从纵向上看，我国的企业会计法规体系包括会计法律、会计行政法规、会计部门规章以及地方性会计法规四个层次。

一、会计法律

我国的会计法律指的是《中华人民共和国会计法》。它是由国家最高权力机关——全国人民代表大会及其常务委员会指定的一项重要的会计立法，属于国家法律范畴，旨在调整社会经济活动中发生的会计核算、会计监督、会计管理及其他会计关系，保证以经济活动为内容的会计信息真实、完整，维护社会主义市场经济秩序，促进我国社会经济健康发展。《中华人民共和国会计法》是我国会计法规体系中最高层次的法律规范，是制定其他各层次会计法规的法律依据，是会计工作的基本法。

《中华人民共和国会计法》最初制定于1985年，1993年对其进行了第一次修订。现行的《中华人民共和国会计法》是1999年进行的第二次修订本，2000年7月1日正式施行。该法全文包括总则;会计核算;公司、企业会计核算的特别规定;会计监督;会计机构和会计人员;法律责任;附则等共 7 章共 52 条。

二、会计行政法规

会计行政法规指的是由国家最高行政机关——国务院制定的会计法律规范。我国现行的会计行政法规包括《企业财务报告条例》、《总会计师条例》等。它们主要是依据《会计法》的要求,对会计法律某个方面的具体化或补充。

《企业财务报告条例》是国务院 2000 年 6 月 21 日发布的,2001 年 1 月 1 日起施行。全文共 6 章 46 条,主要对企业财务会计报告的构成、编制、对外提供的程序与要求和法律责任作了规定。

《总会计师条例》是国务院 1990 年 12 月 31 日发布的。全文共 5 章 23 条,主要对总会计师的职责、权限、任免和奖惩作出了规定。

三、会计部门规章

会计部门规章是指由国家主管会计工作的行政部门——财政部以及其他相关部门制定的会计制度规范。

1.国家统一的会计核算制度

国家统一的会计核算制度包括会计准则和会计制度。会计准则包括企业会计准则基本准则和具体准则、事业单位会计准则;会计制度包括企业会计制度和小企业会计制度。

2.国家统一的会计监督制度

国家统一的会计监督制度散见于相关的会计制度中,例如《会计基础工作规范》中对会计监督的规定等。

3.国家统一的会计机构和会计人员制度

现行国家统一的会计机构和会计人员制度主要包括《会计人员从业资格管理办法》和《会计人员继续教育暂行规定》。

4.国家统一的会计工作管理制度

国家统一的会计工作管理制度主要包括《会计档案管理办法》、《会计电算化管理办法》和《代理记账管理办法》。

四、地方性会计法规

除了上述会计法规之外,各省、自治区、直辖市也可以根据会计法、会计行政法规和国家统一的会计制度,结合本地区的实际情况制定一些在本行政区域内适用的暂行规定和补充规定。

五、我国会计准则的变迁

我国会计基本准则发布于 1992 年 11 月 30 日,于 1993 年 7 月 1 日起在全国所有企业施行,这是我国自改革开放以来,为了实现与国际惯例接轨,在会计改革方面实行的重大举措,在我国会计改革中具有划时代意义。

随着经济环境的变化和会计核算要求的提高,原有的会计准则已不再适应发展的需要,因此,根据《国务院关于〈企业财务通则〉、〈企业会计准则〉的批复》(国函[1992]178号)的规定,财政部对《企业会计准则》(财政部令第5号)进行了修订,修订后的会计准则体系于2006年2月15日公布,自2007年1月1日起在上市公司范围内实行,鼓励其他企业执行。执行该38项具体准则的企业不再执行以前的会计准则、《企业会计制度》和《金融企业会计制度》。

第五节 会计电算化

会计电算化是指在会计工作中应用计算机技术,即采用电子计算机替代手工进行记账、算账、报账以及对会计信息进行分析和利用的活动。企业会计电算化的实施,也就是企业建立会计电算化的整个过程,是一项复杂的系统工程。

一、会计电算化工作的目标

会计电算化工作的目标,就是会计电算化工作所要完成的任务,即通过现代化的手段,提高会计工作的地位、效率和质量,促进管理的现代化,提高经济效益。具体表现在以下几个方面。

1.减轻劳动强度、提高工作效率

利用计算机技术的特点,把繁杂的记账、结账、报账工作交给高速的计算机处理,以减轻会计人员的劳动强度,并且由于计算机的精确性和确定性,可以避免手工操作产生的误差,以达到提高工作效率的目的。

2.促进会计职能转变

手工条件下,广大会计人员被繁重的核算工作所包围,没有时间和精力来更好地发挥会计参与管理、决策的职能;通过电算化,使会计人员从繁重的“写写算算”工作中解脱出来,有时间和精力也有条件参与企业管理与决策,为提高企业现代化管理水平和经济效益服务,真正发挥会计的管理作用。

3.准确、及时地提供会计信息

手工条件下,由于大量的会计信息需要进行记录、加工、整理,使会计信息提供不及时,这不利于企业经营者掌握经济活动的最新情况和存在的问题,也不利于其他信息使用者作出正确的决策;而实施会计电算化后,大量的信息都可以及时记录、汇总、分析、传送,并保证向信息使用者准确、及时地提供会计信息。

4.提高人员素质、促进会计工作规范化

会计电算化给会计工作增添了新内容,从各方面要求会计人员提高自身素质,更新知识结构,一方面为了参与企业管理更多地学习经营管理知识,另一方面还必须掌握计算机的有关知识。好的会计基础工作和规范的业务处理程序,是实现会计电算化的前提条件,所以会计电算化也促进了会计工作的规范化。

5.实现企业管理现代化

会计电算化是企业管理信息电算化的重要组成部分，企业管理信息电算化的目标及任务，就是要以现代化的方法去管理企业，提高经济效益。因而，会计电算化不仅要使会计工作本身现代化，最终目标是要使企业管理现代化，提高企业的经济效益。

二、企业实施会计电算化的条件

会计电算化是一项复杂的系统工程，会计信息系统是一个人机结合系统，因此企业实施会计电算化，必须具备以下条件，才可以很好地开展会计电算化工作。

1.企业的客观需要

企业对会计电算化的客观需要，决定了企业会计电算化的目标和任务，是当前开展会计电算化工作的前提。对多数企业来说，原来的手工会计信息系统越来越不适应市场经济的新情况，迫切需要进行会计电算化。但是也有一部分小企业，由于其业务量不大，手工系统就能很好地满足企业的需求，因此也就没有必要强迫它实施电算化，否则不仅浪费了人、财、物，而且对企业的经济效益也不会有实质性的提高。

2.领导的重视

企业实施会计电算化几乎涉及企业的所有部门和人员，同时还涉及企业管理机构及管理体制的变动，这就需要企业领导出面组织和协调。没有领导的重视与支持，企业实施会计电算化所遇到的问题，如人员配置、资金问题、部门间的合作与协调等将很难得到解决。因此，在会计电算化工作中企业财务部门负责人应领导该项工作，有条件时还可吸收有关部门领导组成电算化领导小组，领导整个企业的会计电算化工作。

3.良好的管理基础工作

管理基础主要指有一套比较全面、规范的管理制度和方法，以及较完整的规范化的数据。其中，会计基础工作主要指会计制度是否健全，核算程序是否规范，基础数据是否准确、完整等，它是搞好电算化工作的重要保证。这是因为计算机处理会计业务，必须事先设置好处理方法，因而要求会计数据输入、业务处理及有关制度都必须规范化、标准化，才能使电算化会计信息系统顺利进行。若没有很好的基础工作，电算化会计信息系统就无法处理无规律、不规范的会计数据，电算化工作的开展将遇到重重困难。

4.专业人员的合理配置

实施会计电算化将改变原手工会计信息系统的岗位分工与职能，单纯的会计人员已不能满足会计电算化后的工作需要，必须另外配置与电算化工作有关的专业人员，以负责会计电算化工作的管理以及项目开发和系统运行、维护等。第一，要配备会计电算化工作的管理人员，负责会计电算化工作的规划、项目开发、计划、组织和运行管理，这是会计电算化工作顺利进行的保证；第二，应配备硬件维护员，负责整个电算化系统硬件的维护、维修工作，考虑到有些企业电算化工作范围较小等特点，硬件维护员可以是兼职的；第三，无论是自选开发或者购买软件，都需要配备既懂计算机又熟悉会计业务的专门人才，他们既参与系统设计开发，又负责系统运行的一些维护工作，使电算化会计信息系统的一般维护工作能够由企业自己处理，保证会计电算化工作的顺利进行。

5.经费保证

实施会计电算化工作需要专门人才,也需要软件及硬件设备,这些都需要一定的投资,为了保证会计电算化工作的顺利开展,所需经费必须有来源,所需数额也必须控制确定。会计电算化所需的费用分初期投资费用和日常费用两种,初期投资费用包括购买硬件及系统软件所需费用、应用软件取得所需费用、基建费用、人员培训费用等;日常费用主要包括所需消耗费用和日常维护费用。

会计电算化所需费用,根据电算化会计信息系统的建立方法和规模不同,数额也不相同,甚至相差很大,要具体情况具体分析,使所需经费必须确有保证,并且又不浪费。

三、会计电算化管理体制与组织机构设置的选择

实施会计电算化必然会对会计工作及其组织机构产生一定的影响,为了适应电算化的要求,必须探求和设置与之相适应的机构。

1.集中管理方式

集中管理方式把会计电算化工作包括管理、开发、使用、维护等都放在企业计算中心,财务部不设数据处理部门,而是定期按规定向计算中心提供核算和管理所需的数据,由计算中心负责会计电算化的日常运行。

在这种情况下,财务部门的组织机构一般不做大的变动,除了一些业务由计算机处理外,许多工作仍由手工来完成。这种方式有利于充分发挥计算机的作用,提高数据共享程度,避免重复开发,也有利于企业统一领导、规划和组织。但是,集中管理也有很多缺点:第一,计算中心人员和财务人员不能很好地协作,各自不了解对方的知识和业务特点,各自偏重本单位情况,往往导致系统质量低、实用性较差等情况;第二,各部门极易产生依赖思想,认为开展电算化工作是计算中心的事,从而不能很好地配合和支持系统的实施和运行,影响会计电算化工作的正常进行。

2.分散管理方式

在分散管理方式下,企业会计部门单独配备计算机等设备,并配备一定的专业人员,会计电算化工作的实施,完全由会计部门负责进行,计算中心将不再参与。

分散管理的优点是:第一,能调动会计部门的积极性;第二,能根据会计部门的实际需要,分期、分批解决急需电算化的项目,并且实用性强、投资少、见效快。其缺点也是明显的:一是缺乏整体考虑,各部门都可能从各自的目标出发,不考虑相互之间的联系,数据不能共享,系统效益不高;二是各业务部门都需要配置计算机专门人员,否则影响系统实施,平时遇到的简单问题及维护工作,都不能及时处理。

3.集中管理下的分散组织形式

在这种形式下,企业设立专门的机构,统一负责整个企业计算机应用规划工作。规划工作包括企业电算化的总体规划;管理信息系统总体设计及子系统划分;统一编码;对所用机型等作出统一安排;指导各业务部门开展电算化工作。若企业已设立计算中心,专门机构的设置就可以以计算中心为主体设置。这种方式,既照顾了各业务部门的特点,又能统一管理组织,是目前一种较理想的组织形式。

在这种方式下,实施会计电算化后,就需要调整财务部门的内部组织机构,岗位与职

能都可能发生变化。管理、开发、维护人员负责会计电算化工作的规划，参与系统开发（如果自选开发的话）并负责日后的维护工作；数据准备人员负责电算化会计信息系统的运行工作，包括输入、运行和输出等工作，财务管理组负责日常管理工作（这些工作一般计算机难以直接处理），并参与企业的管理。

四、会计电算化的内容

会计电算化一般包括：会计核算电算化、会计管理电算化和会计决策电算化。这也是会计电算化的三个基本层次。这三个层次的关系如图 10-1 所示。

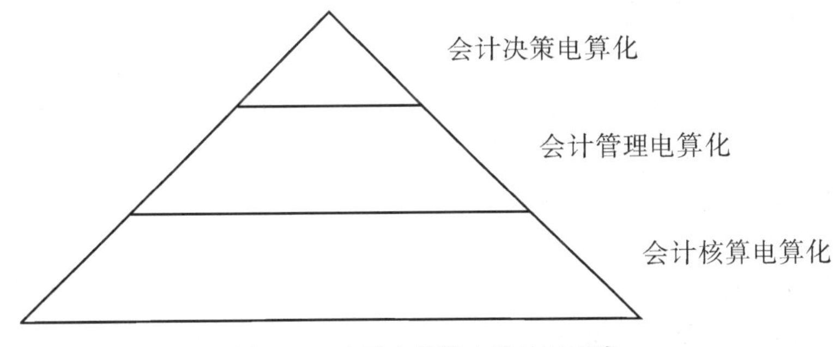

图 10-1　会计电算化内容的三层次

会计核算电算化是第一层次，是基础；会计管理电算化是会计核算电算化的继续和发展，利用会计核算提供的信息资料，帮助财务人员合理地筹措和运用资金，节约生产成本和经费开支，提高经济效益；会计决策电算化是会计电算化的最高层次，是由会计辅助决策支持软件来完成决策工作的。

（一）会计核算电算化的内容

会计核算电算化的主要内容包括：设置会计科目、填制会计凭证、登记会计账簿、进行成本计算、编制会计报表等。

1.设置会计科目

设置会计科目电算化是通过会计核算软件的初始化功能实现的，除了在计算机中输入一级会计科目和明细会计科目名称及编码外，还要输入会计核算所必需的期初数字及有关资料，比如年初数、发生额等；计算有关指标需要的公式；会计核算方法的选择；定义自动转账凭证；操作人员岗位分工情况等。

2.填制会计凭证

在填制会计凭证时，有的会计核算软件要求财会人员手工填制好记账凭证，再由操作人员输入电子计算机，有的会计核算软件要求财会人员根据原始凭证，直接在计算机屏幕上填制记账凭证，还有的会计软件要求财会人员直接将原始凭证输入电子计算机，由计算机根据输入的原始凭证数据自动编制记账凭证。

3.登记会计账簿

会计电算化后，登记会计账簿一般分两个步骤进行：首先是由计算机根据会计凭证自动登记机内账簿，其次是把机内会计账簿打印输出。

4.成本费用计算

在会计软件中，对经营过程中发生的采购费用、生产费用、销售费用和管理费用等进行成本费用核算是由计算机按照规定的方法自动进行的。

5.编制会计报表

编制会计报表工作在通用会计软件中都是由计算机自动进行的，一般都有一个可由用户自定义报表的报表生成功能模块，它可以定义报表的格式和数据来源等内容，这样无论报表如何变化也都可以适应。

（二）会计管理电算化

会计管理电算化的主要内容有以下几个方面：

1.进行会计预测

进行会计预测是指根据计算机内存储的会计核算历史数据，按照现有条件和要求，在会计管理软件的指挥下，补充输入计算机一部分数据，并选定预测方法后，由计算机进行预测和输出预测结果。

2.编制财务计划

财务计划是会计预测的系统化和具体化，可由计算机自动完成，编制计划的方法需要事先在会计管理软件中加以定义。

3.进行会计控制

进行会计控制主要通过预算控制软件和责任会计软件来实现，这两个软件是会计管理软件的两个部分，都需要会计核算软件提供详细的数据。

4.开展会计分析

开展会计分析是指采用会计管理软件分析和评价计划的完成情况，找出差异和努力的方向。

（三）会计决策电算化

会计决策电算化是指电算化软件根据会计预测的结果，对产品的销售、定价、生产、成本、资金和企业经营方向等内容进行决策，并输出决策结果，为管理人员进行管理提供依据。

随着计算机技术、网络技术的蓬勃发展，人类社会经济、政治、文化等生活的各方面发生了巨大变革，企业内部网(Intranet)技术在企业管理中的运用，则使企业走出封闭的“局域”系统，实现企业内部信息的对外实时开放。网络会计是网络经济发展的必然产物，是企业会计发展的主流，是未来会计发展的方向。

小知识

会计工作交接的规定

根据《会计基础工作规范》的规定，会计人员工作调动或者因故离职，必须将本人所经管的会计工作全部移交给接替人员。没有办清交接手续的，不得调动或者离职。接替人员应当认真接管移交工作，并继续办理移交的未了事项。

会计人员办理交接手续，必须有监交人负责监交。一般会计人员交接，由单位会计机构负责人、会计主管人员负责监交；会计机构负责人、会计主管人员交接，由单位领导人负责监交,必要时可由上级主管部门派人会同监交。

会计机构负责人、会计主管人员移交时,还须将全部财会工作、重大财务收支和会计人员的情况等,向接替人员详细介绍。对需要移交的遗留问题,应当写出书面材料。

交接完毕后,交接双方和监交人员要在移交清册上签名或者盖章,并应在移交清册上注明:单位名称,交接日期,交接双方和监交人员的职务、姓名,移交清册页数及需要说明的问题等。移交清册一般应当填制一式三份,交接双方各执一份,存档一份。

会计人员临时离职或者因病不能工作且需要接替或者代理的,会计机构负责人、会计主管人员或者单位领导人必须指定有关人员接替或者代理,并办理交接手续。

单位撤销、合并、分立时,必须留有必要的会计人员,会同有关人员办理清理工作,编制决算。接收单位和移交日期由主管部门确定。

移交人员对所移交的证、账、表和其他有关资料的合法性、真实性承担法律责任。

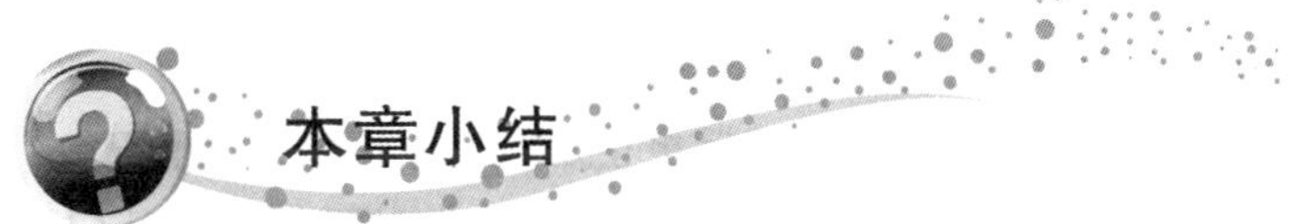

本章小结

会计工作是经济管理工作的重要组成部分,科学组织会计工作,有利于保证会计工作的质量和提高会计工作的效率,加强与其他经济管理工作协调一致,提高企业管理水平,保护财产安全完整。会计机构是从事和组织领导会计工作的职能部门。会计工作的组织方式在实务中可分为集中核算与分散核算。

会计人员应注重职业道德和行为,认真履行职责。会计法规是国家规定的有关会计业务必须遵循的法律、法规。我国企业会计法规体系是由《中华人民共和国会计法》为主法形成的一个比较完整的体系,包括《会计法》、《企业会计制度》、《企业会计准则》等会计法规和会计规章。

会计电算化是指在会计工作中应用计算机技术,即采用电子计算机替代手工进行记账、算账、报账以及对会计信息进行分析和利用的活动。企业会计电算化的实施,也就是企业建立会计电算化的整个过程,是一项复杂的系统工程。

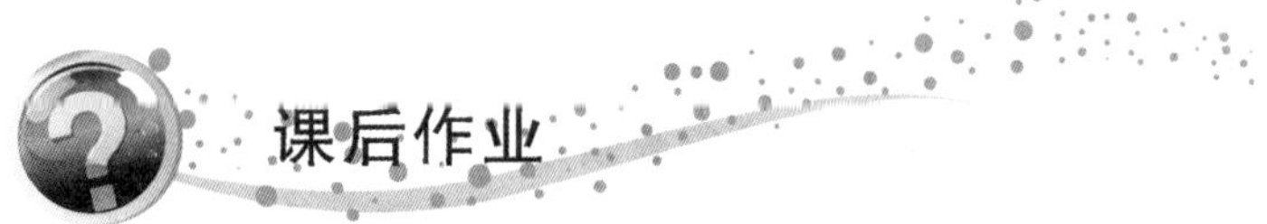

课后作业

一、思考题

1.合理组织会计工作的重要意义是什么?

2.组织好会计工作,必须符合哪些要求?

3.会计人员的主要职责、权限包括哪些?

4.会计人员的职业道德具体体现在哪里?

5.实行会计电算化的重要意义何在?

6.什么是会计法规?我国会计法规包括哪些内容?它们之间存在着什么关系?

7.会计电算化的工作形式有哪些?

B.运用计算机对多项会计业务进行处理

C.运用计算机进行会计制度设计

D.运用计算机对会计业务的全过程进行综合处理

12.会计工作的组织主要包括(　　)。

A.会计机构的设置

B.会计法规、准则和制度的制定和执行

C.会计档案的保管

D.会计人员的配备

附录一

中华人民共和国会计法

(1985 年 1 月 21 日第六届全国人民代表大会常务委员会第九次会议通过,根据 1993 年 12 月 29 日第八届全国人民代表大会常务委员会第五次会议《关于修改〈中华人民共和国会计法〉的决定》第一次修正,1999 年 10 月 31 日第九届全国人民代表大会常务委员会第十二次会议修订,根据 2017 年 11 月 4 日第十二届全国人民代表大会常务委员会第三十次会议《关于修改〈中华人民共和国会计法〉等十一部法律的决定》第二次修正)

第一章　总则

第一条　为了规范会计行为,保证会计资料真实、完整,加强经济管理和财务管理,提高经济效益,维护社会主义市场经济秩序,制定本法。

第二条　国家机关、社会团体、公司、企业、事业单位和其他组织(以下统称单位)必须依照本法办理会计事务。

第三条　各单位必须依法设置会计账簿,并保证其真实、完整。

第四条　单位负责人对本单位的会计工作和会计资料的真实性、完整性负责。

第五条　会计机构、会计人员依照本法规定进行会计核算,实行会计监督。

任何单位或者个人不得以任何方式授意、指使、强令会计机构、会计人员伪造、变造会计凭证、会计账簿和其他会计资料,提供虚假财务会计报告。

任何单位或者个人不得对依法履行职责、抵制违反本法规定行为的会计人员实行打击报复。

第六条　对认真执行本法,忠于职守,坚持原则,做出显著成绩的会计人员,给予精神的或者物质的奖励。

第七条　国务院财政部门主管全国的会计工作。

县级以上地方各级人民政府财政部门管理本行政区域内的会计工作。

第八条　国家实行统一的会计制度。国家统一的会计制度由国务院财政部门根据本法制定并公布。

国务院有关部门可以依照本法和国家统一的会计制度制定对会计核算和会计监督有特殊要求的行业实施国家统一的会计制度的具体办法或者补充规定,报国务院财政部门审核批准。

度的规定确认、计量和记录资产、负债、所有者权益、收入、费用、成本和利润。

第二十六条 公司、企业进行会计核算不得有下列行为：

(一)随意改变资产、负债、所有者权益的确认标准或者计量方法，虚列、多列、不列或者少列资产、负债、所有者权益；

(二)虚列或者隐瞒收入，推迟或者提前确认收入；

(三)随意改变费用、成本的确认标准或者计量方法，虚列、多列、不列或者少列费用、成本；

(四)随意调整利润的计算、分配方法，编造虚假利润或者隐瞒利润；

(五)违反国家统一的会计制度规定的其他行为。

第四章 会计监督

第二十七条 各单位应当建立、健全本单位内部会计监督制度。单位内部会计监督制度应当符合下列要求：

(一)记账人员与经济业务事项和会计事项的审批人员、经办人员、财物保管人员的职责权限应当明确，并相互分离、相互制约；

(二)重大对外投资、资产处置、资金调度和其他重要经济业务事项的决策和执行的相互监督、相互制约程序应当明确；

(三)财产清查的范围、期限和组织程序应当明确；

(四)对会计资料定期进行内部审计的办法和程序应当明确。

第二十八条 单位负责人应当保证会计机构、会计人员依法履行职责，不得授意、指使、强令会计机构、会计人员违法办理会计事项。

会计机构、会计人员对违反本法和国家统一的会计制度规定的会计事项，有权拒绝办理或者按照职权予以纠正。

第二十九条 会计机构、会计人员发现会计账簿记录与实物、款项及有关资料不相符的，按照国家统一的会计制度的规定有权自行处理的，应当及时处理；无权处理的，应当立即向单位负责人报告，请求查明原因，作出处理。

第三十条 任何单位和个人对违反本法和国家统一的会计制度规定的行为，有权检举。收到检举的部门有权处理的，应当依法按照职责分工及时处理；无权处理的，应当及时移送有权处理的部门处理。收到检举的部门、负责处理的部门应当为检举人保密，不得将检举人姓名和检举材料转给被检举单位和被检举人个人。

第三十一条 有关法律、行政法规规定，须经注册会计师进行审计的单位，应当向受委托的会计师事务所如实提供会计凭证、会计账簿、财务会计报告和其他会计资料以及有关情况。

任何单位或者个人不得以任何方式要求或者示意注册会计师及其所在的会计师事务所出具不实或者不当的审计报告。

财政部门有权对会计师事务所出具审计报告的程序和内容进行监督。

第三十二条 财政部门对各单位的下列情况实施监督：

（一）是否依法设置会计账簿；

（二）会计凭证、会计账簿、财务会计报告和其他会计资料是否真实、完整；

（三）会计核算是否符合本法和国家统一的会计制度的规定；

（四）从事会计工作的人员是否具备专业能力、遵守职业道德。

在对前款第（二）项所列事项实施监督，发现重大违法嫌疑时，国务院财政部门及其派出机构可以向与被监督单位有经济业务往来的单位和被监督单位开立账户的金融机构查询有关情况，有关单位和金融机构应当给予支持。

第三十三条 财政、审计、税务、人民银行、证券监管、保险监管等部门应当依照有关法律、行政法规规定的职责，对有关单位的会计资料实施监督检查。

前款所列监督检查部门对有关单位的会计资料依法实施监督检查后，应当出具检查结论。有关监督检查部门已经作出的检查结论能够满足其他监督检查部门履行本部门职责需要的，其他监督检查部门应当加以利用，避免重复查账。

第三十四条 依法对有关单位的会计资料实施监督检查的部门及其工作人员对在监督检查中知悉的国家秘密和商业秘密负有保密义务。

第三十五条 各单位必须依照有关法律、行政法规的规定，接受有关监督检查部门依法实施的监督检查，如实提供会计凭证、会计账簿、财务会计报告和其他会计资料以及有关情况，不得拒绝、隐匿、谎报。

第五章　会计机构和会计人员

第三十六条 各单位应当根据会计业务的需要，设置会计机构，或者在有关机构中设置会计人员并指定会计主管人员；不具备设置条件的，应当委托经批准设立从事会计代理记账业务的中介机构代理记账。

国有的和国有资产占控股地位或者主导地位的大、中型企业必须设置总会计师。总会计师的任职资格、任免程序、职责权限由国务院规定。

第三十七条 会计机构内部应当建立稽核制度。

出纳人员不得兼任稽核、会计档案保管和收入、支出、费用、债权债务账目的登记工作。

第三十八条 会计人员应当具备从事会计工作所需要的专业能力。

担任单位会计机构负责人（会计主管人员）的，应当具备会计师以上专业技术职务资格或者从事会计工作三年以上经历。

本法所称会计人员的范围由国务院财政部门规定。

第三十九条 会计人员应当遵守职业道德，提高业务素质。对会计人员的教育和培训工作应当加强。

第四十条 因有提供虚假财务会计报告，做假账，隐匿或者故意销毁会计凭证、会计账簿、财务会计报告，贪污，挪用公款，职务侵占等与会计职务有关的违法行为被依法追究刑事责任的人员，不得再从事会计工作。

第四十一条 会计人员调动工作或者离职，必须与接管人员办清交接手续。

一般会计人员办理交接手续，由会计机构负责人（会计主管人员）监交；会计机构负责人（会计主管人员）办理交接手续，由单位负责人监交，必要时主管单位可以派人会同监交。

第六章 法律责任

第四十二条 违反本法规定，有下列行为之一的，由县级以上人民政府财政部门责令限期改正，可以对单位并处三千元以上五万元以下的罚款；对其直接负责的主管人员和其他直接责任人员，可以处二千元以上二万元以下的罚款；属于国家工作人员的，还应当由其所在单位或者有关单位依法给予行政处分：

（一）不依法设置会计账簿的；

（二）私设会计账簿的；

（三）未按照规定填制、取得原始凭证或者填制、取得的原始凭证不符合规定的；

（四）以未经审核的会计凭证为依据登记会计账簿或者登记会计账簿不符合规定的；

（五）随意变更会计处理方法的；

（六）向不同的会计资料使用者提供的财务会计报告编制依据不一致的；

（七）未按照规定使用会计记录文字或者记账本位币的；

（八）未按照规定保管会计资料，致使会计资料毁损、灭失的；

（九）未按照规定建立并实施单位内部会计监督制度或者拒绝依法实施的监督或者不如实提供有关会计资料及有关情况的；

（十）任用会计人员不符合本法规定的。

有前款所列行为之一，构成犯罪的，依法追究刑事责任。

会计人员有第一款所列行为之一，情节严重的，五年内不得从事会计工作。

有关法律对第一款所列行为的处罚另有规定的，依照有关法律的规定办理。

第四十三条 伪造、变造会计凭证、会计账簿，编制虚假财务会计报告，构成犯罪的，依法追究刑事责任。

有前款行为，尚不构成犯罪的，由县级以上人民政府财政部门予以通报，可以对单位并处五千元以上十万元以下的罚款；对其直接负责的主管人员和其他直接责任人员，可以处三千元以上五万元以下的罚款；属于国家工作人员的，还应当由其所在单位或者有关单位依法给予撤职直至开除的行政处分；其中的会计人员，五年内不得从事会计工作。

第四十四条 隐匿或者故意销毁依法应当保存的会计凭证、会计账簿、财务会计报告，构成犯罪的，依法追究刑事责任。

有前款行为，尚不构成犯罪的，由县级以上人民政府财政部门予以通报，可以对单位并处五千元以上十万元以下的罚款；对其直接负责的主管人员和其他直接责任人员，可以处三千元以上五万元以下的罚款；属于国家工作人员的，还应当由其所在单位或者有关单位依法给予撤职直至开除的行政处分；其中的会计人员，五年内不得从事会计工作。

第四十五条 授意、指使、强令会计机构、会计人员及其他人员伪造、变造会计凭证、会计账簿，编制虚假财务会计报告或者隐匿、故意销毁依法应当保存的会计凭证、会计账簿、财务会计报告,构成犯罪的,依法追究刑事责任;尚不构成犯罪的,可以处五千元以上五万元以下的罚款;属于国家工作人员的,还应当由其所在单位或者有关单位依法给予降级、撤职、开除的行政处分。

第四十六条 单位负责人对依法履行职责、抵制违反本法规定行为的会计人员以降级、撤职、调离工作岗位、解聘或者开除等方式实行打击报复,构成犯罪的,依法追究刑事责任;尚不构成犯罪的,由其所在单位或者有关单位依法给予行政处分。对受打击报复的会计人员,应当恢复其名誉和原有职务、级别。

第四十七条 财政部门及有关行政部门的工作人员在实施监督管理中滥用职权、玩忽职守、徇私舞弊或者泄露国家秘密、商业秘密,构成犯罪的,依法追究刑事责任;尚不构成犯罪的,依法给予行政处分。

第四十八条 违反本法第三十条规定,将检举人姓名和检举材料转给被检举单位和被检举人个人的,由所在单位或者有关单位依法给予行政处分。

第四十九条 违反本法规定,同时违反其他法律规定的,由有关部门在各自职权范围内依法进行处罚。

第七章　附则

第五十条 本法下列用语的含义:

单位负责人,是指单位法定代表人或者法律、行政法规规定代表单位行使职权的主要负责人。

国家统一的会计制度,是指国务院财政部门根据本法制定的关于会计核算、会计监督、会计机构和会计人员以及会计工作管理的制度。

第五十一条 个体工商户会计管理的具体办法,由国务院财政部门根据本法的原则另行规定。

第五十二条 本法自 2000 年 7 月 1 日起施行。

附录二

企业会计准则——基本准则（2006）

财政部令第33号

2006-2-15

根据《国务院关于〈企业财务通则〉、〈企业会计准则〉的批复》（国函[1992]178号）的规定，财政部对《企业会计准则》（财政部令第5号）进行了修订，修订后的《企业会计准则——基本准则》已经部务会议讨论通过，现予公布，自2007年1月1日起施行。

部长：金人庆

二〇〇六年二月十五日

第一章　总则

第一条　为了规范企业会计确认、计量和报告行为，保证会计信息质量，根据《中华人民共和国会计法》和其他有关法律、行政法规，制定本准则。

第二条　本准则适用于在中华人民共和国境内设立的企业（包括公司，下同）。

第三条　企业会计准则包括基本准则和具体准则，具体准则的制定应当遵循本准则。

第四条　企业应当编制财务会计报告（又称财务报告，下同）。财务会计报告的目标是向财务会计报告使用者提供与企业财务状况、经营成果和现金流量等有关的会计信息，反映企业管理层受托责任履行情况，有助于财务会计报告使用者作出经济决策，财务会计报告使用者包括投资者、债权人、政府及其有关部门和社会公众等。

第五条　企业应当对其本身发生的交易或者事项进行会计确认、计量和报告。

第六条　企业会计确认、计量和报告应当以持续经营为前提。

第七条　企业应当划分会计期间，分期结算账目和编制财务会计报告。会计期间分为年度和中期。中期是指短于一个完整的会计年度的报告期间。

第八条　企业会计应当以货币计量。

第九条　企业应当以权责发生制为基础进行会计确认、计量和报告。

第十条　企业应当按照交易或者事项的经济特征确定会计要素。会计要素包括资产、负债、所有者权益、收入、费用和利润。

第十一条　企业应当采用借贷记账法记账。

第二章 会计信息质量要求

第十二条 企业应当以实际发生的交易或者事项为依据进行会计确认、计量和报告，如实反映符合确认和计量要求的各项会计要素及其他相关信息，保证会计信息真实可靠、内容完整。

第十三条 企业提供的会计信息应当与财务会计报告使用者的经济决策需要相关，有助于财务会计报告使用者对企业过去、现在或者未来的情况作出评价或者预测。

第十四条 企业提供的会计信息应当清晰明了，便于财务会计报告使用者理解和使用。

第十五条 企业提供的会计信息应当具有可比性。同一企业不同时期发生的相同或者相似的交易或者事项，应当采用一致的会计政策，不得随意变更。确需变更的，应当在附注中说明。

不同企业发生的相同或者相似的交易或者事项，应当采用规定的会计政策，确保会计信息口径一致、相互可比。

第十六条 企业应当按照交易或者事项的经济实质进行会计确认、计量和报告，不应仅以交易或者事项的法律形式为依据。

第十七条 企业提供的会计信息应当反映与企业财务状况、经营成果和现金流量等有关的所有重要交易或者事项。

第十八条 企业对交易或者事项进行会计确认、计量和报告应当保持应有的谨慎，不应高估资产或者收益、低估负债或者费用。

第十九条 企业对于已经发生的交易或者事项，应当及时进行会计确认、计量和报告，不得提前或者延后。

第三章 资产

第二十条 资产是指企业过去的交易或者事项形成的、由企业拥有或者控制的、预期会给企业带来经济利益的资源。前款所指的企业过去的交易或者事项包括购买、生产、建造行为或其他交易或者事项。预期在未来发生的交易或者事项不形成资产。由企业拥有或者控制，是指企业享有某项资源的所有权，或者虽然不享有某项资源的所有权，但该资源能被企业所控制。预期会给企业带来经济利益，是指直接或者间接导致现金和现金等价物流入企业的潜力。

第二十一条 符合本准则第二十条规定的资产定义的资源，在同时满足以下条件时，确认为资产：

(一)与该资源有关的经济利益很可能流入企业；

(二)该资源的成本或者价值能够可靠地计量。

第二十二条 符合资产定义和资产确认条件的项目，应当列入资产负债表；符合资产定义、但不符合资产确认条件的项目，不应当列入资产负债表。

第四章　负债

第二十三条　负债是指企业过去的交易或者事项形成的、预期会导致经济利益流出企业的现时义务。现时义务是指企业在现行条件下已承担的义务。未来发生的交易或者事项形成的义务，不属于现时义务，不应当确认为负债。

第二十四条　符合本准则第二十三条规定的负债定义的义务，在同时满足以下条件时，确认为负债：

（一）与该义务有关的经济利益很可能流出企业；

（二）未来流出的经济利益的金额能够可靠地计量。

第二十五条　符合负债定义和负债确认条件的项目，应当列入资产负债表；符合负债定义，但不符合负债确认条件的项目，不应当列入资产负债表。

第五章　所有者权益

第二十六条　所有者权益是指企业资产扣除负债后由所有者享有的剩余权益。公司的所有者权益又称为股东权益。

第二十七条　所有者权益的来源包括所有者投入的资本、直接计入所有者权益的利得和损失、留存收益等。

直接计入所有者权益的利得和损失，是指不应计入当期损益、会导致所有者权益发生增减变动的、与所有者投入资本或者向所有者分配利润无关的利得或者损失。

利得是指由企业非日常活动所形成的、会导致所有者权益增加的、与所有者投入资本无关的经济利益的流入。

损失是指由企业非日常活动所发生的、会导致所有者权益减少的、与向所有者分配利润无关的经济利益的流出。

第二十八条　所有者权益金额取决于资产和负债的计量。

第二十九条　所有者权益项目应当列入资产负债表。

第六章　收入

第三十条　收入是指企业在日常活动中形成的、会导致所有者权益增加的、与所有者投入资本无关的经济利益的总流入。

第三十一条　收入只有在经济利益很可能流入从而导致企业资产增加或者负债减少、且经济利益的流入额能够可靠计量时才能予以确认。

第三十二条　符合收入定义和收入确认条件的项目，应当列入利润表。

第七章　费用

第三十三条　费用是指企业在日常活动中发生的、会导致所有者权益减少的、与向所有者分配利润无关的经济利益的总流出。

第三十四条　费用只有在经济利益很可能流出从而导致企业资产减少或者负债增加、且经济利益的流出额能够可靠计量时才能予以确认。

第三十五条　企业为生产产品、提供劳务等发生的可归属于产品成本、劳务成本等的费用,应当在确认产品销售收入、劳务收入等时,将已销售产品、已提供劳务的成本等计入当期损益。

企业发生的支出不产生经济利益的,或者即使能够产生经济利益但不符合或者不再符合资产确认条件的,应当在发生时确认为费用,计入当期损益。

企业发生的交易或者事项导致其承担了一项负债而又不确认为一项资产的,应当在发生时确认为费用,计入当期损益。

第三十六条　符合费用定义和费用确认条件的项目,应当列入利润表。

第八章　利润

第三十七条　利润是指企业在一定会计期间的经营成果,利润包括收入减去费用后的净额、直接计入当期利润的利得和损失等。

第三十八条　直接计入当期利润的利得和损失,是指应当计入当期损益、会导致所有者权益发生增减变动的、与所有者投入资本或者向所有者分配利润无关的利得或者损失。

第三十九条　利润金额取决于收入和费用、直接计入当期利润的利得和损失金额的计量。

第四十条　利润项目应当列入利润表。

第九章　会计计量

第四十一条　企业在将符合确认条件的会计要素登记入账并列报于会计报表及其附注(又称财务报表,下同)时,应当按照规定的会计计量属性进行计量,确定其金额。

第四十二条　会计计量属性主要包括:

(一)历史成本。在历史成本计量下,资产按照购置时支付的现金或者现金等价物的金额,或者按照购置资产时所付出的对价的公允价值计量。负债按照因承担现时义务而实际收到的款项或者资产的金额,或者承担现时义务的合同金额,或者按照日常活动中为偿还负债预期需要支付的现金或者现金等价物的金额计量。

(二)重置成本。在重置成本计量下,资产按照现在购买相同或者相似资产所需支付的现金或者现金等价物的金额计量。负债按照现在偿付该项债务所需支付的现金或者现金等价物的金额计量。

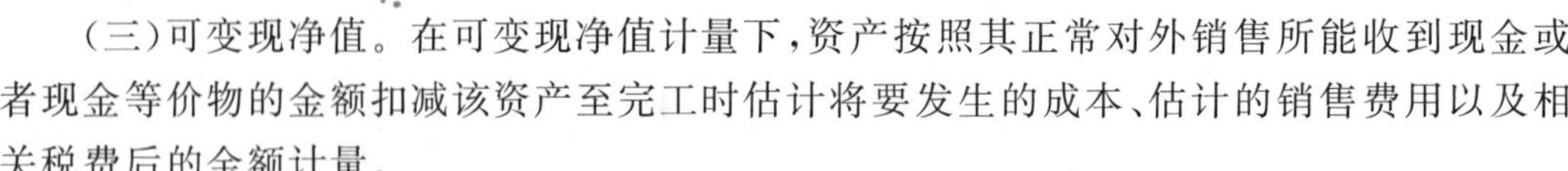

（三）可变现净值。在可变现净值计量下，资产按照其正常对外销售所能收到现金或者现金等价物的金额扣减该资产至完工时估计将要发生的成本、估计的销售费用以及相关税费后的金额计量。

（四）现值。在现值计量下，资产按照预计从其持续使用和最终处置中所产生的未来净现金流入量的折现金额计量。负债按照预计期限内需要偿还的未来净现金流出量的折现金额计量。

（五）公允价值。在公允价值计量下，资产和负债按照在公平交易中，熟悉情况的交易双方自愿进行资产交换或者债务清偿的金额计量。

第四十三条 企业在对会计要素进行计量时，一般应当采用历史成本，采用重置成本、可变现净值、现值、公允价值计量的，应当保证所确定的会计要素金额能够取得并可靠计量。

第十章 财务会计报告

第四十四条 财务会计报告是指企业对外提供的反映企业某一特定日期的财务状况和某一会计期间的经营成果、现金流量等会计信息的文件。

财务会计报告包括会计报表及其附注和其他应当在财务会计报告中披露的相关信息和资料。会计报表至少应当包括资产负债表、利润表、现金流量表等报表。

小企业编制的会计报表可以不包括现金流量表。

第四十五条 资产负债表是指反映企业在某一特定日期的财务状况的会计报表。

第四十六条 利润表是指反映企业在一定会计期间的经营成果的会计报表。

第四十七条 现金流量表是指反映企业在一定会计期间的现金和现金等价物流入和流出的会计报表。

第四十八条 附注是指对在会计报表中列示项目所作的进一步说明，以及对未能在这些报表中列示项目的说明等。

第十一章 附则

第四十九条 本准则由财政部负责解释

第五十条 本准则自 2007 年 1 月 1 起施行。

参考文献

1.财政部发布:《会计人员继续教育暂行规定》、《会计法规汇集》,中国财政经济出版社 1998 年版。

2.《会计从业资格管理办法》,http://www.mof.gov.cn/news/file/26-ful_20050n302.doc。

3.中华人民共和国财政部会计司《会计基础工作规范培训教材》编写组:《会计基础工作规范培训教材》,经济科学出版社 1998 年 3 月版。

4.财政部会计司:《企业会计准则——基本准则简介》,http://finance.si－na.com.cn/g/20070126/10403285701.html。

5.财政部会计司编写组:《企业会计准则讲解 2006》,人民出版社 2007 年 4 月版。

6.中华人民共和国财政部制定:《企业会计准则——应用指南 2006》,中国财政经济出版社 2006 年 11 月版。

7.林志军、李若山译:《巴其阿勒会计论》,立信会计出版社 1988 年版。

8.樊宝玉主编:《会计学原理》,对外经济贸易大学出版社 2008 年 4 月版。

9.中华人民共和国财政部:《企业会计制度——2001》,经济科学出版社 2001 年 2 月版。

10.赵红主编:《基础会计》,中国石油大学出版社 2007 年 8 月版。

11.葛文芳主编:《基础会计》,清华大学出版社 2008 年 2 月版。

12.吴榕主编:《基础会计》,中国经济出版社 2008 年 6 月版。

13.葛军主编:《会计学原理》,高等教育出版社,2007 年 7 月版。

14.许群、吴永民主编:《基础会计学》,中国市场出版社 2009 年 9 月版。

15.吴国萍主编:《基础会计学》,厦门大学出版社 2006 年 12 月版。

16.杨如梅主编:《会计学基础》,北京理工大学出版社 2007 年 8 月版。

17.财政部会计资格评价中心编:《初级会计实务》,中国财政经济出版社 2007 年 1 月版。